인터랙티브한 쌍방향 온라인 수업·강의

장원일 · 정호중 · 김성혁 공저

박영story

머리말

"아빠, 학교는 언제 가?"

1학년 올라가는 딸래미가 물었습니다. 유치원을 졸업하며 학교 갈 날을 손꼽아 기다리던 딸래미는 자꾸 연기되는 등교 개학에 실망합니다. 새로운 친구들도 만나서 놀고 싶고, 선생님도 무척 보고 싶어 합니다. 심지어 얼굴도 보지 못한 담임 선생님의 문자 연락으로나마 선생님과 사랑에 빠졌습니다. "선생님, 사랑해요." 편지까지 써두고 등교를 기다립니다.

"도대체, 학교는 언제 가는 거야?"

등교 개학을 기다리기는 학부모도 마찬가지입니다. 매일 가던 학교에 가지 않고, 집에만 있는 아이들을 보면 속이 터질 것 같습니다. 이런 기회를 통해서 스스로 공부하는 습관도 기르고, 주변에서 항상 말하는 그 '자기주도 학습'이라는 것도 했으면 좋겠는데, 현실은 그렇지 않습니다. 밤새 게임을 하는지 자지 않고 있다가 아침에는 늦게 일어나고, 항상 휴대폰만 들고 있습니다. 생활 리듬이 완전히 무너져버렸습니다.

학교와 같은 교육 현장에서는 학생들의 대면 강의가 어려워져 새로운 대안 플랫폼을 찾았습니다. e학습터, EBS온라인클래스, 네이버밴드, 구글 클래스룸, 클래스팅, 줌, 웹엑스, 구글미트 등 새로운 학습 환경을 찾아 학생들을 만납니다. 새로운 플랫폼을 활용하다 보니 더 필요한 학습 도구들이 하나둘이 아닙니다. 구글잼보드, 패들렛, 카훗, 멘티미터. 가르치기 위해 배워야 한다는 말이 이렇게 절실한 적이 없었습니다.

도구를 하나둘 배워가며 학생들에게 가르치기 시작했습니다. e학습터를 기반으로 학생들에게 가르쳐야 할 내용을 만들어 올립니다. 학습에 필요한 동영상을 제작하고, 학습 내용과 관련된 과제를 제시합니다. 학생들은 e학습터에 접속해 동영상을 시청하고 제시된 과제를 해결합니다. 학생들이 해결한 과제에 피드백으로 댓글을 달아주거나 필요한 경우 학생들에게 전화를 하기도 합니다.

그리고 실시간 쌍방향 수업을 시도해봅니다. 온라인 화상 프로그램을 이용해 학생들과의 만남을 시작합니다. 시도해 보지 않은 영역이기에 사실 두려운 마음이 들었습니다. 하루, 이틀 온라인 수업을 진행하다 보니 이제는 프로그램도 손에 익고 어떻게 가르쳐야 할지 방법도 조금 익숙해졌습니다.

이렇게 온라인 화상 프로그램 환경에 적응하면서 새로운 고민이 또 생깁니다. 온라인으로 수업을 하다 보니 일방적인 강의가 되기가 쉽습니다. 학습 내용을 잘 구조화하여 체계적으로 전달하고 핵심 내용을 습득하게 하는 것은 무척 중요한 일입니다. 하지만, 이렇게 내용을 전달만 하다 보니 아이들이 금방 지루해하는 모습이 보입니다.

교육은 인간 대 인간의 만남입니다. 서로 대화를 하고 있지 않아도 교사와 학생 사이에는 끊임없는 의사소통이 이루어집니다. 선생님을 바라보는 학생의 눈빛과 작은 끄덕거림은 선생님의 목소리에 힘과 확신을 심어주고 선생님의 열정은 학생들의 참여를 높여줍니다. 선생님과 학생 사이에 이러한 교감이 없다면 교실은 아무런 역동이 없는 밋밋한 공간이 되어 버리고 맙니다.

교사와 학생의 상호작용은 지적인 학습이 주가 되는 수업 상황에서 서로 간에 감성 영역의 연결을 이끌어 내기도 합니다. 교사와 학생 사이, 수업을 참여하고 있는 학생과 학생 사이의 상호작용은 서로 연결되어 있다는 느낌을 줍니다. 서로가 연결되어 있다는 느낌이 들 때 수업에 더 잘 집중할 수 있습니다. 내가 있는 수업에서 연결되어 안전하다고 느끼면 기분이 좋아지고, 기분이 좋을 때 우리는 더 잘 할 수 있습니다.

언택트 시대를 살아가면서 앞으로는 대면 수업뿐만 아니라 물리적으로 떨어진 공간에서도 서로 소속감을 가질 수 있는 상호작용이 필요합니다. 작은 화면으로 서로의 표정과 몸짓을 통해 반응을 보는 것이 어려울 수는 있지만 불가능한 것은 아닙니다. 오히려 어떤 순간에는 화면을 통해 상대를 보고 있기 때문에 그 상대에게만 오롯이 집중할 수 있는 효과도 있습니다.

급격한 변화를 맞이한 언택트 시대에 학생들과의 만남, 어떻게 해야 할까요? 이 책에 많은 고민을 담았습니다. 이 책이 온라인 수업을 준비하고 실행하는 선생님들께 실질적인 도움이 되기를 바라는 마음입니다. 수업에 참여하는 모든 분들과 상호작용이 넘치는 수업을 만들어 가시기 바랍니다.

차 례

4 _ 참여자와 인터랙션하기

1

언택트 시대의 만남

이제는 학습이 교실에서만 일어나지 않습니다.
비대면 온라인 수업을 통해 다양한 분야의
학습이 이루어지고 있습니다.

언택트 시대의 만남

언택트 시대를 맞아 많은 서비스가 비대면으로 전환되고 있습니다. 손님을 직접 맞아야 하는 오프라인 상점들은 손님이 없어 존폐의 위기지만, 반면 온라인 쇼핑몰은 사상 최대의 매출을 올리고 있습니다. 기업 간의 회의는 이미 화상으로 진행된 지 오래고, 작은 규모의 모임들도 화상 회의가 이미 일상화 되었습니다.

문화 산업 전반에도 영향을 미쳐 많은 사람들이 동시에 관람하는 영화관이나 극장, 뮤지컬 공연장 등의 시설 이용은 큰 폭으로 줄어들었습니다. 대신에 '넷플릭스', '왓챠' 등으로 대표되는 OTT 서비스의 이용이 증가했습니다. 누군가를 만나 영화관에서 함께 영화를 보는 대신에 집에서 혼자 넷플릭스를 보고, 배달 서비스를 이용해 식사를 해결하며 필요한 물건을 온라인 쇼핑몰에서 구매합니다.

> 언택트(Untact)란 우리나라에서 만든 신조어로 '접촉하다'라는 의미의 콘택트(contact)와 부정사 'Un-'을 합성한 단어입니다. 사람을 직접 만나지 않고 물건을 구매하거나 서비스를 받는 비대면 비접촉을 의미합니다. 이를 가능하게 하는 기술들을 언택트 기술이라고 하는데, 언택트 기술은 통신, 금융, 교육 등에서 점점 더 영역을 넓혀가고 있습니다.

언택트 시대의 도래는 교육에도 크나큰 영향을 미치게 되었습니다. 교육에도 커다란 변화의 바람이 불고 있습니다. 기존의 면대면 수업을 넘어 온라인 플랫폼을 활용한 비대면 수업이 자리를 잡고 있습니다. 초중고를 비롯한 대학교까지 전면 온라인 수업을 실시하고 심지어 시험까지 온라인으로 치르고 있습니다. e학습터, EBS온라인클래스, 클래스팅, 구글 클래스룸 등의 온라인 플랫폼에는 수백만 건의 교육 자료가 탑재되고 학생들은 이 자료를 활용해 수업에 참여하고 있습니다.

교사들은 학생들에게 수업 자료를 제공하기 위해서 수업 영상을 직접 제작하거나 수업과 관련된 자료를 편집하여 온라인 플랫폼에 올립니다. 학생들이 직접 해결해야 할 과제는 학습꾸러미 형태로 만들어 배부하기도 하고 실시간 쌍방향 매체를 활용하여 매일 아침 학생들과 아침조회를 하거나 실시간으로 수업을 하기도 합니다.

학생들은 매일 학교에서 사용하는 온라인 플랫폼에 접속하여 출석을 확인하고 교사가 제공한 콘텐츠를 확인하며 수업에 참여합니다. 대부분 동영상의 형태로 제공되기 때문에 일정 시간 동안 동영상을 시청하게 됩니다.

교실 안에서 수업에 집중하지 못하고 엎드려 있는 학생에게 다가가 일으켜 세워 수업에 다시 집중시키던 모습은 이제 찾아보기가 어렵습니다. 대신 과제 제출이 되지 않은 학생들에게 문자를 보내고 전화를 걸어 온라인 수업에 참여하고 과제를 제출하라고 독려하는 것이 교사들의 새로운 역할이 되었습니다.

이제는 학습이 교실에서만 일어나지 않습니다. 초중고를 비롯해 대학이나 사설 학원, 그리고 유치원까지 비대면 수업을 경험하고 있습니다. 성인들도 영어회화, 드로잉, 요리, 글쓰기 등 다양한 분야의 학습이 비대면 온라인 수업을 통해 이루어지고 있습니다. 전문가들은 이런 변화가 앞으로 지속될 것이라고 예측합니다.

하지만 이런 변화가 꼭 반가운 것만은 아닙니다. 디지털 환경에 익숙하지 않은 강의자에게는 온라인 도구를 익히고 온라인에서 강의를 하는 것이 부담스럽기도 합니다. 뉴스에 들려오는 보안 문제가 지금은 잘 해결되었는지, 내 얼굴이 인터넷에 떠돌지는 않을지 걱정이 됩니다.

단방향 콘텐츠 수업, 한계에 부딪히다

뉴스에 보도되는 쌍방향 강의 도구의 보안 문제, 초상권 문제 등에 대한 부담은 초기 온라인 수업의 형태를 콘텐츠 중심의 단방향 수업으로 이끌었습니다. 2020년 5월에 발표된 교육부 조사에 따르면 쌍방향 원격 수업 실시 비율은 전체 교사의 5.2%에 불과했습니다. 동영상을 직접 제작하거나 학습 자료를 제공하는 단방향 콘텐츠 수업이 거의 대다수를 차지했습니다.

단방향 콘텐츠 수업에 있어서 중요한 점은 좋은 콘텐츠를 만드는 것입니다. 좋은 콘텐츠란 학습자가 흥미를 잃지 않으면서 핵심적인 내용을 잘 전달하고 배울 수 있도록 체계적으로 구성되어 있는 콘텐츠를 말합니다. 이러한 콘텐츠를 만들기 위해서는 먼저 학습 내용을 온라인의 특성에 맞게 잘 조직해야 합니다. 영상을 찍고, 더빙하고, 자막을 넣는 등의 과정을 거쳐 편집하고 업로드 합니다. 영상을 보고 문제를 해결할 수 있는 학습 자료도 제작하여 학습자에게 제공합니다. 수업을 준비하기 위해서는 몇 가지의 영상 제작 프로그램을 다룰 줄 알아야 하며 많은 시간과 노력이 들게 됩니다. 한 시간의 수업을 위해 몇 배의 시간이 들어갈 때도 있습니다.

단방향 콘텐츠 수업에서는 학습자들이 어떻게 학습하고 있는지 상황을 파악하는 것이 현실적으로 쉽지 않습니다. 학습자들의 학습 상황을 즉각적으로 파악할 수 있어야 이에 대한 피드백이 가능한데, 단방향 수업에서는 학습자들이 제출한 과제를 추후에 확인하는 것만 가능합니다. 학습자들에 대한 피드백도 시간이 한참 흐른 뒤에나 가능합니다. 이 점은 학습자의 환경에 따라 학력 격차가 더 벌어지는 요인이 됩니다.

학습자들은 대부분의 시간을 홀로 컴퓨터 앞에 앉아 영상을 시청해야 하므로 집중력 저하 문제도 피할 수 없습니다. 이것은 온라인 콘텐츠 학습을 하면 할수록 더 심해질 것입니다. 결국 콘텐츠 학습의 피로도가 쌓입니다.

또한, 학교 안에서의 교육은 단순히 교과만 배우는 것이 아닙니다. 학습자들이 학습하는 과정에서 서로를 배려하고 책임지는 자세를 익히고 다른 친구들과의 공동 작업을 통해 협력하는 방법을 배웁니다. 이러한 교육은 학생과 교사, 학생과 학생 사이의 정서적 교감을 통해 습득될 수 있는 것인데, 단방향 수업은 이러한 정서적 교감을 갖기가 매우 어렵습니다.

대안으로 자리 잡은 실시간 쌍방향 수업

단방향 콘텐츠 수업의 한계를 경험한 교사와 강의자는 자연스레 실시간 쌍방향 수업으로 눈길을 돌리게 되었습니다. 화면을 통해 학생의 얼굴을 직접 보며 수업을 하는 실시간 쌍방향 수업은 학습자의 반응을 직접 확인할 수 있고 즉각적인 도움을 제공할 수 있다는 점에서 단방향 콘텐츠가 지닌 한계를 보완해줄 수 있기 때문입니다.

소통 없는 실시간 쌍방향 수업, 강의식 수업으로의 회귀

하지만 많은 강의자들은 쌍방향 수업을 시도하고 난 후 어려움을 호소하기도 합니다. 대부분의 참여자가 비디오를 끄고 음소거를 해 두고 수업에 참여합니다. 강의자는 참여자들이 강의에 참여하고 있는지 알 수 없습니다.

가까스로 비디오를 켜 화면이 보이게 했지만 강의자가 일방적으로 강의하고 참여자는 듣는 수업이 되어 버립니다. 강의자는 열심히 강의하지만 참여자는 무척 지루해합니다. 강의자의 물음에도 참여자는 반응이 없습니다. 결국 강의자는 다시 혼자서 강의를 이어 나갑니다. 강의자 혼자 말하다가 강의를 마치게 됩니다.

실시간 쌍방향 수업에서도 학생과 참여자의 소통은 사라지고 강의자의 일방적인 강의만 남았습니다. 강의자 중심의 일제식 수업을 온라인에서 반복하게 되는 것입니다. 핵심 내용을 전달하기 위한 '강의'는 필요하지만 이러한 강의에도 학습자와의 교감은 필요합니다.

인터랙티브한 쌍방향 수업을 위한 10가지 원칙

상호작용이 없는 실시간 온라인 수업이라면 오히려 잘 만들어진 단방향 콘텐츠 수업이 더 나을 수 있습니다. 그만큼 실시간 온라인 수업에서는 '상호작용'이 핵심이고 주인공입니다. 실시간 온라인 수업은 오프라인처럼 실시간으로 서로를 볼 수 있는 환경이기에 현장감과 실제감을 잘 살려야 합니다. 수업에 참여하는 참여자의 주도성과 자발성을 이끌어내야 합니다. 그렇다면 어떻게 강의자와 참여자 모두가 만족하는 실시간 온라인 수업을 만들 수 있을까요? 인터랙티브한 온라인 수업을 위한 원칙을 알아보도록 하겠습니다.

1. 프로그램 사용법을 숙지하세요.

실시간 온라인 수업을 원활하게 진행하기 위해서는 프로그램 사용법을 완전히 익히는 것이 중요합니다. 단순히 화면 공유 기능만 아는 강의자와 채팅, 주석, 소회의실 기능까지 모두 숙지한 강의자는 질적으로 다른 수업을 만들어냅니다. 전자는 파워포인트 슬라이드를 참여자에게 보여주고 설명하는 것이 중심이라면, 후자는 채팅으로 질문을 주고받고 주석 기능을 이용해 반응을 이끌어내며 소회의실에서 그룹 활동을 가능케 합니다.

여러분이 참여자라면 어떤 강의를 듣고 싶나요? 프로그램 사용법을 숙지하는 것은 강의자에게 가장 기본입니다. 이 책의 2장에서는 실시간 온라인 수업에서 가장 많이 활용하는 프로그램인 ZOOM을 강의자가 어떻게 사용할 수 있는지 소개하고 있습니다.

2. 다양한 온라인 수업 흐름을 익히세요.

실시간 온라인 수업을 준비하며 프로그램 사용법을 익히는 것이 걸음마 단계라면, 실시간 온라인 수업의 흐름을 아는 것은 본격적으로 걷는 단계라고 할 수 있습니다. 강의 위주의 수업부터 토의·토론, 롤플레이, 실기·실습, 놀이·게임, 소그룹 형태의 수업까지 온라인에서도 다양한 수업이 가능합니다.

각 수업이 어떤 흐름으로 진행되는지 알아야 합니다. 또한, 각 단계에 필요한 ZOOM의 기능을 숙지하고 함께 활용할 수 있는 온라인 수업 도구에 대한 지식도 필요합니다. 이 내용은 3장에서 다루었습니다.

3. 강의자 혼자 말하지 않아요.

앞서 언급한 바와 같이 실시간 온라인 수업에서 강의자들이 가장 많이 하는 실수는 혼자 너무 많이 말한다는 것입니다. 하지만 강의 중 10분 이상 혼자 말하는 것은 학습의 효율을 떨어뜨립니다. 퀀텀 교수법에서는 8분마다 학생들에게 참여 기회를 제공하라고 말합니다. 앉아서 듣기만 하는 수업은 오래 기억되지 않고 참여자들을 더욱 수동적으로 만들기 때문입니다.

4. 상호작용을 위한 수업 기술을 익히세요.

강의자가 혼자 말하지 않기 위해서는 참여자를 수업의 주인공으로 만드는 상호작용 기술을 익히는 것이 필수적입니다. 강의자는 학습자의 반응을 이끌어 내는 질문을 만들 수 있어야 합니다. ZOOM이 가진 다양한 기능을 활용하여 참여자가 몸을 움직여 조작하게 하는 것이 필요합니다. 다른 참여자와 자신의 생각을 나눌 수 있는 기회와 환경을 마련하는 것도 반드시 해야 할 일입니다.

따라서 온라인 수업을 구상할 때 참여자가 주도하는 시간을 꼭 넣도록 합니다. 참여자끼리 서로 질문하며 가르치는 시간을 갖거나 ZOOM의 소회의실 기능을 이용해 소그룹 활동을 하도록 합니다. 이 책의 4장에는 학습자의 참여를 유도하는 다양한 상호작용 기술을 담고 있으니 적극적으로 활용하시기를 권합니다.

5. 아날로그 방식과 결합하세요.

만나는 공간이 온라인이라고 해서 모든 공부를 온라인 방식으로 할 필요는 없습니다. 기존에 사용해왔던 아날로그 방식을 적절하게 사용하는 것이 좋습니다. 교재에 필기하는 모습을 카메라로 비출 수도 있고 강의한 내용을 온라인 수업 중 공책에 정리하도록 할 수도 있습니다.

기존에 오프라인에서 해왔던 강의 방법을 온라인과 연결 짓는 것도 중요한 부분입니다. 연기, 토론, 학습 게임 등 오프라인 수업을 빛나게 하는 대부분의 활동이 온라인에서 가능합니다. 온라인 수업이라고 온라인상에서 모든 것을 해결하려 하기보다는 직접 써보고, 그려보고, 물건을 가져오고, 몸을 움직이면서 수업에 참여할 때 참여자들의 학습 효과는 훨씬 더 높아질 것입니다.

온라인에서는 시각과 청각 두 영역만을 주로 활용하기에 이 부분을 보완하기 위해서는 의도적으로 오감을 모두 활용할 수 있는 아날로그 방식과 결합하는 것이 좋습니다.

6. 다양한 온라인 수업 도구를 활용하세요.

온라인에는 패들렛, 구글 프레젠테이션, 멘티미터 등 참여자들의 소통을 이끄는 다양한 도구들이 존재합니다. 이를 잘 활용하면 수업 중 소통을 원활하게 하는 데 큰 도움이 됩니다. 소그룹 활동에서 역할을 나누어 조사하고 정리하는데 이용할 수 있습니다. 서로 의견을 동시에 적고 자신의 의견과 비교하며 평가를 해볼 수도 있습니다. 실시간으로 퀴즈를 풀며 강의에서 배운 것을 점검할 수도 있습니다.

이렇게 몇 가지 도구를 익히는 것만으로도 강의자는 온라인 수업을 풍성하게 이끌 수 있습니다. 5장에서 이런 온라인 수업 도구들을 소개하고 있으니 참고하시기 바랍니다.

7. 변화무쌍한 말로 참여자의 주목을 끄세요.

모니터를 통해 강의자의 얼굴을 보고 스피커를 통해 목소리를 듣다 보니 강의자의 말이 어느 때보다도 큰 영향력을 갖게 됩니다. 높낮이 변화가 없는 단조로운 목소리는 금세 참여자를 졸음으로 몰아넣습니다.

억양을 조절하고 목소리 크기와 말의 속도에 변화를 주며 참여자의 주목을 끄는 것은 중요합니다. 이와 관련하여 3장의 강의 중심 온라인 수업 디자인에서 자세히 다루어 보았습니다.

8. 친밀감을 형성하세요.

수업에서 참여자와 교감하는 것 또한 매우 중요한 부분입니다. 강의자와 참여자 간 래포가 잘 형성되면 참여자는 수업에 적극적으로 반응하고 수업은 활력이 넘칩니다. 하지만 온라인에서는 물리적인 거리가 존재하고 참여자의 환경이 제각각이라 정서적인 교류가 부족합니다.

따라서 의도적으로 친밀감을 형성하는 강의자의 전략이 필요합니다. 가벼운 놀이로 강의를 시작하면 편안하고 안전한 분위기가 형성됩니다. 한 명 한 명 이름을 불러주면 참여자들은 수업에 몰입할 수 있습니다. 자신의 이야기를 할 수 있는 기회를 제공하면 강의자와 참여자가 서로 연결될 수 있습니다.

9. 칭찬하고 또 칭찬하세요.

칭찬은 참여자들을 능동적으로 변화시킵니다. 온라인 수업에서 잘 할 수 있다는 유능감이 들면 수업에 더 적극적으로 참여하게 됩니다. "온라인 수업에 집중한다는 것이 참 어려운 일인데, 여러분들이 열심히 집중해 준 덕분에 과제를 잘 해결할 수 있었어요. 고맙습니다.", "큰 목소리로 발표해 주어서 우리 모두 명확하게 들을 수 있었습니다. 감사합니다."라고 고마움을 표현하세요.

칭찬은 직접 듣는 사람뿐만 아니라 주변 사람도 기분 좋게 만들어주며 더 잘하고 싶은 마음이 들게 합니다. 또한 강의 분위기를 부드럽게 만들어줍니다. 진심어린 칭찬과 축하로 따뜻함을 전해봅시다.

10. 연습하세요. 그리고 이 순간을 즐기세요.

누구도 처음부터 잘 하지 않습니다. 주변에 온라인 수업 프로그램을 잘 다루는 사람이 있다면 그들도 부단히 배우고 익히는 과정이 있었음을 기억하세요. 누구나 배움과 연습을 통해 잘할 수 있습니다. 실시간 온라인 강의와 수업이 부담으로 느껴진다면 물 흐르듯 이 과정을 즐기시길 바랍니다.

실시간 온라인 수업 실전 활용을 위한 팁

1. 참여자를 위한 가이드라인

실시간 온라인 수업을 시작하기에 앞서 참여자들에게 안내하면 좋을 몇 가지 가이드라인이 있습니다.

첫째, 편한 복장이 아니라 준비된 복장을 갖춰달라고 안내합니다. 온라인 수업을 집에서 참여하다 보면 황급히 일어나 세수도 하지 않은 채 잠옷을 입고 회의실로 입장하는 참여자가 의외로 많습니다. 그러다 보면 비디오를 켜고 싶지 않게 되고 강의에 적극적으로 참여하기가 어렵습니다. 준비된 복장은 곧 준비된 마음가짐을 의미합니다.

둘째, ZOOM 프로그램을 사용할 때의 주의 사항을 안내합니다. 참여자의 적극적인 반응을 위해 사용하는 주석, 채팅 기능은 때론 강의에 방해가 되는 요인으로 작용하기도 합니다. 이런 기능이 적시에 올바르게 사용될 수 있도록 참여자에게 사용 가이드라인을 안내합니다.

셋째, 모두의 초상권은 매우 중요하며 초상권을 침범하는 일이 없도록 해달라고 요청합니다. 다른 참여자의 동의 없이 사진과 동영상을 캡처하여 무단으로 전송하는 행위는 금지한다고 분명하게 전달합니다.

2. 강의자를 위한 사전 준비

실시간 온라인 수업을 준비하는 강의자는 큰 걱정을 안고 있는 경우가 많습니다. 강의 중간에 소리가 안 들리거나 기기가 작동하지 않는 것은 아닌지, 내가 대처할 수 없는 돌발 상황이 발생하면 어떻게 할지 불안합니다.

돌발 상황은 언제나 발생할 수 있습니다. 갑작스럽게 커다란 소음이 발생할 수도 있고 강의하는 방에 가족들이 불쑥 들어올지도 모릅니다. 오히려 아무 일 없이 완벽한 수업을 기대하는 것이 더 이상할지 모릅니다. 이 모든 것이 실시간 온라인 수업의 재미입니다.

그러나 이러한 상황은 사전에 충분히 준비한다면 예방할 수 있는 것들이 많습니다. 실시간 온라인 수업을 시작하기 20분 전에는 미리 회의실을 개설하고 오늘 수업에 활용할 기능들이 동작하는지 반드시 확인해야 합니다. 소그룹 활동이 예정되어 있다면 소회의실 기능이 활성화되어 있는지, 음소거 기능과 비디오 중지 기능은 어떻게 실행하는지 한 번 더 확인합니다.

그럼에도 불구하고 실수할 수 있습니다. 이러한 실수는 온라인 수업의 또 다른 재미가 되기도 하니 편안하게 마음을 먹기 바랍니다.

3. 강의자를 단단하게 하는 플랜B

앞에서 실수는 온라인 수업의 또 다른 즐거움이라고 표현했습니다. 실수를 즐기되 실수를 대비하는 강의자의 플랜B는 필요합니다. 우선 많이 일어날 수 있는 상황을 떠올려 봅니다.

강의 중 많이 일어나는 문제 상황

- 소음
- 마이크 안 들림
- 주석 기능을 사용한 낙서
- 채팅을 사용한 욕설
- 강의실에서 튕김
- 애완동물, 주변 사람의 등장으로 인한 주의 분산

강의 전에 위와 같은 상황이 발생할 수 있다는 것을 참여자들에게 안내합니다. 또는 어떤 돌발 상황이 발생할 수 있을지 참여자들과 함께 생각해보면 실제로 그 일이 일어났을 때 덜 당황하게 됩니다.

예상되는 문제 상황이 있다면 강의 전에 미리 대비하고 준비하도록 합니다. 집에 애완동물이 있다면 가까이 오지 않도록 조치를 해둡니다. 참여자에게 목소리는 잘 들리는지 사전에 휴대폰을 하나 더 접속하여 확인해보는 것도 좋습니다.

강의에 사용할 프로그램을 철저히 익히는 것도 꼭 필요한 일입니다. 참여자에게서 갑자기 소음이 발생한다면 강의자가 직접 참여자를 음소거시켜야 합니다. 소리가 울리는 하울링이 생긴다면 전체 참여자를 음소거 지정하는 것이 좋습니다. 이 때 필요한 단축키(Alt + M)도 익혀 둡니다.

채팅 사용에서 문제가 발생한다면 [보안]에서 채팅 기능을 사용하지 못하게 막습니다. 주석 기능으로 인해 화면에 낙서를 하는 문제가 생긴다면 [화면 공유–더보기]에서 [참가자 주석 사용 안 함]을 클릭하도록 합니다.

무엇보다 강의를 진행할 PC와 함께 휴대폰을 하나 더 접속해 두는 것이 좋습니다. 휴대폰으로 접속한 참여자들에게 메뉴를 안내할 때 내가 접속한 휴대폰을 보며 안내할 수 있어 편리합니다. 그리고 네트워크 문제로 PC에 접속한 계정이 튕겨 끊어지는 경우가 발생할 수 있습니다. 이 때 휴대폰으로 접속이 되어 있으면 끊겼음을 알리고 PC계정으로 다시 입장하는 동안 시간을 벌 수 있습니다.

2

ZOOM으로 시작하기

참여자가 중심이 되는 수업을 구성할 수 있도록

선택의 폭을 넓혀주는 도구가 필요합니다.

왜 ZOOM인가?

온라인 강의를 준비하는 사람이라면 강의 플랫폼으로 어떤 툴을 사용해야 할지 고민이 깊을 것입니다. ZOOM, 구글 미트, 웹엑스, 유튜브 라이브까지 비슷해 보이는 여러 도구들이 사용자의 선택을 기다리고 있습니다. 각 도구마다 장단점이 존재하지만 본서는 강의를 하는 강의자에게 다음의 이유로 ZOOM을 추천합니다.

1. 강의자, 참여자 모두 쉽게 사용할 수 있다.

강의를 하는 사람에게든 듣는 사람에게든 프로그램은 사용하기 쉬워야 합니다. ZOOM은 화면 구성이 직관적이라 조금만 익히면 쉽게 강의를 개설할 수 있습니다. 참여자 역시 사용이 어렵지 않습니다. 강의자가 보낸 링크 주소만 클릭하면 접속이 가능하며 심지어 PC에서는 프로그램을 설치하지 않아도 접속이 됩니다. 별도의 회원가입 절차 없이 바로 강의에 참여할 수 있습니다. 게다가 매일 같은 방 아이디로 강의를 개설할 수 있으니 참여자에게 번호로 된 방 아이디와 비밀번호를 한 번만 알려주면 됩니다. 화면 구성이 어렵지 않아 금세 익히고 사용할 수 있다는 것도 장점입니다.

2. 컴퓨터, 스마트폰, 태블릿PC 어떤 기기에서도 사용할 수 있다.

ZOOM의 또 다른 장점은 다양한 기기에서 접속이 용이하다는 것입니다. 컴퓨터, 스마트폰, 태블릿PC를 가리지 않고 접속할 수 있습니다. 따라서 참여자는 스마트폰만 가지고 있어도 강의에 참여할 수 있습니다.

3. 그룹 활동을 할 수 있다.

다른 도구들과 차별화되는 ZOOM의 대표 기능입니다. ZOOM에는 온라인에서 그룹 활동이 가능한 소회의실 기능이 있습니다. 이는 강의자로 하여금 참여자가 중심이 되는 수업을 무궁무진하게 구성할 수 있도록 선택의 폭을 넓혀 줍니다. 단순히 강의자가 화면을 공유하여 참여자들에게 설명하는 차원을 넘어 소그룹 토의, 역할극 등 다양한 강의 방법을 사용할 수 있게 합니다. 그룹 활동은 강의자에게는 혼자 말해야 하는 부담을 줄여주고 참여자에게는 적극적인 상호작용을 할 수 있게 하므로 모두 만족스러운 수업을 만드는 데 도움을 줍니다.

ZOOM 인터페이스 알아보기

1. ZOOM 화면 구성 알아보기

ZOOM은 직관적이어서 조금만 익히면 사용하기 어렵지 않습니다. ZOOM으로 강의를 하기로 결심했다면 먼저 화면이 어떻게 구성되어 있고, 기능은 어떻게 사용할 수 있는지 알아야 합니다.

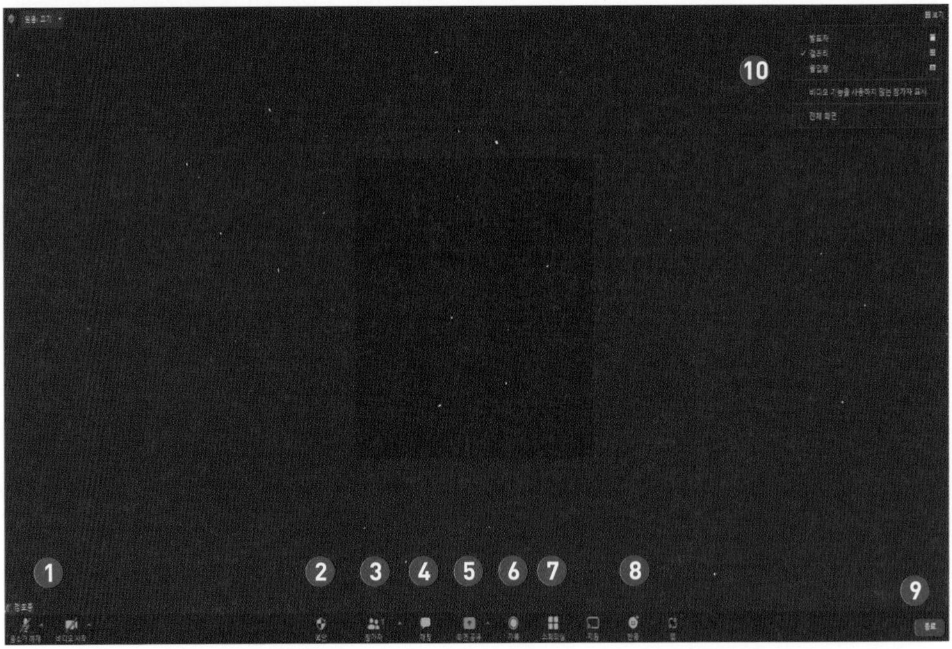

❶

버튼을 한 번 누르면 꺼지고, 다시 한 번 누르면 켜집니다.

❷

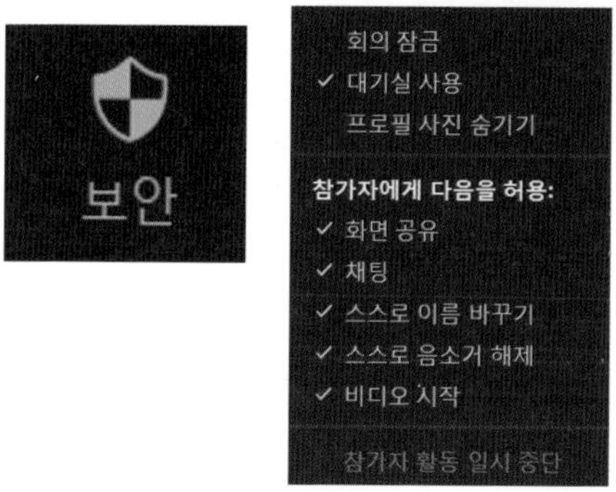

버튼을 클릭하면 다음과 같은 하위 메뉴를 볼 수 있습니다.

- **회의 잠금**: 아무도 못 들어오게 회의를 막아버리는 기능입니다. 참여자가 접속할 수 없도록 만들어줍니다. 이 기능을 사용하면 강의자가 강의를 준비하기 위해 일찍 강의실을 개설할 때 참여자가 미리 들어오는 것을 예방할 수 있고 더 이상의 참여자를 받지 않을 때도 사용할 수 있습니다.
- **대기실 사용**: 이곳에 체크가 되어 있다면 참여자들은 바로 회의에 참여하지 못하고 대기실에서 강의 개설자의 수락을 기다려야 합니다.
- **프로필 사진 숨기기**: 비디오를 껐을 때 사진 대신 이름이 표시되게 만듭니다.
- **참가자에게 화면 공유 허용**: 모든 참여자가 화면을 공유할 수 있게 해줍니다. 참여자의 결과물을 모두 함께 보려면 이 기능을 켜두는 것이 좋습니다.
- **참가자에게 채팅 허용**: 강의 중 채팅을 사용할 수 있게 해줍니다. 수업 중 다양하게 활용할 수 있으므로 허용해두는 것이 좋습니다.
- **참가자에게 이름 바꾸기, 음소거 해제, 비디오 시작 허용**: 자신의 이름을 스스로 바꾸고 음소거 된 마이크도 해제할 수 있고 꺼진 비디오도 켤 수 있게 허용합니다. 특별한 사정이 있지 않다면 모두 켜두는 것을 추천합니다.

❸ 

버튼을 클릭하면 화면 오른편에 참가한 사람의 목록을 볼 수 있습니다.

❹ 

채팅 버튼을 누르면 화면의 오른쪽에 채팅창이 만들어집니다. 비공개 채팅도 가능하며 이 기능은 설정을 통해 없앨 수도 있습니다. 채팅창 내에서 파일을 보내거나 채팅 내용을 저장할 수 있는 기능도 제공하고 있습니다.

❺ 

강의자가 가장 많이 사용하는 기능으로 내 컴퓨터에 있는 파워포인트, 사진, 그림, 동영상 등을 참여자 화면에 보여줄 수 있습니다. 또한, 화면 공유 창에서 주석이나 화이트보드를 선택하면 화면에 그림을 그리거나 필기를 할 수 있습니다.

❻ 

버튼을 누르면 화면을 녹화할 수 있습니다.

❼ 

소회의실은 회의실을 다시 새로운 작은 방으로 나누어주는 기능입니다. 이 기능은 그룹 활동을 위해 사용됩니다. 무작위로 그룹을 배정할 수도 있고 강의자가 원하는 대로 지정할 수도 있습니다. 그룹의 수도 강의자가 마음대로 설정할 수 있습니다.

❽ 

버튼을 클릭하면 여러 가지 아이콘이 나타납니다. 원하는 것을 선택해서 클릭하면 화면에 표시됩니다.

❾

버튼을 클릭하면 회의를 종료할 수 있습니다. [모두에 대해 회의 종료]는 회의를 개설한 사람에게만 보이는 메뉴로 강의실 자체를 없애버리는 것입니다. [회의 나가기]를 클릭하면 방은 없어지지 않고 자신만 방에서 빠져나가게 됩니다.

❿

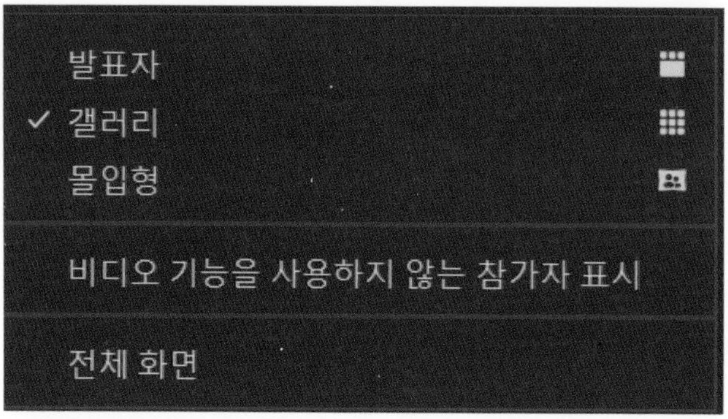

- **발표자 보기:** 말하는 사람이 화면에 크게 표시되고 다른 참여자들은 작게 보여집니다.

- **갤러리 보기:** 모든 사람이 바둑판 모양으로 표시됩니다. 설정을 통해 참여자들을 한 화면에 최대 49명까지 볼 수 있습니다.

- **몰입형 보기:** 모든 참여자들을 강의실과 같은 다양한 장소에 가상으로 배치해줍니다. 토의·토론 수업 등에 활용할 수 있습니다.

더 알아보기

〈비디오 고정과 모두에게 추천〉

강의를 듣는 참여자에게 유용한 기능 '비디오 고정'

'비디오 고정' 기능은 참여자가 사용하는 것으로 내가 원하는 한 명만 큰 화면으로 보이게 만들어주는 기능입니다. ZOOM에서는 기본적으로 말하는 사람의 화면을 크게 비추는 특징이 있는데 잡음이 나는 경우에도 그 사람이 말을 하고 있다고 인식하기도 합니다. 만일 강의자만 화면에 나오게 만들고 싶다면 강의자 화면에 마우스를 갖다 대고 오른쪽 버튼을 누르거나 ··· 버튼을 누른 후 [고정]을 클릭하면 됩니다. 단, 이것은 내 컴퓨터 화면에서만 고정되는 것이지 다른 참여자의 화면도 같이 고정되는 것은 아닙니다.

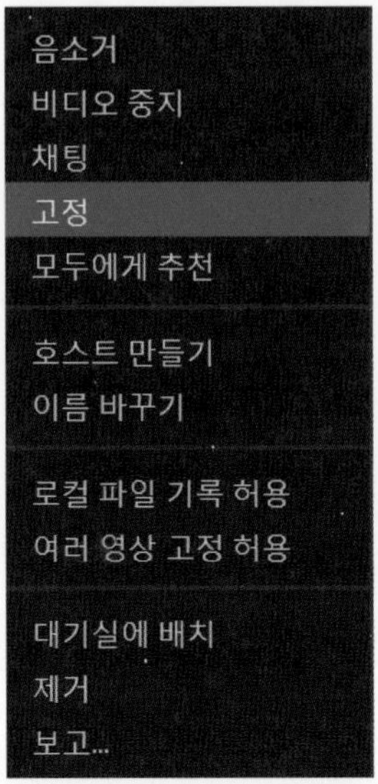

강의자에게 유용한 '모두에게 추천'

'모두에게 추천'은 호스트만 사용할 수 있는 기능으로 모든 참여자의 화면에 특정 참여자의 모습이 나오도록 만들어줍니다. 발표하는 참여자를 모두가 보게 하고 싶을 때 유용하게 사용할 수 있습니다. 추천할 참여자의 화면에 마우스를 가져가 오른쪽 버튼을 누르거나 ··· 버튼을 누른 후 [모두에게 추천]을 클릭하면 됩니다.

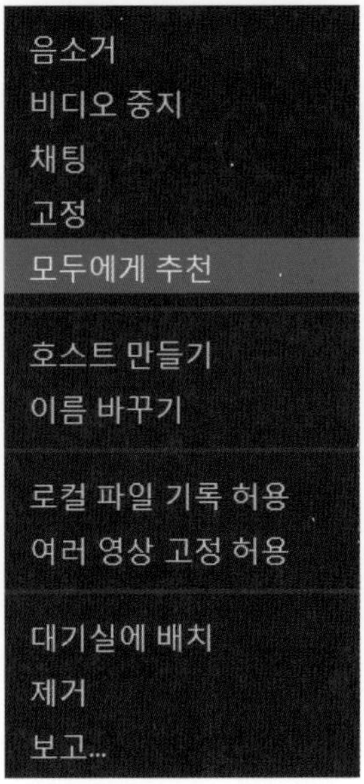

1. 강의를 위한 필수 세팅

ZOOM을 사용해 강의를 효과적으로 하기 위해서 어떤 준비가 필요한지 알아보도록 하겠습니다.

1) 강의를 위한 장비 준비하기

(1) 기본 필수 장비

① 데스크톱 컴퓨터 또는 노트북

스마트폰이나 태블릿PC로도 강의할 수는 있지만 ZOOM의 모든 기능을 자유자재로 사용하기 위해서는 PC나 노트북을 사용하는 것이 좋습니다.

② 웹캠

얼굴을 보고 소통을 하기 위해 웹캠은 필수입니다. 노트북의 경우 대부분 카메라를 내장하고 있어 따로 웹캠을 구매하지 않아도 됩니다. 웹캠을 구매하기 어렵다면 휴대폰을 웹캠처럼 사용하는 방법도 있습니다. 실물화상기를 가지고 있는 교사라면 웹캠 대용으로 사용할 수 있습니다.

더 알아보기

〈웹캠이 두 대라면?〉

두 대의 웹캠을 가지고 있거나 웹캠과 실물화상기를 둘 다 가지고 있다면 화면을 전환하면서 보다 입체적인 강의를 할 수 있습니다. 우선 한 대는 강의자 얼굴 정면을 비추도록 고정합니다. 그리고 다른 한 대는 교재나 실물을 비추도록 고정합니다. 강의 도중 교재에 필기하거나 실물을 조작하는 모습을 참여자에게 보여주고 싶다면 [비디오 시작] 옆에 있는 화살표를 눌러 다른 카메라를 선택할 수 있습니다. 단축키가 Alt + N이므로 이것을 활용하면 강의자의 얼굴을 비췄다가 실물이나 교재를 비추는 것을 자유자재로 활용할 수 있어 좋습니다.

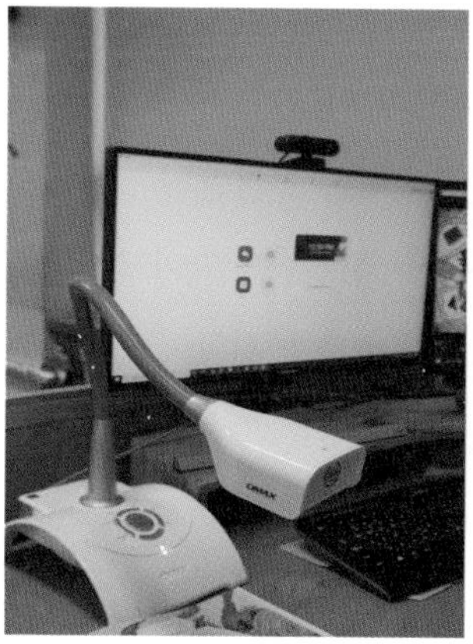

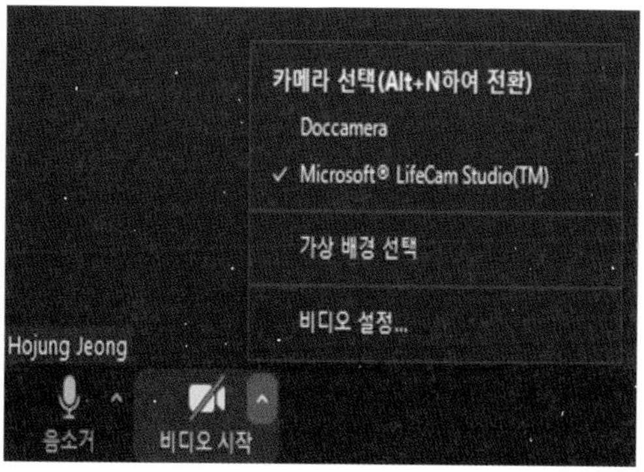

③ 마이크나 헤드셋

강의를 오래 들어야 하는 참여자의 입장에서 강의자의 목소리가 또렷하게 들리지 않는다면 무척 스트레스를 받게 됩니다. 웹캠이나 노트북에 마이크가 내장되어 있기도 하지만 성능이 좋지 않은 경우가 많습니다. 소리가 멀리서 들리는 것처럼 느껴지기도 하고 뚝뚝 끊기기도 합니다. 따라서 온라인 강의를 준비하는 강의자라면 마이크나 헤드셋을 갖추는 것은 필수입니다. 어느 것을 선택하든 USB 단자에 바로 연결할 수 있는 것을 구매하는 것이 좋습니다. 선을 이어폰 단자와 마이크 단자에 각각 끼워야 하는 헤드셋은 컴퓨터가 바로 장치를 인식하지 못할 때가 있기 때문입니다.

더 알아보기

〈마이크와 스피커 조합이 좋을까? 헤드셋 하나로 해결할까?〉

- 컴퓨터를 사용해 반복적인 온라인 강의를 준비한다면 마이크와 스피커를 둘 다 구매하는 것이 좋습니다. 웹캠에 내장된 마이크는 성능이 좋지 않은 것이 대부분입니다. 전문적인 강의를 원한다면 두 장비를 모두 갖추기를 권합니다.
- 헤드셋은 마이크와 스피커가 같이 내장되어 작동하므로 편리합니다. 컴퓨터와 USB로 연결할 수 있는 것이라면 설치도 간단합니다. 단, 오래 착용하면 귀가 아플 수 있습니다. 짧은 시간 강의를 하는 분에게 추천 드립니다.

(2) 보다 전문적인 강의를 원한다면

① 듀얼 모니터

모니터를 두 대 놓고 온라인 강의를 하게 되면 한쪽에는 화면을 공유하면서 다른 모니터로는 참여자의 얼굴을 볼 수 있어 유용합니다.

② 펜타블렛

디지타이저라고도 부르는 펜타블렛은 강의자가 판서를 예쁜 글씨로 할 수 있게 해줍니다. 필기를 많이 하는 강의자라면 꼭 필요한 장비라고 할 수 있습니다. 펜타블렛은 액정이 있는 것과 없는 것으로 구별할 수 있는데 액정이 있는 제품은 편리하지만 비쌉니다. 액정이 없는 제품은 처음에는 불편하지만 익숙해지면 저렴한 가격에 효과적인 강의를 할 수 있습니다.

③ 조명

촬영하는 장소가 어둡다면 조명을 사용하는 것이 좋습니다. 얼굴이 밝게 나와서 예쁘고 고급스러운 느낌을 줍니다.

더 알아보기

〈강의자의 화면이 어떻게 보이는지 알고 싶다면 스마트폰으로 함께 접속해보세요.〉

강의를 하다 보면 실수할 때가 있습니다. 열심히 설명하고 있는데 알고 보니 화면 공유를 하지 않았다거나 나에게는 잘 보이는 화면이 참여자에게는 안 보이기도 합니다.

이런 경우를 대비하기 위해서는 강의실에 스마트폰이나 태블릿PC로 함께 접속해보는 것이 좋습니다. 모니터 앞에 스마트폰이나 태블릿PC를 두고 지속적으로 참여자의 화면이 어떻게 보이는지 확인하며 강의를 하는 것입니다. 이때 모니터링을 위한 기기는 비디오를 끄고 오디오 연결도 하지 않는 것이 좋습니다. 컴퓨터 스피커로 소리가 나오는데 모니터링 하는 기기에서도 소리가 난다면 방해가 되기 때문입니다.

2) 강의를 위한 프로그램 세팅하기

깅의를 처음 시작한다면 몇 가지 설정이 필요합니다. 설정은 웹페이지와 ZOOM 프로그램 두 가지 모두 필요합니다. 각 설정에 대해 알아보도록 하겠습니다.

(1) 웹페이지 세팅하기

인터넷 주소창에 zoom.us라고 입력 후 홈페이지에 들어갑니다. 로그인한 후 내 계정에 들어가면 설정을 바꿀 수 있습니다.

① **대기실:** 모르는 사람이 회의실로 들어오는 것이 걱정된다면 대기실을 만들어두는 것이 좋습니다. 단, 대기실을 만들면 참여자가 들어올 때마다 수락해주어야 하는 불편함은 있습니다.

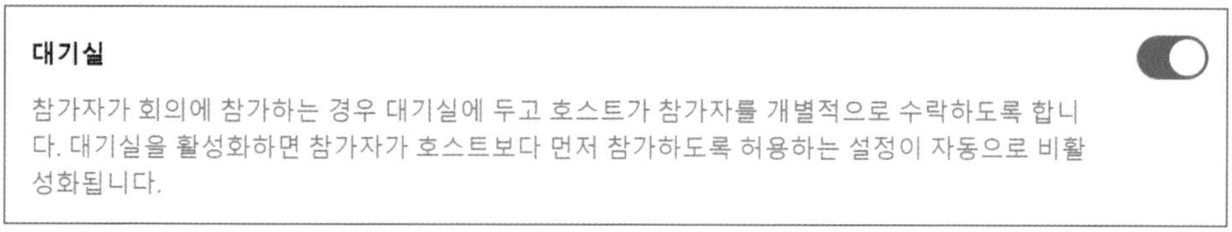

② **입장 시 참가자 음소거:** 참여자들이 강의에 참가할 때 소음이 들리지 않도록 음소거를 설정할 수 있습니다. 강의 초반에는 해두는 것이 좋지만 한 번 음소거를 하면 참여자들이 음소거를 해제하지 않으려고 하기에 가급적 소음이 들리더라도 활발한 상호작용을 위해 해제하기를 추천드립니다.

③ **채팅 설정:** 대부분의 강의에서는 채팅 기능을 켜두게 됩니다. 강의에 활용하고 질문도 받을 수 있기 때문입니다. 단, 학생들과 수업을 하는 경우 비공개 채팅은 꺼두는 것이 좋습니다.

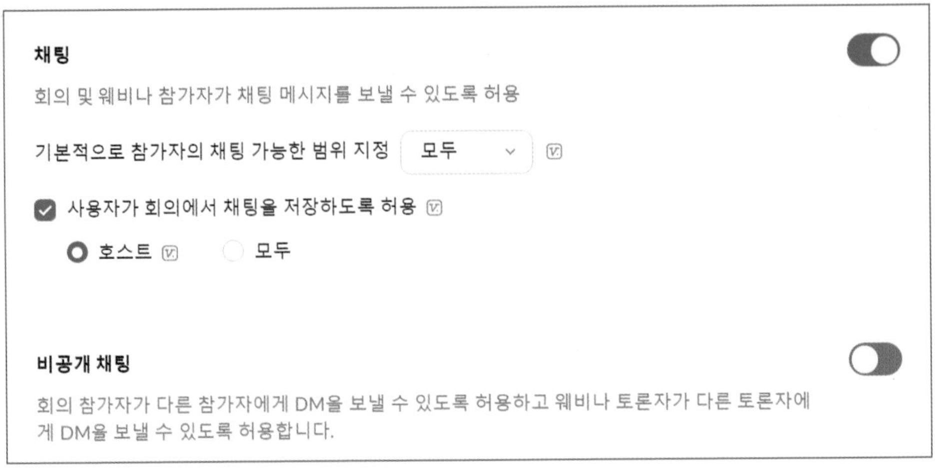

④ **회의 컨트롤 도구 모음 항상 표시:** 강의를 하다 보면 화면에서 도구 모음 상자가 나타났다가 사라지는 것을 발견할 수 있습니다. [회의 컨트롤 도구 모음 항상 표시]를 활성화하면 도구 모음 상자가 사라지지 않고 계속 보이게 되어 강의를 편리하게 진행할 수 있습니다.

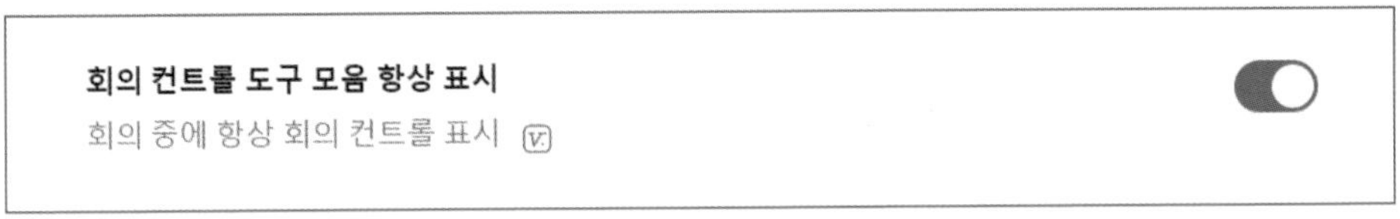

⑤ **화면 공유 옵션:** 강의자만 화면 공유를 가능하게 할 것인지 참여자도 가능하게 할 것인지 설정할 수 있습니다. 참여자의 화면을 볼 필요가 있다면 모든 참여자가 공유하게 설정하는 것이 좋습니다. 다른 사람이 공유 중일 때 또 다른 참여자의 공유 여부를 설정할 수도 있습니다. 참여자가 성인이라면 모든 참여자가 공유를 시작할 수 있도록 하는 것이 좋고 어린 학생들이라면 호스트만 공유하게 하는 것이 좋습니다.

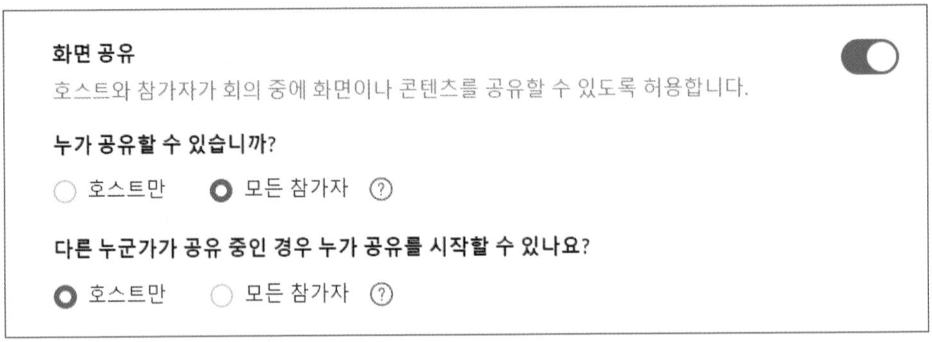

⑥ zoom **창 표시:** 강의자의 줌 화면 자체를 참여자에게 공유하고 싶다면 이 메뉴에 체크가 되어 있어야 합니다. 추가로 줌 프로그램 설정의 화면공유 메뉴에서도 [화면을 공유하는 동안 다른 참가자에게 내 Zoom Windows 표시]에 체크를 해야 합니다.

⑦ **주석:** 주석은 화면에 글씨를 쓰거나 스탬프와 같이 그림을 표시할 수 있게 하는 기능입니다. 강의자가 필기하며 설명할 때 유용합니다. [주석과 함께 공유 화면 저장 허용]을 체크하면 필기한 내용을 참여자가 저장할 수 있습니다. [공유 중인 사용자만 주석을 달 수 있습니다]를 체크하면 화면을 공유한 사람만 필기가 가능합니다.

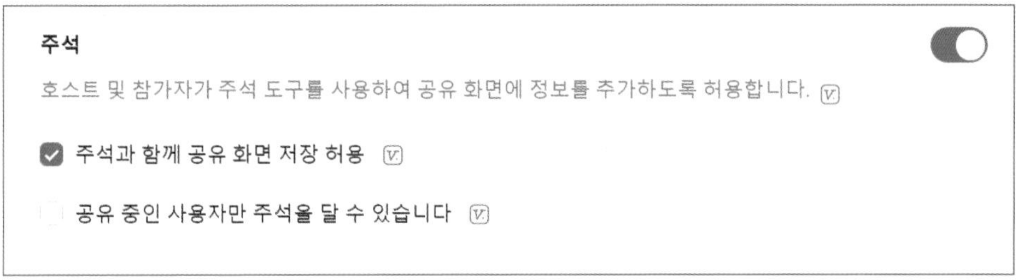

⑧ **소회의실:** 소회의실은 소그룹 활동을 할 수 있게 해주는 아주 유용한 기능입니다. 꼭 활성화해두시길 바랍니다.

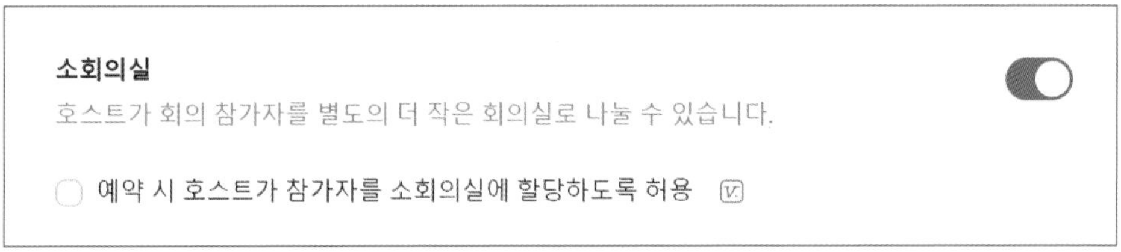

(2) ZOOM 프로그램 세팅하기

컴퓨터로 접속을 하면 ZOOM 프로그램 창 오른쪽 위편에 톱니바퀴를 볼 수 있습니다. 여기서 강의에 필요한 세팅을 할 수 있습니다. 새 회의를 열고 왼쪽 위편에  방패 모양 버튼을 눌러도 같은 창이 열립니다. 강의할 때 유용한 설정 방법 몇 가지를 안내합니다.

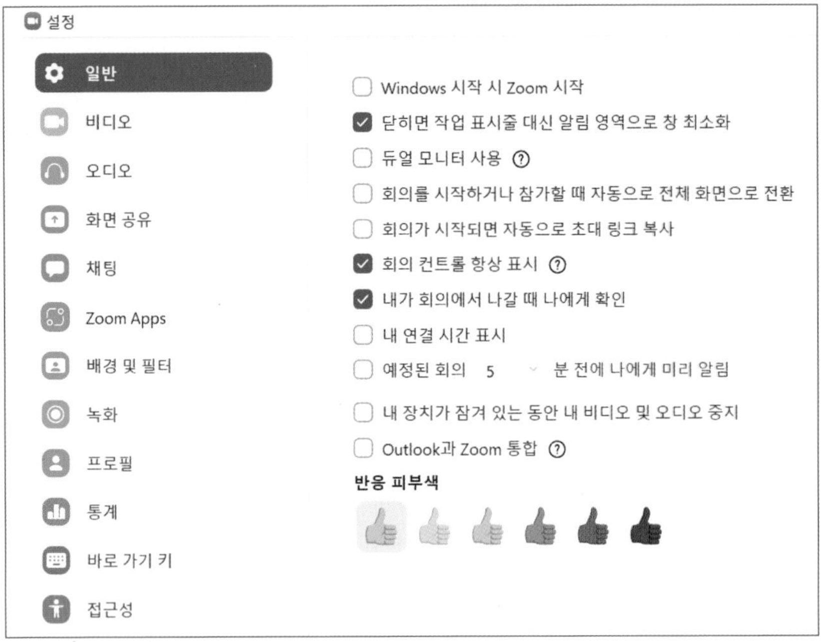

① **회의 컨트롤 항상 표시:** [일반] 메뉴에 있는 [회의 컨트롤 항상 표시]에 체크하면 사라지는 메뉴바를 고정할 수 있어 강의에 편리합니다.

② **내 비디오:** [내 비디오 미러링]은 화면을 좌우 반전시키는 기능인데 카메라에 비추는 글자가 정상적으로 보이게 하기 위해서는 체크를 해제하는 것이 좋습니다. [내 모습 수정 필터]를 조정해 얼굴을 화사하게 만들 수 있으며, [저조도 환경에 맞게 조정] 메뉴를 통해 화면 밝기를 조절할 수 있습니다.

③ Space Bar로 **음소거 해제하기:** 항상 음소거 상태로 있다가 스페이스 키를 누르면 음소거를 해제하게 만들 수 있습니다. [오디오]에서 설정할 수 있습니다.

④ **가상 배경과 필터 사용하기:** 배경이 지저분하다면 가상 배경을 설정할 수 있습니다. [배경 및 필터]에서 원하는 배경을 선택하거나 내가 가진 그림을 배경으로 사용할 수도 있습니다.

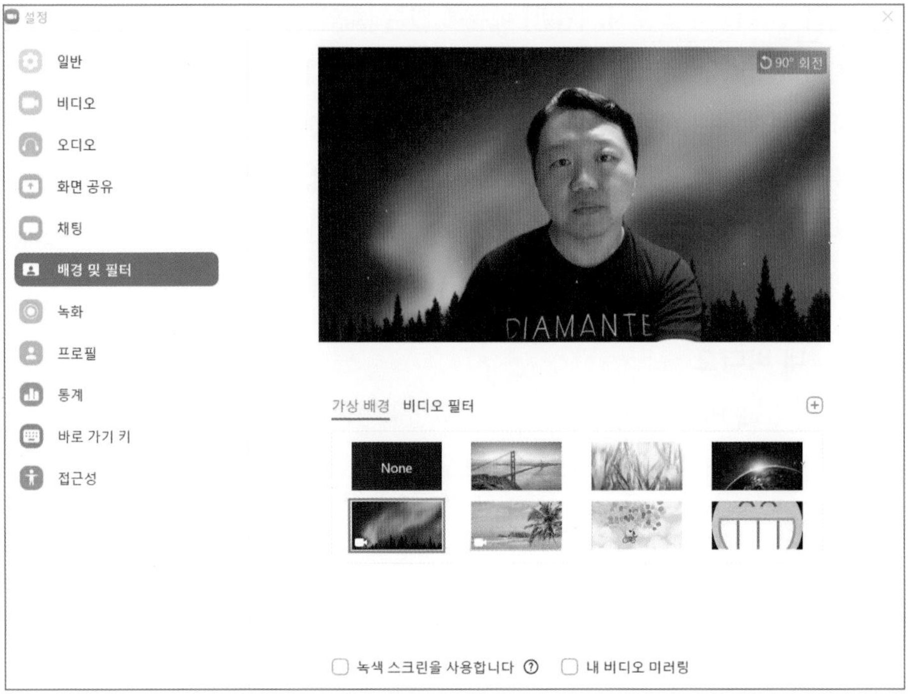

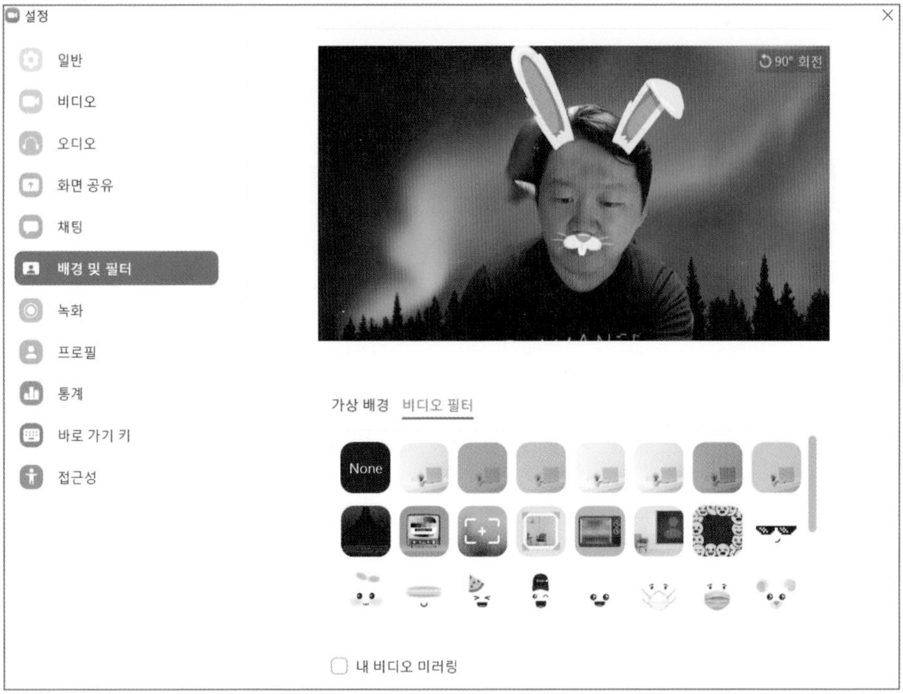

하위 메뉴인 [비디오 필터]에서는 재밌는 화면 효과를 줄 수 있습니다.

2. 강의 개설하기

세팅이 끝났다면 강의를 개설할 차례입니다. 강의를 개설하고 참여자들에게 안내하는 것은 크게 두 가지입니다.

1) 빠르게 개설하고 링크 주소로 강의에 초대하기

ZOOM에 로그인 하면 아래와 같은 창이 나타나게 됩니다. 여기서 주황색 [새 회의]를 클릭하면 빠르게 강의가 개설됩니다.

프로그램 왼쪽 위에 있는 버튼을 누르면 아래와 같은 창이 나타납니다. 여기서 파란색 쓰인 URL 복사를 누르면 초대 링크가 복사됩니다. 이 링크 주소를 참여자에게 메신저나 SNS를 통해 전달합니다. 링크 주소를 클릭한 참여자는 따로 비밀번호를 입력하지 않아도 바로 접속이 가능합니다. 컴퓨터로 접속한 경우에는 ZOOM 프로그램을 설치하지 않아도 강의에 참여할 수 있습니다. 스마트폰이나 태블릿PC를 가진 참여자라면 자동으로 플레이스토어와 앱스토어에 연결해 ZOOM 어플을 다운받고 강의실로 연결합니다.

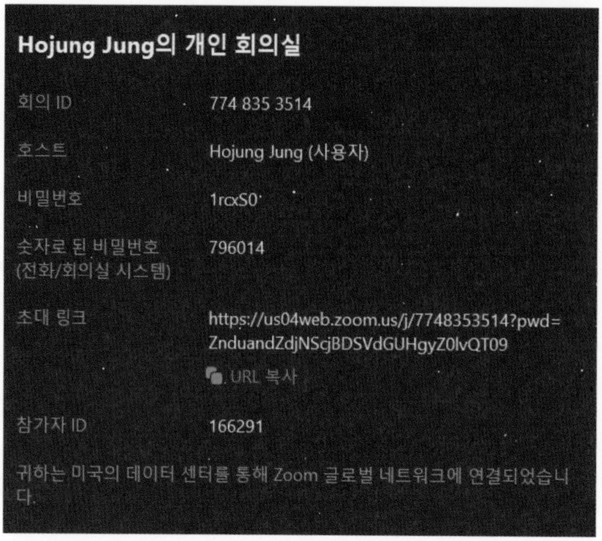

2) 참여자에게 회의 ID와 비밀번호 알려주기

매번 참여자들에게 주소를 보내지 않고도 강의에 접속할 수 있는 방법이 있습니다. 바로 회의 ID와 비밀번호를 알려주는 것입니다. ZOOM 프로그램 창에서 내 개인 회의 ID를 확인하고 매번 같은 ID 번호로 강의를 개설할 수 있습니다. 링크 주소를 알려주든 회의 ID와 비밀번호를 알려주든 참여자는 따로 회원가입을 하지 않아도 강의를 들을 수 있습니다.

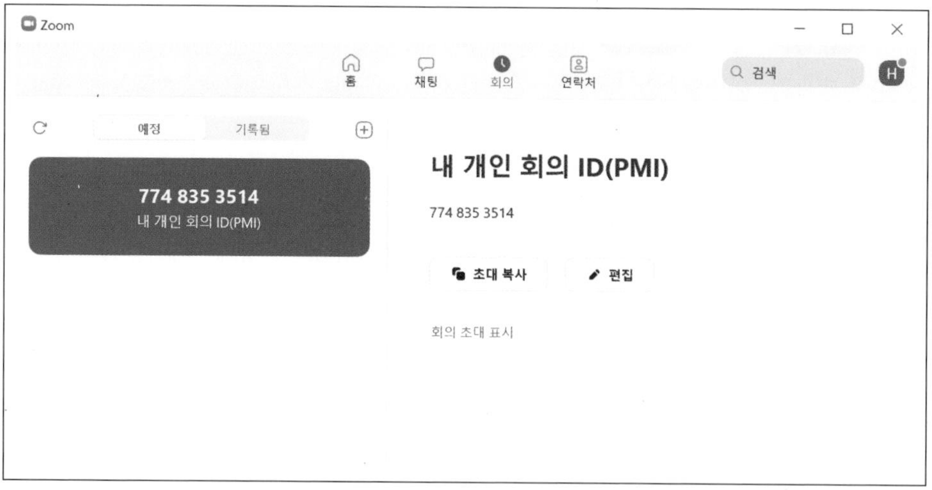

[회의] 탭에서 [편집]을 클릭하면 내 회의 비밀번호를 변경할 수 있습니다. [고급 옵션]에서는 대기실을 사용할 것인지 강의자보다 먼저 강의에 들어오게 허용할 것인지 등을 설정할 수 있습니다.

3. 화면 공유하기

화면 공유는 내 컴퓨터 화면을 참여자의 화면에 보이게 하는 것으로 강의에서 가장 많이 사용하는 기능입니다. 파워포인트나 그림, 사진 등을 공유하여 함께 보기도 하고 주석 기능을 이용해 그림을 여러 사람이 그리거나 글씨를 쓸 수도 있습니다.

1) 파워포인트나 사진, 그림 공유하기

화면 아래편에 있는  버튼을 클릭하면 아래와 같은 창이 열리게 됩니다. 여기서 공유하려는 창이나 앱을 선택합니다.

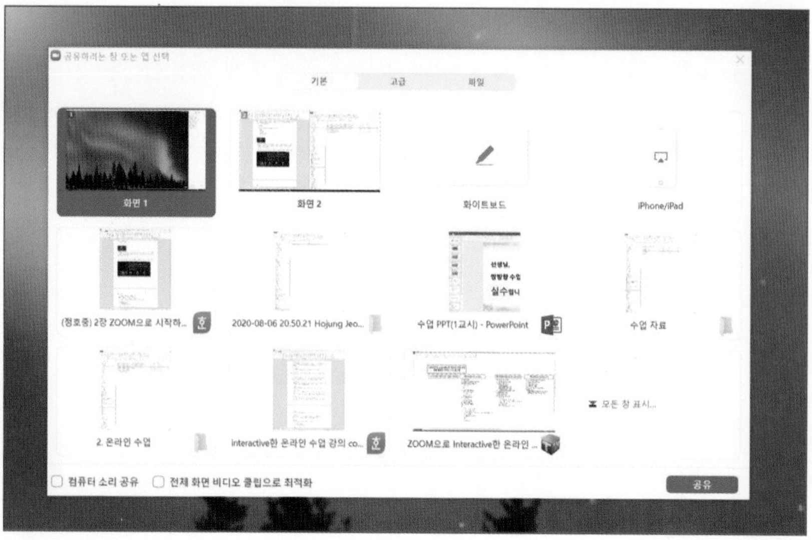

2) 화이트보드 공유, 주석 기능 사용하기

버튼을 누르면 여러 창 중에 화이트보드라는 것을 볼 수 있습니다. 화이트보드를 클릭하고 공유를 누르면 그림을 그리거나 글씨를 쓰며 설명할 수 있습니다. 소회의실에서 참여자들도 화면 공유를 가능하게 설정하면 소회의실에서 나눈 의견을 화이트보드에 정리할 수도 있어 유용합니다. 그림 파일로 저장도 가능하니 강의에서 잘 활용하면 무척 요긴하게 사용할 수 있습니다.

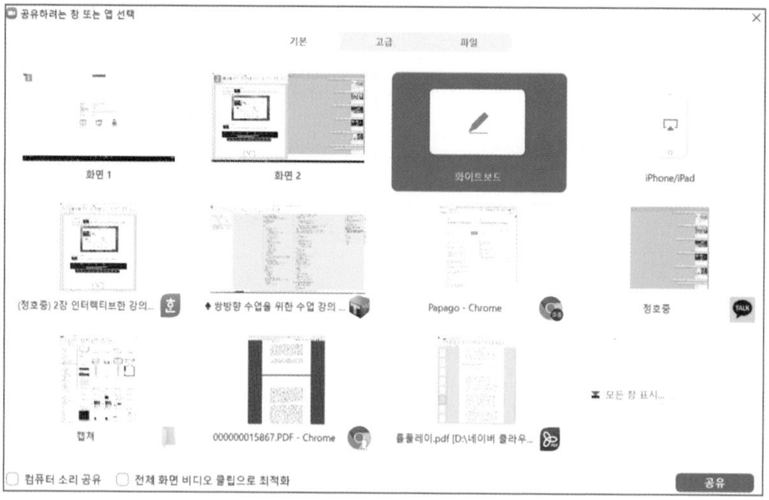

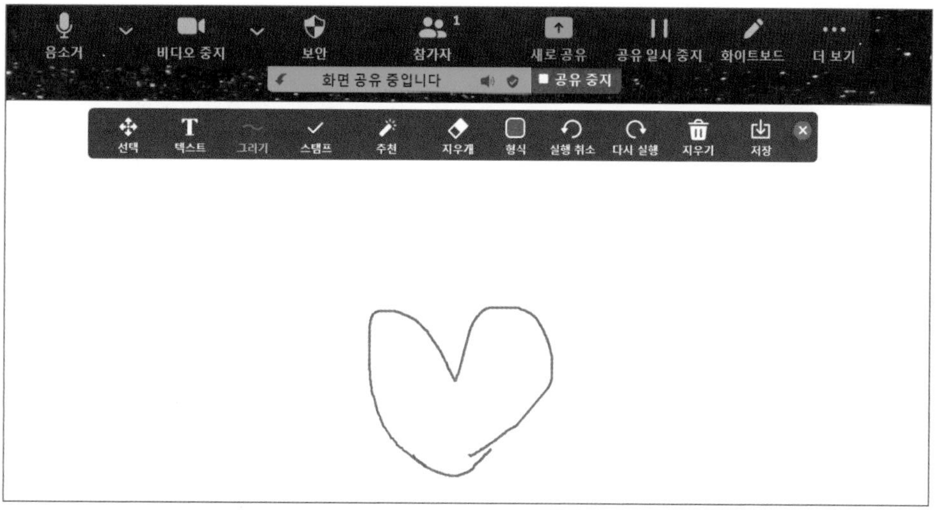

공유창에서 [주석 작성]을 클릭하면 화이트보드가 아니더라도 공유한 화면에 글씨를 쓰거나 그림을 그릴 수 있습니다. 따라서 공유한 파워포인트나 사진에도 필기가 가능합니다.

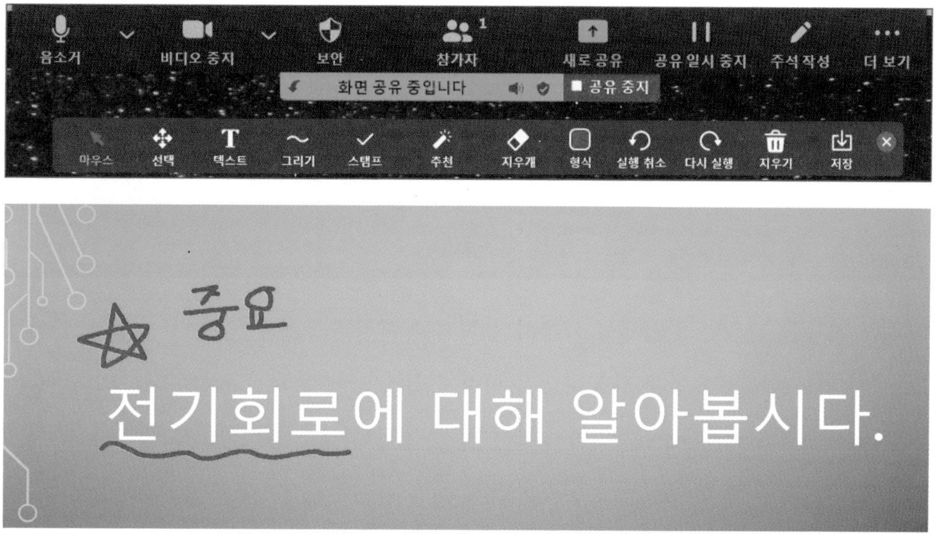

[주석 작성]에서 [스탬프] 기능은 화면에 하트나 별, 화살표 등의 자국을 남길 수 있게 합니다. 다음과 같이 참여자 모두가 동시에 스탬프를 찍어 자신에 대해 표현할 수 있습니다.

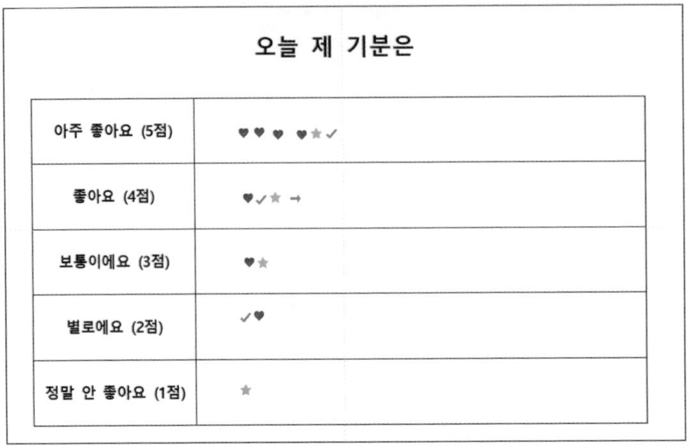

그런데 화면에서 다음 장을 넘어가도 표시한 주석은 남아 있습니다. 따라서 다른 화면으로 넘어갈 때는 [지우기]–[모든 드로잉 지우기]를 선택해서 주석을 삭제해주어야 합니다. 화이트보드나 파워포인트 화면에 주석으로 표시한 것을 그림 파일로 저장할 수도 있습니다.

주석 기능을 강의나 수업에서 사용하면 처음엔 혼란스러울 수 있습니다. 일부 참여자가 주석 기능을 불필요하게 사용하여 오히려 수업에 방해가 되기도 합니다. 그런 상황이 발생한다면 [더보기] 메뉴에서 [참가자 주석 사용 안 함]을 클릭하도록 합니다. 하지만 익숙해지면 매우 효과적인 도구이니 초반의 시행착오를 유연하게 바라보는 마음가짐이 필요합니다.

공유 창에서 [소리 공유]에 체크 하면 내 컴퓨터에서 나는 소리를 상대에게 들려줄 수 있습니다. 예를 들어, 화면을 공유한 후 유튜브 영상을 틀면 상대에게 영상뿐만 아니라 소리가 들리게 되는 것입니다.

하지만 실제로 강의에서 동영상을 공유해보면 상대에게 매끄럽게 보이지 않는 경우가 많습니다. 이럴 때는 비디오 클립에 최적화에 체크를 한 후 동영상을 공유하거나 [화면 공유]–[고급]–[비디오] 메뉴를 사용하여 공유하는 것이 좋습니다.

4. 소회의실을 활용하여 그룹 활동하기

실시간 온라인 수업을 잘못 활용하는 경우 자칫 강의식으로만 운영하게 됩니다. 온라인 도구를 처음 사용하는 강의자는 자신의 화면을 공유하여 참여자들에게 강의하는 형태 이외에 다른 운영방식을 알지 못하기 때문입니다.

그런데 ZOOM에는 온라인에서 소그룹 활동을 가능하게 하는 엄청난 기능을 제공하고 있습니다. 바로 소회의실 기능인데, 이것만 잘 사용해도 강의의 질이 달라집니다. 어떻게 사용할 수 있는지 소개해봅니다.

1) 소회의실 사용 설정하기

소그룹 활동을 위해서는 소회의실 기능을 사용하도록 설정해야 합니다. 설정은 ZOOM 사이트에서 할 수 있습니다. www.zoom.us에 접속해 로그인을 한 후 [개인]–[설정]으로 들어갑니다. 회의 탭에서 [회의중(고급)]으로 들어가면 소회의실 기능을 사용할 수 있는 단추가 있습니다.

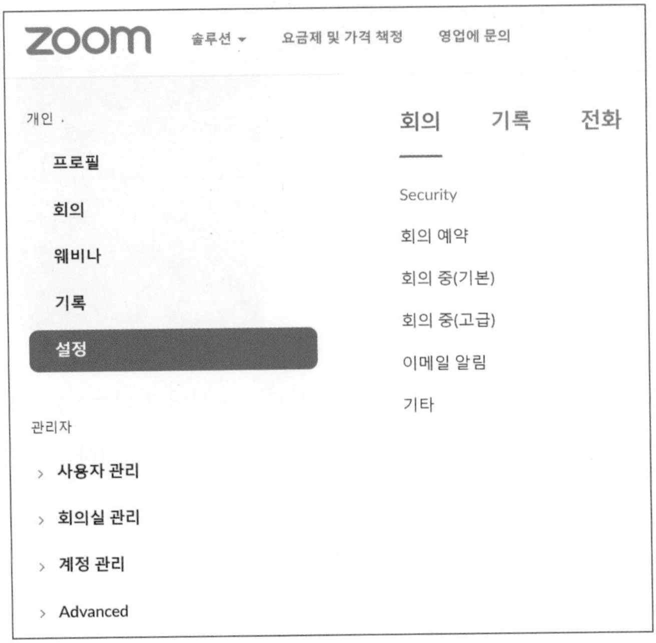

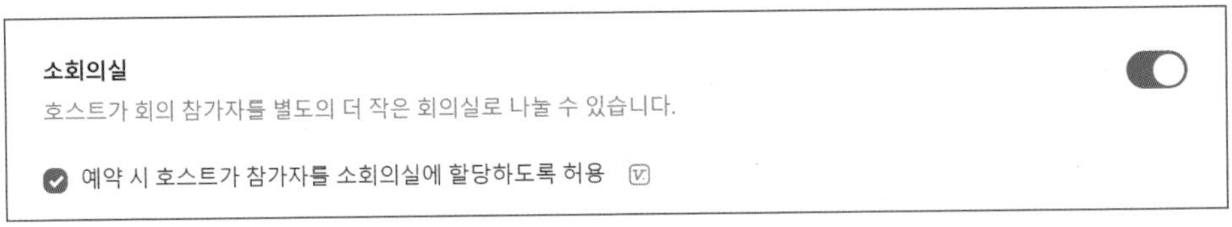

2) 강의 중 소회의실 만들기

소그룹 활동을 위해서는 소회의실을 열어야 합니다. 아래 컨트롤 바에서 소회의실을 클릭합니다.

참여자를 몇 개의 그룹으로 나눌지 선택할 수 있습니다. [자동]을 선택하면 무작위로 그룹을 나누게 되며 [수동]을 클릭하면 강의자가 임의로 팀원을 정해줄 수 있습니다. 사각형 안에 만들고 싶은 회의실 숫자를 입력하면 됩니다.

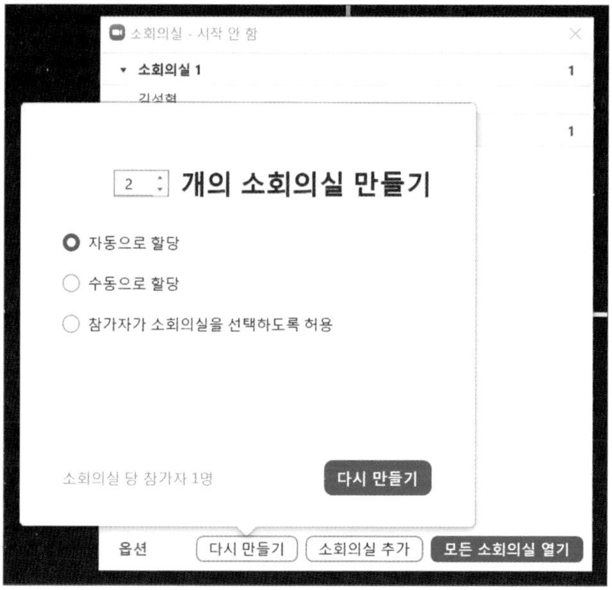

회의실 만들기를 클릭하면 참여자들이 어떻게 배치되는지 화면을 통해 확인할 수 있습니다. 여기서 아래에 있는 [모든 회의실 열기]를 클릭하면 ZOOM 안에서 또 다른 방인 소회의실이 열리게 됩니다.

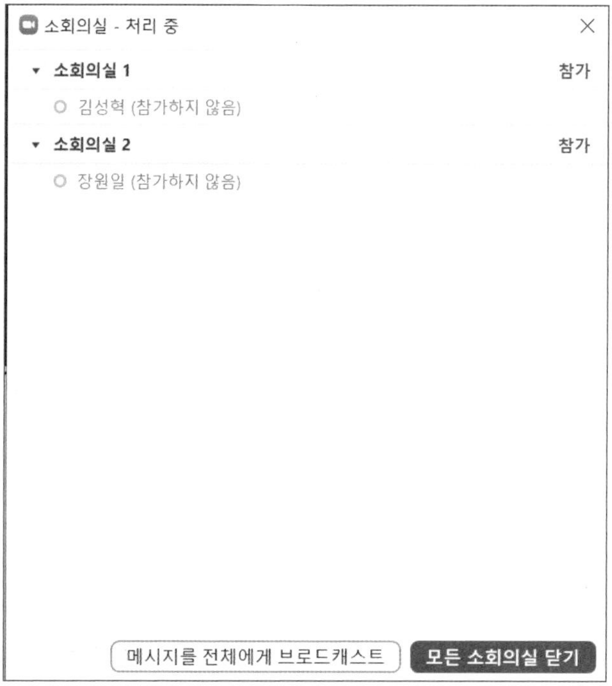

참여자를 다른 그룹으로 이동시키거나 다른 그룹의 참여자와 교환하는 것도 가능합니다.

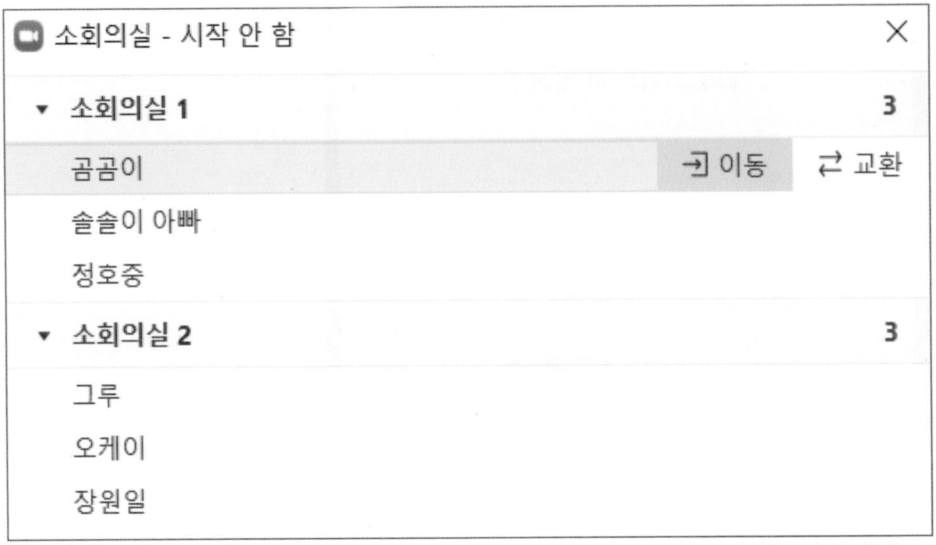

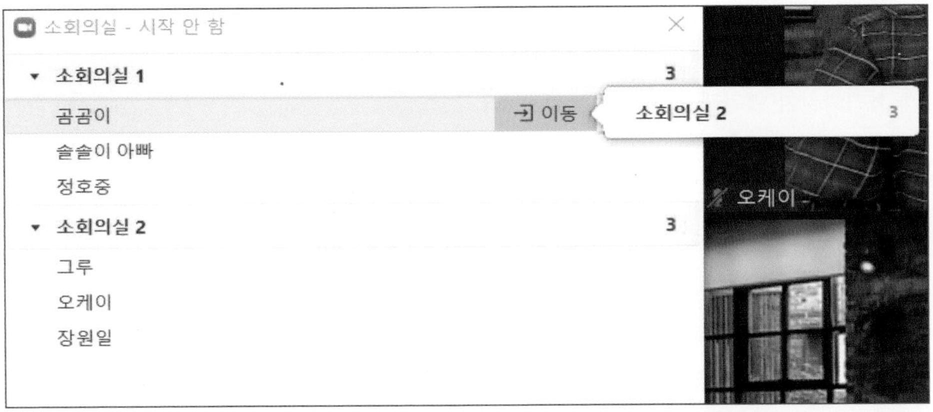

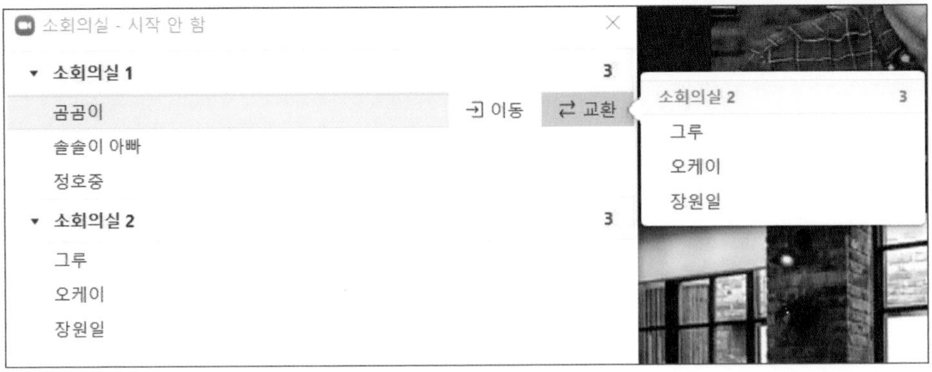

3) 강의자의 소회의실 돌아보기

강의자도 소회의실에 들어가서 그룹 활동을 점검하거나 도움을 제공할 수 있습니다. 소회의실 이름 옆에 있는 [참가] 버튼을 누르면 해당 소회의실로 이동하게 됩니다. 강의자는 다시 밖으로 나와 다른 소회의실에 들어갔다 나왔다 하며 피드백을 제공할 수 있습니다. 하지만 동시에 모든 소회의실에 참가할 수는 없습니다.

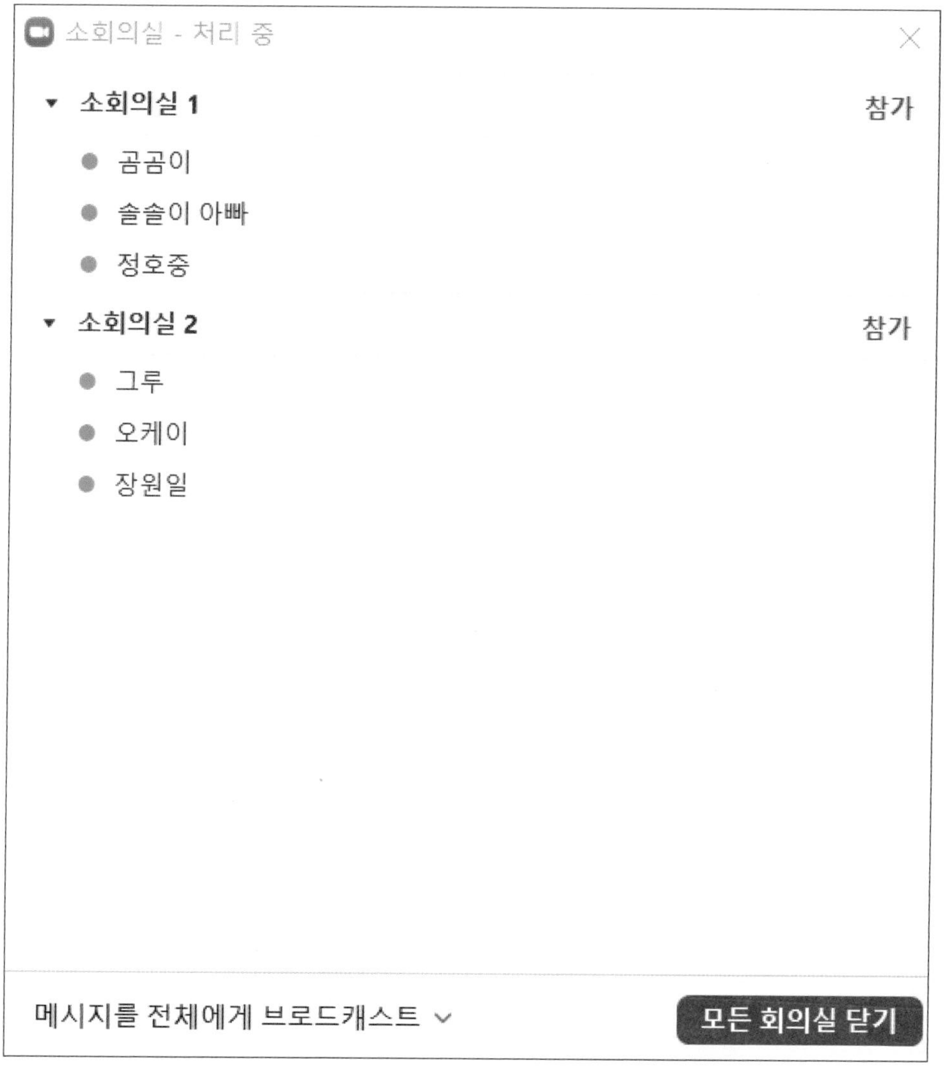

4) 참여자들이 강의자에게 도움 요청하기

참여자들은 그룹 활동 도중에 강의자에게 도움을 요청할 수 있습니다. 소회의실 내에 있는 [도움 요청] 버튼을 누르면 강의자에게 다음과 같은 메시지가 나타나게 됩니다. 그러면 강의자는 바로 해당 소회의실에 참가하여 도움을 제공할 수 있습니다.

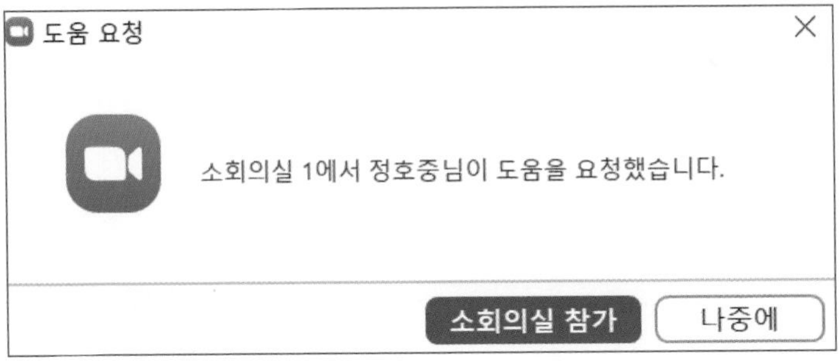

5) 소회의실에 메시지 보내기

[메시지를 전체에게 브로드캐스트]라는 버튼을 클릭하면 소회의실에 공지사항을 전달할 수 있습니다. 시간에 대한 안내나 활동에 대한 추가 안내 사항을 전달할 수 있습니다.

6) 그룹 활동 종료하기

그룹 활동을 종료하고 싶다면 [모든 회의실 닫기]를 누르면 됩니다. 바로 소회의실이 닫히게 설정할 수도 있고 1분의 마무리 시간을 가진 후 강제 종료되도록 설정하는 것도 가능합니다.

소회의실을 닫았음에도 바로 종료되지 않는다면 소회의실의 옵션을 살펴보아야 합니다. 소회의실 버튼을 누르면 아래와 같은 창이 만들어지게 됩니다. 거기서 [소회의실을 닫은 후 카운트다운]을 찾습니다. 보통 60초로 타이머가 설정되어 있을 것입니다. 여기에 체크가 되어 있다면 강의자가 소회의실을 종료해도 60초 후에 소회의실이 닫히게 됩니다. 따라서 소회의실을 바로 종료하고 싶다면 이 곳의 체크를 해제하면 됩니다.

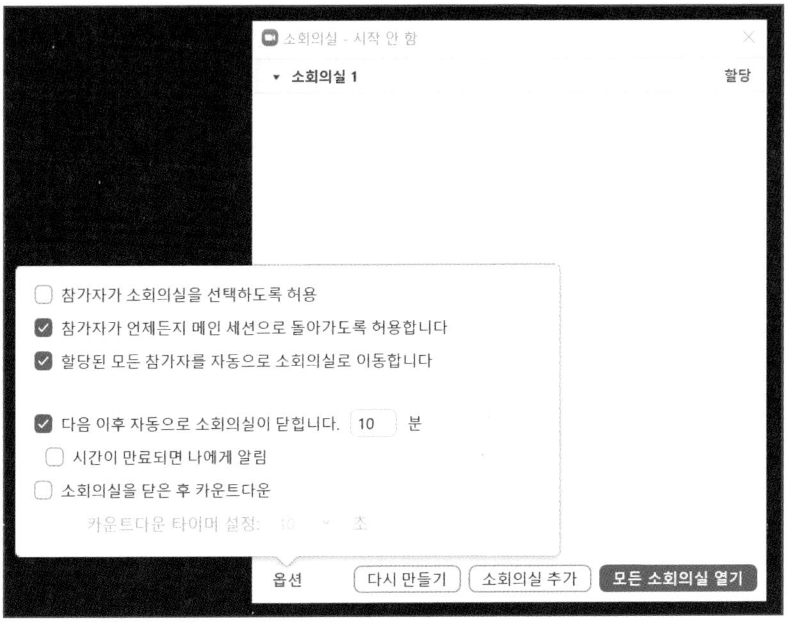

5. 알아두면 좋은 단축키 모음

ZOOM을 자주 사용한다면 필요한 기능은 단축키를 이용하는 것이 좋습니다. 특히 전체 마이크를 음소거하는 Alt + M이나 스페이스바를 눌러 내 마이크를 일시적으로 음소거 해제하는 것은 무척 요긴하므로 꼭 기억해두는 것이 좋습니다. 아래 표에서 나에게 필요한 것 몇 가지를 기억해 사용한다면 강의를 보다 원활하게 이끌 수 있을 것입니다.

비디오	끄고 켜기	Alt + V
오디오	내 마이크 끄고 켜기	Alt + A
	내 마이크 일시적으로 끄고 켜기	Spacebar
	전체 마이크 음소거	Alt + M
녹화	내 컴퓨터에 녹화	Alt + R
	녹화 일시 중지	Alt + P
채팅	채팅창 만들고 없애기	Alt + H
화면 공유	내 화면 공유	Alt + S
	다시 시작	Alt + T
보기	회의컨트롤 보기	Alt
	발표자 보기	Alt + F1
	갤러리 보기	Alt + F2
	전체화면 보기	Alt + F
	참가자 패널 보기	Alt + U
회의 종료	회의 종료	Alt + Q
카메라 전환	카메라 전환	Alt + N
갤러리 보기	이전 페이지 보기	Page Up
	다음 페이지 보기	Page Down

3

인터랙티브한 온라인 강의 디자인

참여자 중심의 수업을 위해서 토의 토론, 소그룹 중심의 학습 방법,
게임이나 놀이 중심의 학습 방법 등을 구성해 볼 수 있습니다.

강의 중심 온라인 수업 디자인

토니 부잔(Tony Busan)은 『양쪽 뇌를 사용하라(Use Both of Your Brain)』는 책에서 성인은 평균 90분 동안은 이해하면서 들을 수 있지만, 그 중에 기억하는 것은 단지 20분이라고 말합니다. 그래서 밥 파이크(Robert W. Pike)는 『창의적 교수법(Creative Training Techniques Handbook)』에서 90/20/8의 법칙을 주장합니다. 90/20/8의 법칙이란 90분 이상을 한 번에 교육하지 않고, 매 20분마다 새로운 변화를 주고, 8분마다 참여자들이 참여할 수 있는 기회를 제공하는 것입니다. 실시간 온라인 수업에서는 참여자의 학습 환경이 모두 제각각이기 때문에 수업에 몰입하는데 방해하는 요소들이 훨씬 많을 가능성이 있습니다. 따라서 온라인 강의를 할 때에는 참여자의 반응을 지속적으로 이끌어내면서 참여자를 수업에 몰입하게 할 방법이 필요합니다.

학습자들의 참여식 수업을 위해서 토의토론 학습 방법, 소그룹 중심의 학습 방법, 게임이나 놀이 중심의 학습 방법 등의 다양한 학습 형태를 구성해 볼 수 있습니다. 이러한 형태의 강의는 참여자의 참여를 바탕으로 하기에 자신에게 의미 있는 학습 경험을 만들어 낼 수 있습니다.

그러나 참여 중심의 수업이 좋다고 해도 기본적으로는 강의자가 학습 내용을 전달하는 직접 교수 형태의 학습 방법을 배제할 수는 없습니다. 핵심 내용을 잘 조직해 전달하는 것은 반드시 필요한 부분이기도 합니다. 강의자가 강의 주제를 명확히 전달하고 확인함으로써 학습자들은 필요한 학습 내용을 습득하고 분명하게 이해할 수 있기 때문입니다.

강의 중심의 온라인 수업을 계획할 때에는 수업 참여자들이 온라인 수업에 관심을 집중시킬 전략이 필요합니다. 참여자들의 관심을 끌기 위해서 해당 수업과 관련된 그림이나, 스토리를 활용하는 것은 좋은 방법입니다. 또 확실한 방법 중 하나는 강의와 관련된 "질문을 던지는 것"입니다. 참여자들의 실제 경험과 관련된 질문은 호기심을 불러 일으킬 수 있으며 온라인 수업에 빠르게 집중하는 데 도움을 줍니다.

강의 중심 온라인 수업이 필요한 상황

- 강의 핵심 내용을 전달할 때
- 학습 내용을 정리하고자 할 때
- 학습 내용에 대한 학습자의 사전지식이 부족한 상황일 때
- 전략, 원리 등을 설명하고자 할 때

강의 중심 온라인 수업 어떻게 할까?

강의 중심 온라인 수업은 직접 교수의 방법을 활용합니다.

다음은 강의 중심 온라인 수업의 예시입니다.

- 주제: 나쁜 습관 바꾸기 프로젝트
- 개요: 나쁜 습관 바꾸기 프로젝트는 우리가 버리고 싶은 나쁜 습관을 새로운 습관으로 바꾸는 프로젝트입니다. 66일의 기적 다큐멘터리를 보며 습관 형성이 필요함을 안내하고 습관 바꾸기에 대한 내용을 설명합니다. 습관을 바꾸는 미션을 만드는 방법을 시범 보입니다. 내가 고치고 싶은 습관과 바꿀 수 있는 방법에 관해 질문을 합니다. 새로운 습관을 도전 미션으로 정하고 실천할 수 있도록 합니다.

학습 준비

■ 학습 준비 확인

• 참여자들의 출결 확인

• 참여자들의 학습 준비 상황 확인

동기유발

■ 고치고 싶은 습관 선택하기

• 평소 고치고 싶은 습관 3가지 말하기

• 그 중 꼭 바꾸고 싶은 습관 1가지 선택하기

[평소에 여러분들은 어떤 습관을 가지고 있나요? 내가 가지고 있는 습관 중에서 고치고 싶은 습관이 있다면 세 가지씩 적어보기 바랍니다. 돌아가면서 이야기 나누어 볼게요.]

[그 중에서 꼭 고치고 싶은 것 한 가지만 골라보도록 하겠습니다.]

사전에 파일 형태로 활동지를 배부하거나 가지고 있는 종이를 활용하도록 한다.

설명하기

■ 사소한 습관 바꾸는 방법 설명하기

• 습관을 다른 습관으로 바꾸기

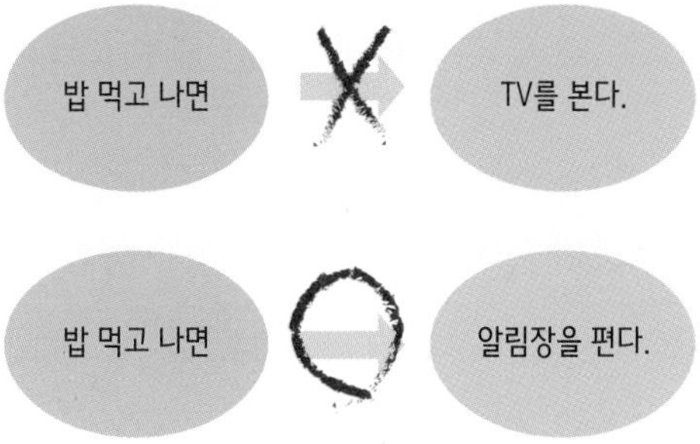

[지금부터 사소한 습관을 바꾸는 전략을 설명하겠습니다. 준비물을 빼놓고 학교에 오는 실수를 자주 한다면 알림장을 펴는 습관을 들여야 합니다. 밥 먹고 나면 TV보는 습관 대신 알림장을 펴는 것으로 대체 행동을 정해볼 수 있습니다. 습관으로 만들기 위해서는 66일의 시간이 필요합니다

시범보이기

■ 습관을 바꾸는 방법 시범보이기

• 습관을 바꾸기 위한 방법 보여주기

> <u>습관을 바꾸기 위해 실천할 일을 자세히 적어봅시다.</u>
> 예) 야식을 먹고 싶을 때
> 냉장고 문을 열기 → 물 한 컵 마시기
> 예) 아침에 일어날 때 알람 소리가 울리면
> 뒤척이기 → 바로 이불 개기
> 예) 잠 잘 때
> 휴대폰 들고 침실 들어가기 → 휴대폰을 거실에 놓기

시범을 보일 때는 강의자의 실제 사례를 드는 것이 좋다.

이 과정에서의 시범이라 함은 이 주제를 해결하는 전략과 방법을 보여주는 것이다.

[앞에서 설명한 내용을 직접 보여 드리도록 하겠습니다. 예를 들어, 야식 먹는 것이 걱정이라면 냉장고 문을 여는 대신 정수기 물을 한 컵 마시는 대체 행동으로 바꿉니다.]

• 습관 형성에 필요한 자기 기록 안내하기

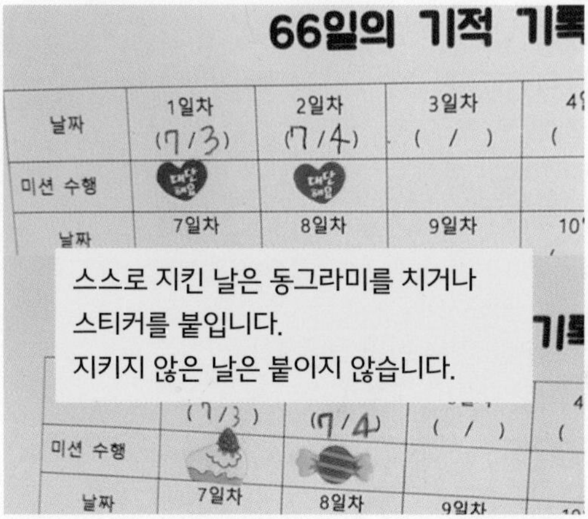

[냉장고 문을 여는 대신 물 한 컵을 마시는 행동을 성공했다면 66일의 기록표에 이렇게 스티커를 붙입니다.]

질문하기

■ 새로운 습관으로 바꾸는 전략 질문하기

• 습관이 형성되는데 며칠이 걸린다고 했나요?
• 스스로 지킨 날과 지키지 못한 날은 어떻게 하나요?
• 지키기 위해서 어떻게 할까요?

[내가 고치고 싶은 습관은 무엇일까요? 방을 어지르는 습관이 있다면 어떤 행동을 바꿀 수 있을까요? 이를 대체할 수 있는 행동은 어떤 게 있을까요? 새롭게 만들고 싶은 습관을 계속 지켜나가려면 어떻게 해야 하나요?]

질문에 대한 답을 자유롭게 이야기 나누도록 한다.

활동하기

■ 66일의 기적 기록장 작성하기

정리하기	[이제 여러분들이 생각한 새로운 습관을 미션으로 정해보겠습니다. 그리고 66일의 기적 기록장에 작성합니다.]

- 미션을 완수하고 나에게 주고 싶은 선물 정하기

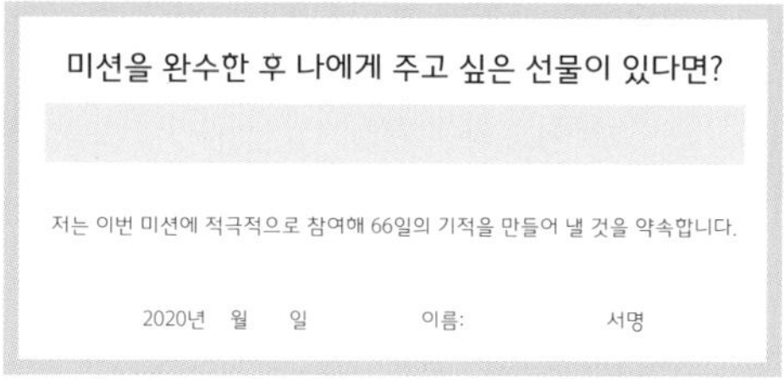

미션을 완수한 후 나에게 주고 싶은 선물이 있다면?

저는 이번 미션에 적극적으로 참여해 66일의 기적을 만들어 낼 것을 약속합니다.

2020년 월 일 이름: 서명

[잠시 눈을 감고 66일 후를 떠올려 봅니다. 미션을 완성한 나에게 줄 선물을 적어봅시다.]

■ 전체 참여자에게 공언하기

- 전체 참여자들 앞에서 순서대로 자신의 미션과 이 미션을 성공한 자신에게 줄 선물을 공언한다.

[함께 한 모두가 증인이 될 수 있도록 공언을 해 보도록 하겠습니다.]

■ 전체 참여자를 격려하기

- 모두의 성공을 응원하고 격려한다.

강의 중심 온라인 수업은 이렇게 합니다

1. 강의 핵심 내용을 전달할 때

① 동기 유발	→	② 학습 내용 전달	→	③ 질문하기

- 주제: 메모하는 방법 알아보기
- 개요: 글을 읽으며 메모하는 방법에 대해서 알아봅니다. 평소 메모가 필요한 상황을 생각해 보고, 메모하는 방법과 과정을 안내합니다. 그리고 적절히 이해했는지 메모 방법에 대해서 질문합니다.

① 동기 유발

> 학습자와의 관련성에 초점을 맞추고 흥미를 불러 일으킬 수 있도록 합니다.

여러분은 평소 해야 할 일을 깜박하고 놓치거나 실수한 적이 있나요? 마트에 저녁식사 재료를 사러 갔는데 필요한 재료를 사지 못한 적이 있나요? 그 때 꼭 필요한 것이 메모를 하는 일입니다. 오늘은 메모를 하는 방법에 대해서 알아보도록 하겠습니다.

② 학습 내용 전달

> 학습 내용을 전달할 때는 핵심 내용을 구조화하고 체계적으로 정리해야 합니다.

글을 읽으며 메모할 때는 주요 내용에 밑줄을 긋거나 핵심 단어에 동그라미를 칩니다. 혹은 다양한 기호를 사용하여 표시할 수 있습니다. 떠오르는 생각이 있거나 관련된 내용을 적을 때는 문장으로 적지 않고, 간단히 요약하여 핵심 단어로 적어둡니다.

③ 질문하기

학습 내용을 단계별로 질문합니다. 이 질문에 대한 참여자들의 답변이 곧 학습 내용이 되어야 합니다. 이 과정에서 주어진 과제를 해결하는 데 필요한 지식과 전략이 드러나야 합니다.

글을 읽으면서 글의 내용이 중요하다고 생각할 때 무엇을 하면 좋을까요? 떠오르는 생각이나 관련된 내용을 메모할 때는 어떻게 하나요?

2. 학습 전략과 원리를 설명하고자 할 때

① 전략 설명하기 → ② 시범 보이기 → ③ 활동하기

- 주제: '나 전달법'에 대해 알아보고 연습하기
- 개요: '나 전달법'이 무엇인지 알아보고 어떤 단계로 말해야 하는지 학습합니다. 강의자의 시범에 따라 각 소회의실에 나누어져 '나 전달법'을 연습합니다.

① 전략 설명하기

필요한 내용을 체계적으로 간략하게 설명합니다. 예상되는 어려움, 질문을 고려하여 그에 대한 답변도 미리 준비해 두는 것이 좋습니다.

일상생활에서 다른 사람과 대화를 할 때는 '나 전달법'을 활용하는 것이 좋습니다. 다른 사람에게 문제의 원인을 돌리지 않고 나를 주어로 하여 나의 감정이 어떠한지, 나의 바람은 무엇인지를 말합니다.

1단계: 있는 그대로의 사실을 서술하기
2단계: 그 일로 인해 내가 받은 영향과 감정 표현하기
3단계: 나의 바람 말하기

② 시범 보이기

설명만으로는 참여자들이 그 전략을 충분히 숙지하기 어렵습니다. 예시를 통해 적용하는 사례를 보여주어야 합니다. 학습 전략의 단계가 실제 사례와 어떻게 연결되는지 보여주며 설명합니다.

제가 시범을 보이겠습니다. 저와 함께 파트너를 해 주실 지원자를 한 명 받겠습니다. 강의자인 저와 지원자 A님을 빼놓고 다른 분들은 모두 비디오 화면을 꺼주시기 바랍니다. (화면에는 강의자와 지원자 두 명만 화면이 켜져 있다.) 지금 A님은 장난감을 펼쳐 놓고 정리를 하나도 하지 않은 상황입니다. 제가 나 전달법으로 말해보겠습니다. 1단계입니다. 사실을 있는 그대로 서술합니다. "장난감을 가지고 놀고 나서 정리가 되어 있지 않네." 2단계, 그로 인해 내가 받은 감정을 표현합니다. "잠잘 시간이 다 되어가는데 정리가 안 되어 있으니까 엄마는 마음이 급해지고 속상하다." 3단계, 나의 바람을 말합니다. "9시까지 정리를 마치고 나서 엄마에게 와서 얘기해줬으면 좋겠어."

③ 활동하기

참여자들이 강의자의 시범을 보고 실제로 활동을 하는 단계입니다. 학습 전략을 적용하여 자신이 해야 할 활동을 절차에 따라 수행하도록 합니다.

여러분을 세 명씩 소회의실로 보내겠습니다. 각 소회의실에서 엄마, 아이, 관찰자로 나누어 연습해보도록 하겠습니다. 각자 역할을 다르게 하며 세 가지 역할을 모두 해보도록 합니다.

강의에 몰입을 가져오는 전략

좋은 강의를 하기 위해서는 첫째, 온라인상에서도 개인적인 친밀감을 형성하는 것이 중요합니다. 강의자는 회의실에 들어오는 참여자들에게 밝게 인사합니다. 인원이 30명 이내라면 한 명씩 이름을 불러주며 인사하는 것이 좋습니다. 이름을 부르는 것만으로도 친밀감을 느낄 수 있습니다.

둘째, 온라인상에서도 일방적인 강의의 형태는 가능한 짧게 하는 것이 좋습니다. 금방 지루해지기 때문입니다. 적극적으로 참여자들이 참여할 기회를 만들고, 질문에 답을 하거나, 손을 들거나, 작은 놀이 형식으로 몸을 움직이게 만듭니다. 처음에는 어색할 수 있습니다. 어색한 분위기를 이겨내고 참여를 이끌어낼 수 있는 다양한 놀이가 4장에 소개되어 있습니다.

셋째, 강의 중심의 수업에서도 참여자가 참여할 수 있는 공간을 만들어 둡니다. 예를 들어, 강의 슬라이드에 빈 칸을 만들고 채워 넣도록 할 수 있습니다. 하나하나 모두 설명하기보다는 빈 칸을 만들고 ZOOM의 주석 기능을 이용해 참여자들이 생각하는 바를 작성하게 합니다. 설명 중에 핵심 키워드를 빈 칸으로 두고 생각해 볼 수 있게 질문하기도 합니다.

넷째, 참여자들의 활발한 질문을 위해 채팅창을 활용합니다. 많은 얼굴을 보며 이야기하는 것이 어려운 사람들은 채팅창을 활용해 자신의 생각을 표현하거나 이해되지 않은 점을 질문할 수 있습니다. 채팅창은 옆에 띄워두고 강의 중간에 참고합니다. 모든 질문에 답변할 필요는 없습니다. 중요하다고 생각하는 질문은 질문자를 밝히고 답변해 줍니다.

다섯째, 강의 중 가능하다면 참여자들에게 선택권을 주는 것도 좋은 방법입니다. 팀별 활동 시에 선택 가능한 2~3가지 활동을 주고 원하는 활동을 하도록 선택할 수 있습니다. 혹은 토론 시에 자신이 생각하는 팀을 선택할 수 있습니다.

더 알아보기

〈지루한 강의? 참여자를 몰입하게 하는 강의!〉

똑같은 강의 내용일지라도 어떤 강의는 금세 집중력을 잃게 되는 반면, 어떤 강의는 오랫동안 몰입하게 됩니다. 거기에는 다양한 이유가 있겠지만 강의자의 목소리와 몸짓이 결정적인 영향을 미칩니다. 특히, 실시간 온라인 수업에서는 화면만 보고 강의를 들어야 하므로 강의자의 목소리와 몸짓, 표정이 참여자에게 미치는 영향이 더 커집니다. 어쩌면 이 부분이 다양한 온라인 활동을 익히는 것보다 훨씬 중요할지도 모릅니다. 참여자를 몰입으로 이끄는 강의자의 언어적, 비언어적 요소를 살펴보고 연습해봅시다.

1. 목소리 톤에 변화를 주고 계신가요?

   목소리 높낮이에 변화를 주는 것은 강의의 언어적 요소 중 매우 중요한 부분입니다. 단조로운 목소리 톤은 참여자의 집중력을 떨어뜨리기 쉽기 때문입니다. 하지만 대부분의 강의자는 자신의 목소리 톤이 어떤지 알아차리지 못합니다. 따라서 자신의 강의를 녹음해 들어보면서 억양에 변화를 주고 있는지 점검해보는 노력이 필요합니다. 강의 시나리오를 써보고 높낮이에 변화를 주고 싶은 부분을 펜으로 표시하면서 연습하는 것이 도움이 됩니다.

2. 목소리 크기와 속도가 일정하진 않나요?

   좋은 강의자는 목소리 크기와 함께 말의 속도에 변화를 줍니다. 핵심 내용을 전달할 때는 목소리 크기를 낮추면서 말의 속도를 늦출 수 있습니다. 이렇게 하면 긴장감을 조성하여 극적으로 내용을 전달할 수 있습니다.

3. 침묵은 집중력과 관심을 높입니다.

   강의자가 의도적으로 이야기를 멈추는 것은 참여자에게 집중력과 관심을 불러일으킵니다. 문장과 문장 사이에 짧은 침묵이 다음 문장에 대한 궁금증을 만들어냅니다. 중요한 내용을 전달한 후 2~3초간 아무 말도 하지 않습니다. 반대로 핵심을 전달하기 전 몇 초간 말을 멈춰보는 것도 좋습니다.

4. 열정을 한 단계 높여보세요.

   강의자의 에너지는 참여자에게 그대로 전달됩니다. 활력이 넘치는 강의자는 참여자에게 열정을 불어넣지만, 반대가 되면 강의 분위기를 다운시킵니다. 온라인 수업에서 참여자는 오프라인에 비해 수동적으로 임하게 될 가능성이 많습니다. 강의자의 열정을 한 단계 높여 참여자에게 전해지도록 해 봅시다.

5. 군더더기 말을 사용하고 있진 않나요?

참여자가 되어 강의를 듣다 보면 '음', '자', '한 번'과 같이 불필요한 말이 반복되어 사용되는 경우를 보게 됩니다. 이것이 한 번 신경 쓰이면 주의를 분산시켜 강의에 집중하기 어렵게 만듭니다. 내가 반복적으로 사용하는 군더더기 말이 있는지 확인하는 가장 좋은 방법은 동영상으로 내 강의를 촬영해 보는 것입니다. 또 다른 방법은 신뢰할 수 있는 동료나 참여자에게 조언을 구하는 것입니다. 물론 그만큼의 용기도 필요합니다.

6. 웃으며 강의하고 있나요?

내가 참여자라면 밝은 표정으로 강의하는 사람과 어두운 표정으로 강의하는 사람 중 어떤 강의를 듣고 싶을까요? 자신감이 넘치는 강의자는 언제나 미소를 짓고 있습니다. 하지만 이 또한 연습이 필요합니다. 단지 입꼬리만 올리는 것이 아니라 광대까지 올리는 연습으로 얼굴에 미소를 담아봅시다.

7. 제스처를 사용하고 있나요?

시카고 대학의 데이빗 맥닐 박사는 손짓이 사고 과정을 더 분명하게 만들어 말을 더 잘할 수 있게 도와준다고 했습니다. 필요에 따라 적절하게 제스처를 사용한다면 참여자가 강의자의 말을 더 쉽게 이해할 수 있습니다. 특히 모니터 화면이라는 제한된 공간 속에서 강의자를 봐야 하는 온라인 강의에서는 더더욱 제스처의 효과가 커집니다.

토의 · 토론 중심 온라인 수업 디자인

토의와 토론은 자신의 생각을 나누고 다른 사람과 비교하며 사고를 확장하는 수업 활동입니다. ZOOM의 몇 가지 기능을 활용하면 온라인에서도 오프라인 못지 않은 토의 · 토론이 가능합니다.

토론 수업의 형식은 원탁토론, 패널토론, 찬반대립토론, 아카데미식 토론 등 다양한 형식이 있습니다. 여기에서는 일반적으로 자유토론을 바탕으로 서로 찬반이 갈리거나 문제를 해결하는 방식의 토론을 어떻게 온라인에서 구현할 수 있을지 알아보도록 하겠습니다.

실시간 토의 · 토론 수업을 할 때에는 참여자들과 함께 서로 합의할 수 있는 그라운드 룰을 정해 놓고 시작해야 합니다. 사전에 이런 합의를 하는 것은 토의 · 토론 중 발생할 수 있는 많은 문제를 방지할 수 있습니다. 토의 · 토론 중에 서로의 감정을 상하게 하고 불편한 분위기를 만드는 말과 행동을 예방하기 위해 토론의 목적을 생각하며 존중하는 방식으로 토론이 진행될 수 있도록 안내해야 합니다.

"우리의 목적은 서로를 비난하거나 비판하는 데 있지 않고, 우리가 가진 문제를 해결하기 위함입니다. 다른 사람들의 이야기를 충분히 듣고, 자신의 이야기를 합니다."

"우리는 모두 공평한 발언의 기회가 있습니다. 다른 사람의 발언을 끊거나 자주 개입하는 경우 적절히 제지할 것입니다."

"발언을 원하는 경우 손을 들거나 우리가 약속한 소품 하나를 화면에 들어주시면 발언권을 주는 것으로 하겠습니다."

그라운드 룰의 예

1. 다른 사람의 발언을 경청하고 중간에 끼어들지 않습니다.
2. 너무 오랫동안 발언을 독점하지 않습니다.
3. 다른 발언자를 비난하거나 폄하하는 행동과 말은 하지 않습니다.
4. 발언권을 얻고 발언합니다.

토의 · 토론 수업이 필요한 상황

- 각자의 입장이 분명히 대립하는 문제를 다룰 때
- 더 나은 대안을 찾아야 할 때

토의 · 토론 중심 온라인 수업은 어떻게 할까?

앞에서 언급한 바와 같이 토의·토론 수업 방식은 매우 다양합니다. 여기에서는 다양한 토의·토론 방법을 사용하기 보다는 기본적인 형태의 자유토론 수업을 다루어 보았습니다.

- 주제: 집안일의 대가로 용돈을 받는 것이 적절한가?
- 개요: 고대영 작가의 그림책 『용돈 주세요』를 읽어주며 용돈이라는 주제를 자연스럽게 도입합니다. 그림책 속 병관이가 심부름을 마친 후 용돈을 달라는 장면을 언급하며 '집안일을 도운 후 용돈을 받아야 하는가?'라는 토론 주제를 제시합니다. 이후 찬성과 반대 두 팀으로 나누어 소회의실에서 자신의 의견을 뒷받침하는 자료를 조사하게 한 후 다시 전체 회의실로 와서 토론을 진행합니다. 토론 후에는 패들렛과 같은 공유 도구에 자신의 주장과 근거를 다시 정리합니다.

학습 준비	■ 학습 준비 확인 • 참여자들의 출결 확인 • 참여자들의 학습 준비 상황 확인 ■ 수업 절차 안내 • 줌 사용 방법 안내 • 그라운드 룰(온라인 수업 규칙) 안내 • 학습 절차 안내	학습 준비 단계는 꼭 필요하므로 익숙하더라도 반드시 실시한다.
동기 유발	■ 우리 반 용돈 통계 조사하기 • 우리 반 용돈이 얼마인지 조사하기 [여러분은 용돈을 받고 있나요? 용돈을 받고 있다면 한 달에 얼마를 받고 있나요? 지금 화면에 공유된 슬라이드에 자신이 받는 용돈이 한 달에 얼마 정도 되는지 표시해 봅시다. 매 기간마다 정해진 일정 금액을 받는지 집안일을 하면 받는지도 표시해보겠습니다.]   	ZOOM의 주석 기능을 이용해서 설문조사를 할 수 있다.

■ 「용돈 주세요」 책 읽기

• 용돈을 요구하는 장면 골라 읽기

• 책의 내용 확인하기

[주인공인 병관이는 지금 어떤 심부름을 했나요? 그 대가로 용돈을 얼마 달라고 하고 있나요? 엄마는 병관이에게 뭐라고 말했나요? 여러분은 병관이의 요구에 대해서 어떻게 생각하나요? 엄마의 반응에 대해서는 어떻게 생각하나요?]

용돈을 요구하는 장면을 한글 프로그램에 적어 두었다가 화면에 공유한다.

■ 토론 주제 안내하기

• 토론 주제 안내하기

주제 확인하기

> 집안일의 대가로 용돈을 받아야 한다.

[여러분들은 집안일의 대가로 용돈을 받는 것이 어떻다고 생각하나요? 마음 속에 자신의 입장을 결정해 봅니다. 입장이 결정되었으면 zoom 화면 자신의 이름 앞에 (찬성), (반대)라고 이름을 수정합니다.]

자신의 얼굴 화면에서 마우스 오른쪽 버튼을 눌러 [이름 바꾸기]를 클릭하고 이름을 바꿀 수 있다.

■ 토론 준비하기

토의 · 토론 준비하기

• 두 그룹으로 나누어 소회의실에 입장하기

[(찬성) 그룹과 (반대) 그룹으로 나누어 소회의실로 입장하도록 하겠습니다. 각 그룹에는 서로 다른 구글 문서 주소를 보내겠습니다. 각 구글문서에 토론 자료를 정리하면 됩니다.]

• 토론 자료 조사하기

[인터넷에 있는 다양한 자료들을 찾아보면서 각 그룹의 주장을 뒷받침할 근거를 찾아 정리하겠습니다. 신문 기사나 통계 자료, 전문가의 의견이 담긴 글을 찾아보고 근거로 삼을 만한 내용은 복사하거나 요약해 구글 문서에 정리합니다. 정해진 시간이 끝나면 다시 전체 회의실로 돌아옵니다.]

구글 문서 주소는 각 그룹의 팀장에게 개인 메시지로 나누어 준다. 팀장은 그룹원 전체에게 주소를 공유하고 조사한 자료를 정리한다.

토의 · 토론 하기	■ 토의 · 토론하기 • 전체 회의실로 다시 모이기 • 토론 규칙 안내하기 [지금부터 여러분이 조사한 자료를 바탕으로 자유롭게 토론을 해보도록 하겠습니다. 자신의 의견을 말할 때는 손을 들고 발언권을 얻어야 합니다. 토론을 할 때 지켜야 할 규칙은 다음과 같습니다.] 예) 1. 발언자의 발언을 경청합니다. 2. 다른 발언자의 발언 중간에 끼어들지 않습니다 . 3. 너무 오랫동안 발언을 독점하지 않습니다. 4. 자신의 주장에는 합당한 근거를 제시합니다. 5. 상대방을 비난하거나 비웃지 않습니다. • 자유 토론하기	
정리하기	■ 정리하기 • 자신의 주장을 주장과 근거로 글쓰기 예) 저는 집안일의 대가로 용돈을 받는 것이 적절하다고 생각합니다. 왜냐하면 경제에 대해 더 많이 배울 수 있고, 돈은 쉽게 얻어지는 것이 아니라는 것을 알 수 있기 때문입니다. [마지막으로 자신의 주장을 글로 정리해보도록 하겠습니다. 자신의 주장을 먼저 쓰고 그에 대한 근거를 2~3개 정도로 써 주면 됩니다.]	토론한 내용을 바탕으로 자신의 생각을 정리한다. 패들렛과 같은 도구를 사용하면 전체의 의견을 한 눈에 살펴볼 수 있다.

토의·토론 중심 온라인 수업은 이렇게 합니다

1. 각자의 입장이 분명히 대립하는 문제를 다룰 때

① 입론 → ② 작전 타임 → ③ 반론

- 주제: 초등학생에게 스마트폰은 꼭 필요하다.
- 개요: 주제에 대해 찬성과 반대로 나누고 각 그룹 사이에서 찬반 토론을 하게 합니다. ZOOM 화면에서 자신의 이름 앞에 (찬성) 혹은 (반대)를 쓰도록 하여 자신의 그룹이 어디에 속하고 있는지 알 수 있도록 합니다. 자신의 그룹별로 소회의실에서 모여 작전 타임을 갖습니다.

① 입론

> 입론에 들어가기 전에 사전 자료 조사 시간을 부여합니다. 자료 조사를 바탕으로 입론을 하도록 합니다. 조사한 자료를 화면 공유할 수도 있습니다.

먼저 찬성 측의 입론을 듣겠습니다. 시간은 3분 드리도록 하겠습니다. 조사한 자료를 화면 공유를 통해 제시해도 괜찮습니다. 찬성 측의 입론이 끝나면 반대 측의 입론을 말씀해 주시면 됩니다. 시간은 동일하게 3분 드립니다.

② 작전 타임

> 상대팀의 주장을 반박하기 위한 작전 타임을 가집니다.

찬성 측과 반대 측끼리 소회의실에 모여 작전 타임 시간을 갖도록 하겠습니다. 이 작전 타임 시간 동안 상대의 의견에 대한 반론을 준비하시면 됩니다. 시간은 5분 드리도록 하겠습니다.

③ 반론

> 상대의 의견에 반론을 제시합니다. 시간 제한을 팀별로 두어 그 시간 안에서는 여러 명이 의견을 제시하는 방법을 사용할 수 있습니다.

상대의 의견에 대해 반론을 펴는 시간입니다. 반대 측부터 시작하며 1분씩 발언 기회를 드립니다. 찬성 측과 반대 측 각각 돌아가며 1분씩 반론과 반론 꺾기의 기회를 드립니다. 반론이 모두 끝나면 최종 변론의 시간을 드립니다.

2. 더 나은 대안을 찾아야 할 때

① 브레인스토밍	→	② 토의하기	→	③ 결정하기

- 주제: 예술제에서 우리 반은 어떤 노래로 작품을 만들 것인가?
- 개요: 예술제에 올릴 작품을 위해 어떤 노래를 선택할 것인가를 토의 주제로 삼아 브레인스토밍을 합니다. 주제를 정할 때는 나만의 문제가 아닌 공동의 문제를 정하도록 합니다. 어떤 노래가 좋을지 각자의 의견과 그에 대한 근거를 들으며 결정하는 과정입니다.

① 브레인스토밍

> 브레인스토밍은 가능한 많은 의견을 받는 것이 좋습니다. 질보다는 양이 더 중요합니다. 어떤 창의적인 의견도 받아들입니다. 그러기 위해서는 어떤 의견이든 존중해야 하며 바로 비판하거나 비난해서는 안됩니다. 사회자는 다양한 의견을 화면 공유된 화이트보드나 구글 문서 등에 정리합니다.

가을 예술제에서 우리 반이 댄스를 하기로 했는데, 어떤 노래로 하면 좋을까요? 어떠한 의견이든 좋으니 자유롭게 발표해 봅시다. 다른 사람의 의견에 비판하거나 비난하지 않고 가능한 많은 의견을 받아보도록 하겠습니다.

② 토의하기

> 자신의 의견을 말할 때는 의견에 적합한 근거를 말해야 합니다. 해결하고자 하는 문제의 원인이나 목적을 생각해보고, 문제 해결을 위한 최선의 방법을 모색합니다.

어떤 노래가 좋을지 자신의 의견을 말할 때는 적절한 근거를 가지고 말합니다. 근거가 자신의 의견을 뒷받침할 수 있는 의견인지 먼저 생각하고, 알맞은 자료를 제시합니다. 다른 사람의 의견은 존중하는 마음으로 경청합니다.

③ 결정하기

> 결정 방법으로 다수결을 선택했다면 손을 들게 하고 화면 공유된 문서의 선택지에 손을 든 사람 수를 쓸 수 있습니다.

여러 사람들의 의견을 들었으니 가능한 많은 사람들이 만족할 수 있는 방법을 선택하도록 하겠습니다. 모든 사람들의 의견이 모아지지 않으면 다수결로 정하도록 하겠습니다.

토의 · 토론 중심 온라인 수업 전략

토의·토론 수업에서는 오프라인이든 온라인이든 발언자들에게 충분한 발언 기회를 주고 다른 발언자의 이야기를 잘 들을 수 있는 분위기를 조성하는 것이 필요합니다. 누군가 발언을 독점하거나 반대로 관망하는 태도를 보인다면 역동적인 토론을 이끌어 낼 수 없기 때문입니다.

토의·토론을 진행하는 강의자는 가능한 참여자들의 삶과 관련이 있는 적절한 주제를 제시하여 참여자들이 그 문제에 몰입할 수 있도록 합니다. 참여자들의 다양한 관점을 존중하는 태도로 다루고, 참여자들이 적극적으로 참여할 수 있도록 발언을 균형 있게 나누거나 독려합니다.

온라인에서 실시간 토론을 진행하는데 도움이 될 다섯 가지 팁을 소개합니다.

1. 색깔이 있는 소품 사용하기

먼저, 찬성과 반대 팀을 한 눈에 구분하고 싶다면 색깔이 있는 소품을 사용합니다. 찬성 측은 빨간색, 반대 팀은 파란색 소품을 준비하도록 합니다. 화면 앞에 잘 보이도록 두면 찬성과 반대팀이 쉽게 구분이 됩니다. 발언권을 얻을 때는 이 색깔 소품을 카메라 앞에 흔들도록 합니다.

2. 모두에게 추천을 적절하게 사용하기

화면 보기 방식을 적절히 사용합니다. 입론과 같이 한 명이 발표하는 경우에는 모두에게 추천을 클릭합니다. 찬성과 반대 사이에 반론과 재반론 등이 격렬하게 이루어지는 경우에는 

방식으로 화면을 보면 역동을 서로 느낄 수 있습니다.

3. 타이머 사용하기

타이머를 사용합니다. 팀에서 말을 많이 하는 사람에게 발언권이 몰리지 않고 양 팀에게 동일한 시간을 줄 수 있도록 타이머를 사용하는 것이 좋습니다.

4. 잡아두기 기술 사용하기

잡아두기 기술을 사용할 수 있습니다. "의견이 있는 분은 손을 들어주시기 바랍니다." 손을 든 사람들에게 번호를 부여하고 차례대로 의견을 제시하도록 합니다. "A님 1번, D님 2번, H님 3번입니다. 1번부터 말씀해 주세요." 이렇게 잡아두기 기술을 사용하면 차례가 아닌데도 자꾸 끼어들어 다른 사람의 발언 기회를 뺏는 행동을 제어할 수 있습니다. 동시에 선뜻 자기 의견을 먼저 말하기 힘들어 하는 사람들에게 발언 기회를 줄 수도 있습니다.

5. 발언자의 논점을 명확하게 하는 질문하기

발언자의 의견을 듣고 발언자가 무엇을 이야기하는지를 명확히 드러내기 위해 추가 질문을 던집니다. 발언자의 말을 다시 말하며 명확하게 정리하거나, 논점이 불분명 할 때는 명확하게 하기 위해 "조금 더 자세히 말씀해 주시겠어요?", "관련된 사례가 있으면 말씀해 주시겠어요?"라고 질문할 수 있습니다. 또한 발언자의 의견을 다른 발언자와 연결시켜도 좋습니다. 발언자의 의견에 피드백을 줄 수 있는 의견을 다른 참여자들에게 구할 수도 있습니다. "A님의 말씀에 더 추가하실 분 계신가요?"

실기·실습 중심 온라인 수업 디자인

실기·실습이란 이미 배운 이론을 토대로 기능이나 기술을 실제로 해 보고 익히는 일을 말합니다. 악기 연주, 공예, 과학 실험, 스트레칭 등과 같이 기능을 습득하거나 연습할 때 필요합니다.

온라인 실기·실습 수업은 실시간으로 강의자가 시연을 한 후, 참여자가 따라서 활동해보고 피드백을 받는 흐름으로 진행됩니다. 강의자의 시연은 실시간으로 할 수도 있지만, 수업 전에 미리 시연 영상을 참여자 커뮤니티를 통해서 전달할 수 있습니다. 수업에서는 참여자의 활동을 보며 피드백을 하는 플립러닝[1]의 형태로 진행합니다.

참여자 활동에 대한 피드백을 참여자끼리 하게 한다면 상호작용을 더욱 촉진시킬 수 있습니다. 참여자들의 활동 결과물을 패들렛과 같은 공유 도구를 활용해서 올리게 하고 올린 결과물에 댓글을 달고 투표를 하게 해서 참여자 간 피드백이 이루어지게 합니다.

1 플립러닝: 제공한 자료를 사전에 학습하고, 강의실에서는 토론, 과제 풀이 등을 하는 형태의 수업방식이다.

온라인 강의에서 실기·실습이 필요한 상황

- 신체를 이용해서 기능을 습득할 때 예) 악기 연주, 요리, 미술활동, 체육활동
- 배운 이론을 실험하거나 실험 과정을 익힐 때 예) 과학 실험

실기·실습 중심 온라인 수업은 어떻게 할까?

온라인 수업에서 실기·실습 활동은 어떻게 할까요? 그리고 참여자에게 효과적으로 피드백하는 방법은 무엇이 있을까요? 실기·실습 중심 활동을 적용하는 대표적인 수업틀을 소개합니다.

- 주제: 종이접기로 접어보는 디지털 숫자

출처: 도담도담 종이접기

- 개요: 색종이를 가지고 자신의 휴대폰 번호를 종이접기로 접어보는 수업입니다. 강의자는 색종이를 가지고, 디지털 숫자 0과 1을 접는 방법을 시연하며 디지털 숫자를 접는 규칙을 안내합니다. 참여자는 강의자의 시연을 보고 따라 하며 숫자 접는 규칙을 익힙니다. 그런 뒤 규칙을 적용해서 자신의 휴대폰 번호를 종이접기로 접어봅니다.

수업주제 안내	■ '종이접기로 접어보는 나의 휴대폰 번호' [이번 시간에는 종이접기로 '나의 휴대폰 번호 접기'를 해보겠습니다.]	
준비물 확인 활동 방법 안내	■ '디지털 숫자 접기' 준비물 및 과정 확인하기 • 필요한 준비물 확인하기 • 전체적인 과정을 화면 공유를 통해 안내하기 [준비물 안내 슬라이드를 화면 공유로 보여주며) 오늘 필요한 준비물이 준비되었는지 확인해주세요.] [지금부터 오늘 활동 과정을 간단하게 소개하겠습니다. 나의 휴대폰 번호를 종이접기로 만들어 봅니다. 한두 개의 숫자를 종이접기로 함께 접어보는 연습을 한 다음에 개별적으로 자신의 휴대폰 번호를 접어 보겠습니다.]	실습 활동을 진행하는 데 필요한 준비물은 사전에 안내한다.
강의자 시연	■ 숫자 접기 규칙 익히기 • 숫자 '0' 접는 방법을 강의자가 화면 공유로 보여주기  [그럼, 디지털 숫자 접기를 해보도록 하겠습니다. 먼저 숫자 0입니다.] [(종이와 손을 비추는 웹캠을 화면에 보여주며) 제 화면을 보고 차례차례 접어보도록 해요. 천천히 따라서 접어보세요.]	강의자는 강의자의 카메라 앵글에 잡히는 부분만 참여자가 볼 수 있다는 사실을 기억하고 시연한다.
참여자 연습	• 참여자는 강의자 화면을 보며 따라 하기 **웹캠 사용방법** 강의자는 카메라를 두 개 연결해서 하나는 강의자를 비추고 다른 하나는 종이접기 장면을 비추게 한다. 단축키 ALT+N으로 간단하게 전환할 수 있다. [이번에는 숫자 1을 접어보도록 하겠습니다. 저를 따라서 해주세요. 이와 같은 규칙으로 나머지 다른 숫자도 변형해서 접을 수 있습니다.]	

전체 회의실에서 개인 활동	■ 규칙을 적용해서 다른 숫자 접기 • 연습한 내용을 토대로 활동하기 [지금부터 연습했던 규칙을 적용해서 각자 '나의 휴대폰 번호'를 접어 보겠습니다. 15분 동안 활동합니다. 다 완성한 사람은 채팅창에 공유한 패들렛에 결과물을 사진으로 찍어서 올려주세요.] [혹시 활동을 하다가 잘 되지 않는다면 손을 들어 알려주세요. 그러면 제가 돕도록 하겠습니다.]	시간 타이머 프로그램을 화면 공유로 띄워놓는다.
피드백 제공	■ 개별 활동 및 피드백 [(손을 든 참여자가 있을 때) 네, 000님 어떤 부분이 잘 안되는지 화면에 비춰주세요. (직접 어떻게 하는지를 보여주며) 여기에서는 이렇게 접어주세요.] **ZOOM 사용방법** 강의자는 [갤러리 보기]를 통해 참여자들의 진행 사항을 파악한다.	강의자는 참여자들이 활동에 집중할 수 있도록 화면 공유를 통해 차분한 배경음악을 틀어줄 수 있다.
만든 작품 게시하기	■ 휴대폰 번호 사진 찍기 • 자신이 만든 작품을 사진으로 찍어 공유하기 [다 완성한 사람은 제가 공유한 패들렛에 자신의 결과물을 사진으로 찍어 올려주세요.] ■ 정리하기 • 활동 요약 및 정리하기 [이번 시간에는 종이접기로 '내 휴대폰 번호'를 접어 보았습니다. 아직 완성하지 못한 사람은 다 완성한 후 패들렛에 사진으로 올려주세요. 이번 시간을 마치도록 하겠습니다.]	패들렛은 미리 만들어 놓고, 링크 주소를 참여자에게 공유한다.

실기·실습 중심 진행은 이렇게 합니다

실시간 온라인 수업에서 실기·실습을 다루는 대표적인 두 가지 진행 방법을 소개합니다.

1. 실시간 시연 중심 실습

① 활동 시연 → ② 참여자 실습 → ③ 결과물 공유하기 → ④ 피드백 및 정리

- 주제: 화석 발굴 체험하기
- 개요: '화석'에 대해 배우고 화석 발굴 체험을 해보는 수업입니다. 초콜릿 조각이 박힌 과자에서 이쑤시개로 초콜릿 화석을 발굴합니다. 훼손하지 않고 화석을 발굴하기 위해서는 도구를 잘 다루어야 합니다. 이쑤시개를 활용해서 화석을 깔끔히 발굴하는 시연을 보고, 참여자는 실습을 진행합니다.

① 활동 시연

강의자는 학습자가 익혀야 할 핵심 기능을 시연합니다. 단계를 나누어서 보여주고, 주의해야 할 점을 함께 설명합니다.

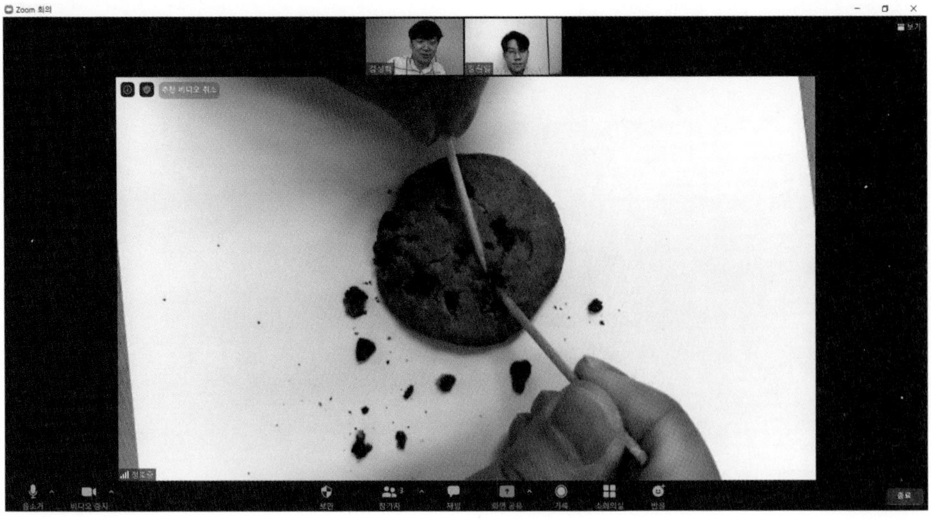

초코칩 과자를 가지고 화석발굴 실험을 해보도록 하겠습니다. 미리 준비한 이쑤시개를 가지고 초코칩에서 어떻게 화석을 발굴하는지 보여주도록 할게요. 제가 어떻게 하는지 잘 봐주세요. 먼저, 한 이쑤시개로 초코칩을 받칩니다. 그리고 다른 이쑤시개로 초코칩 주변을 살살 팝니다. 다음으로 초코칩에 묻은 과자 부스러기를 떼어냅니다. (초코칩에 있는 초콜릿을 이쑤시개 두 개로 조심히 캐내어, 흰색 A4 종이에 올려두는 모습을 보여준다.)

② 참여자 실습

참여자는 관찰한 강의자의 시연을 따라 해 봅니다. 단계를 나누어서 실습합니다.

지금부터 직접 해보도록 하겠습니다. 제가 보여준 것을 기억해서 활동해 주세요. 시간은 10분을 주도록 하겠습니다. 많은 수의 화석을 깨끗하게 발굴한 사람을 화석왕으로 정하도록 하겠습니다. 화석을 잘 캐는 팁은 제가 화면에 띄워놓은 슬라이드 화면을 참고해주세요.

③ 결과물 공유하기

참여자의 결과물을 공유합니다. 한 사람씩 차례로 발표하거나 전체가 동시에 결과물을 화면에 보여줄 수도 있습니다.

시간이 모두 되었습니다. 자신이 캔 화석을 화면에 보여주세요. 화면을 캡처하여 인증사진을 찍어두겠습니다.

④ 피드백 및 정리하기

공유한 결과물을 보고 잘된 점, 더 연습할 점 등을 나눕니다.

(결과물로 찍은 사진을 화면에 공유해 놓고) 여러분이 올려놓은 사진을 함께 보도록 하겠습니다. 가장 깨끗하게 많은 화석을 발굴한 사람을 발표하겠습니다. 바로 ○○○입니다. 짧은 시간 동안에 열심히 활동했음이 느껴지네요. 캔 화석은 초콜릿이니 우리 같이 맛있게 먹겠습니다. 먹으면서 소감을 나눠보도록 할까요?

2. 사전 영상을 활용한 개별 활동 평가

① 실습 영상자료 선 제공 및 개별연습	→	② 평가 기준 안내	→	③ 개별연습 및 강의자 피드백	→	④ 실기·실습영상 제출

- 주제: '퍼프 더 매직 드래곤' 리코더 연주하기
- 개요: 리코더로 'puff the magic dragon'이라는 곡을 연주하고 평가하는 수업입니다. 평가에 앞서 리코더 연습에 도움이 되는 영상을 미리 제공하고 집에서 연습하게 합니다. 수업에서 강의자는 참여자가 개인 연습 시간을 가질 때 연습을 지켜보며 피드백을 해줍니다. 참여자가 직접 찍은 영상을 제출하는 것으로 평가합니다.

① 실습 영상자료 선 제공 및 개별연습

> 사전 연습을 위한 영상을 참여자에게 미리 제공하고 그 영상을 보며 연습하게 합니다.

(학급 SNS채널을 통해 'puff the magic dragon' 리코더 연주 영상을 참여자에게 전송합니다. 미리 사전 연습을 하고 수업에 참여할 수 있게 안내합니다.)

② 평가 기준 안내

> 참여자에게 이번 강의에서 진행할 활동과 평가 기준을 안내합니다.

미리 보낸 영상을 보고 연습을 열심히 해봤나요? 영상에서처럼 리코더 운지를 정확하게 하고, 소리를 부드럽게 내면 이 곡을 멋지게 연주할 수 있습니다. 이번 시간에는 미리 안내한 대로 리코더 평가를 하겠습니다. 특히 리코더 운지법이 정확한지, 소리를 부드럽게 잘 내는지 평가하겠습니다.

[강의자는 참여자 숫자만큼 줌에서 소회의실 개설]

개별 소회의실에서 15분 동안 연습할 시간을 드리겠습니다. 10분은 연습을 나머지 5분은 평가로 제출할 연주 영상을 찍어주세요. 연습시간 10분이 지나면 연주 영상을 촬영하라는 안내 메시지를 보내도록 하겠습니다.

③ 개별연습 및 강의자 피드백

강의자는 개별연습을 하는 참여자에게 필요한 피드백을 1:1로 제공합니다.

(참여자는 개별 소회의실에 입장해서 연습한다.)

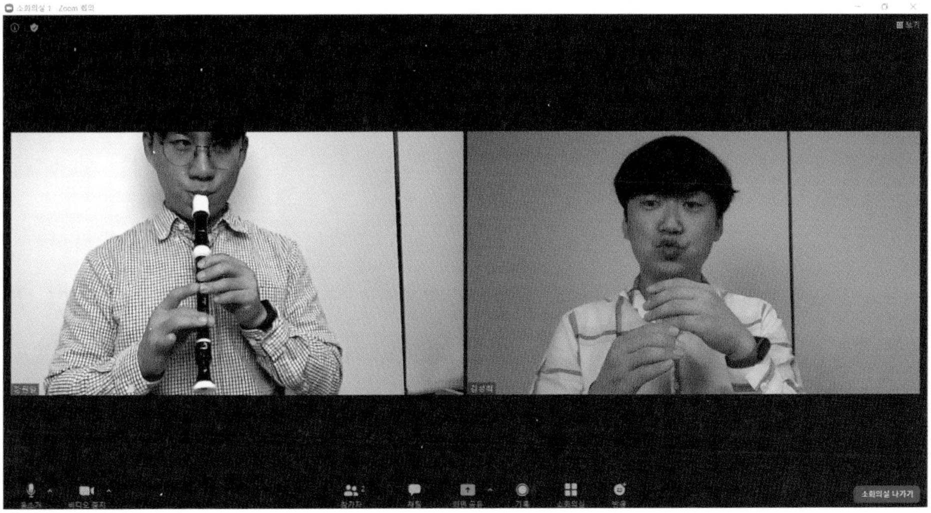

(강의자는 참여자의 소회의실에 한 번씩 방문해서 진행 과정을 확인하고 피드백을 준다.)

④ 실기·실습 영상 제출

참여자는 연습 후 최종 결과물을 영상으로 제출합니다.

(브로드캐스트 메시지 보내기) 5분 후 회의가 종료됩니다. 자신의 리코더 연주 영상을 촬영해주세요. 촬영을 마치고 저에게 파일을 전송합니다. (소회의실에서 나와 전체가 모인 상황) 수고 많았습니다.

온라인 실기·실습을 살리는 전략

1. 실시간으로 시연할 때 카메라 2개 활용하기

실기·실습 활동을 진행할 때 강의자의 시연이 필요하다면 카메라를 2개 활용할 것을 추천합니다. 하나의 카메라는 강의자의 얼굴을 비추고, 또 하나의 카메라는 손이나 도구를 찍습니다. 하나의 카메라로만 진행을 하면 이리저리 움직여야 하므로 상대적으로 진행이 매끄럽지 못하고, 산만할 수 있습니다. 두 개의 카메라를 사용한다면 단축키를 활용해서 화면전환을 쉽게 할 수 있습니다. ZOOM에 기본으로 설정된 화면전환 단축키는 Alt + N입니다.

2. 실습 상황에서 '비디오 옵션' 백분 활용하기

1) 갤러리 보기

전체 참여자의 활동 과정을 볼 때, 강의자는 ZOOM에서 [갤러리 보기]를 사용하는 것이 좋습니다. [갤러리 보기]는 참여자들의 화면을 똑같은 크기로 한 눈에 보여줘서, 상황을 파악하는 데 편리합니다.

2) 모두에게 추천

강의자가 한 명의 화면을 모든 참여자에게 큰 화면으로 보여주고 싶을 때는 [모두에게 추천]을 선택합니다. 모두에게 추천은 호스트만 지정할 수 있습니다.

3) 비디오 고정

줌에서 화면이 [발표자 보기]로 되어 있다면, 말하고 있는 사람의 모습을 큰 화면에 비추어 줍니다. 강의자가 참여자 한 명의 활동을 집중해서 볼 때는 [고정]으로 보면 좋습니다. 도움을 요청한 참여자가 있을 때 요청한 참여자 화면을 마우스 오른쪽으로 클릭 후, [고정]을 누르면 그 참여자의 화면만 크게 볼 수 있습니다.

3. 개별 소회의실 활용하기

실기·실습 활동을 진행할 때 ZOOM의 소회의실을 1인 1회의실로 설정해서 활용할 수 있습니다. 전체 회의실에서 모두가 실습을 하면 화면을 통해 다른 참여자의 활동 상황을 볼 수 있어서 좋기도 하지만, 내 활동에 집중이 어려울 수 있습니다. 개별 소회의실을 활용하면 다른 참여자를 신경쓰지 않고 오롯이 자신의 활동에 집중하게 됩니다. 또 강의자가 개별 회의실을 찾아가 피드백을 주기도 쉽습니다. 따라서 개별 소회의실은 참여자가 쉬운 기능을 연습하거나, 어느 정도 기능을 익히고 나서 집중 연습을 위한 목적으로 활용하는 것이 좋습니다.

4. 활동 결과물을 공유해서 참여자 상호 피드백하기

활동 결과물을 참여자끼리 살펴보고 피드백을 주게 해도 좋습니다. 그러기 위해서는 활동 결과물을 전체에 공유해야 합니다. 이때, 패들렛이나 잼보드 등과 같은 공유 도구를 활용합니다. 다른 참여자들은 공유된 결과물을 보고 댓글이나 좋아요 표시 등을 통해서 피드백을 해 줄 수 있습니다. 단 피드백 활동을 하기 전에 비난 금지, 잘된 점 찾기 등 피드백을 할 때의 규칙을 먼저 안내하는 것은 잊지 않아야 합니다.

온라인 수업을 통해 완성한 미술 작품을 사진 찍어 패들렛에 올리고 '좋아요' 표시를 통해 투표해 보게 할 수 있습니다. 악기 연주나 체육 기능을 연습한 후 동영상으로 촬영해 잘된 점과 보완해야 할 점을 댓글로 피드백할 수 있습니다.

소그룹 커뮤니케이션 중심 온라인 수업 디자인

미국의 행동과학연구소인 NTL(National Training Laboratories)에 따르면 일방적으로 설명하는 수동적인 교수 방법은 토의를 하거나 몸으로 연습하는 등의 적극적인 교수 방법 보다 훨씬 학습효과가 떨어진다고 합니다. 꼭 이론적 근거를 가져오지 않아도 우리는 강의를 들었던 수많은 경험을 통해 이를 체험적으로 알고 있습니다. 그래서 좋은 강의를 고민하는 강의자라면 참여자들 간에 그룹을 지어 주제에 대해 생각을 나누는 시간을 많이 갖습니다.

그런데 흔히 강의자들은 온라인 수업에서 이런 팀별 활동이 어렵거나 불가능할 것이라고 생각합니다. 참여자들 간에 서로 대화를 나누고 의견을 교환하는 일은 대면 강의에서나 일어날 수 있는 일이라고 여기는 것입니다. 하지만 ZOOM의 소회의실 기능을 이용하면 온라인에서도 팀 활동이 충분히 가능합니다. 팀마다 미션을 주고 역할을 부여하는 등 몇 가지 기술들을 사용하면 팀 조사를 통한 발표하기, 오늘 공부한 것에 대해 질문을 만들고 서로 답하기, 공부한 시간에 대한 소감 나누기 등 오프라인 못지 않게 팀 활동을 역동적으로 이끌 수 있습니다.

온라인으로 소그룹을 나누어 수업을 디자인해보고 몇 가지 사례를 통해 어떻게 수업을 진행할 수 있는지 알아보겠습니다.

온라인 강의에서 소그룹 커뮤니케이션이 필요한 상황

- 팀원끼리 조사를 통해 결과물을 도출할 때
- 배운 내용을 짝지어 설명할 때
- 팀원끼리 수업 내용에 대해 질문하고 답할 때
- 수업 마무리에 서로 알게 된 것이나 소감을 나눌 때

소그룹 커뮤니케이션 중심 온라인 수업은 어떻게 할까?

소그룹을 사용하여 참여자들 간에 상호작용이 이뤄지게 하려면 강의를 어떻게 설계하는 것이 좋을까요? 대표적인 틀을 소개해봅니다.

- 주제: 세계 여러 나라의 인구 변화를 팀별로 조사하여 발표하기
- 개요: 세계의 인구 변화를 알아보는 수업입니다. 학습에 대한 흥미를 유발하기 위해 주석 기능을 사용해 가본 나라를 표시하도록 합니다. 다음으로 세계 여러 나라의 인구변화를 조사하기에 앞서 우리나라 인구 변화에 대해 강의자가 화면을 공유하여 설명합니다. 소회의실에서 팀별로 세계의 인구 변화를 예측할 수 있는 자료를 조사하여 의견을 나누고 그것을 전체 참여자에게 발표합니다. 마지막으로 소감을 다섯 글자로 짧게 나누며 수업을 정리합니다.

주석 기능 사용하기	■ 세계지도에 스탬프 찍기 • 화면 공유로 세계지도를 보여주기 • 주석 기능을 이용해서 자신이 가본 나라를 지도에 스탬프로 표시하기 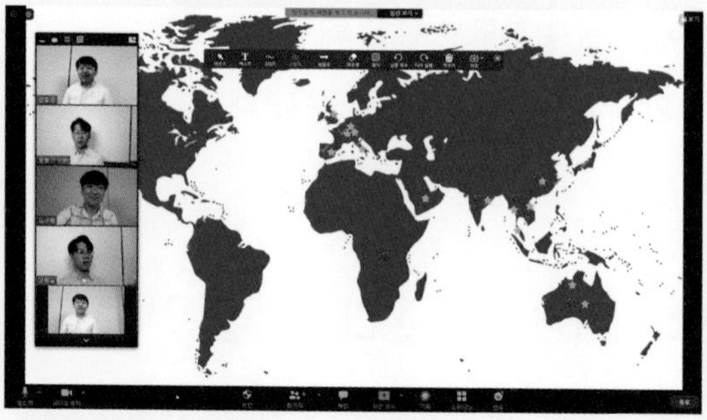 [지금부터 제가 화면에 세계지도를 공유해서 보여드리겠습니다. 자신이 가본 나라를 주석작성-스탬프에 들어가서 표시해주세요.]	발표는 돌아가며 모두 하거나 강의자가 지목하여 할 수 있다.
주제에 대해 강의하기	■ 우리나라 인구 변화에 대해 설명하기 • 우리나라 인구 변화에 대해 슬라이드 자료를 화면 공유하여 설명하기 • 세계 여러 나라의 인구 변화를 팀별로 조사하여 발표할 것임을 안내 [지금 보는 화면은 우리나라의 연도별 인구 변화 그래프입니다. 인구가 어떻게 변했나요? 이것을 통해 미래에 어떻게 변할 것이라고 예상할 수 있나요? 지금부터는 세계 여러 나라의 인구와 변화 양상을 조사해서 발표해보겠습니다. 조사한 내용을 팀별로 보내드리는 구글 프레젠테이션 주소에 정리해주세요.]	화면 공유 기능을 사용한다.
소그룹 그라운드 룰 정하기	■ 팀 그라운드 룰 투표하기 • 소그룹 팀 활동을 할 때 지켜야 할 것 묻기 • 세 가지 이내로 정하기 **팀 그라운드 룰** **1. 적극적으로 참여하기** **2. 서로 존중하며 대화하기** **3. 협력적인 마음 갖기**	그라운드 룰은 다음 단계인 팀 빌딩에서 팀별로 정하게 해도 좋다.

[이제 소그룹 활동에 앞서 룰을 정하겠습니다. 팀 활동 시에 어떤 점을 서로가 지키면 좋을까요? 일곱 가지나 나왔는데 너무 많은 그라운드 룰은 지키기 어려우니 꼭 지켜야 할 것 세 가지만 추려보도록 하겠습니다. 두 번씩만 손을 들어 다수결로 정하겠습니다.]

팀 나누기

■ 무작위로 팀 나누기

- 소회의실을 열고 무작위로 팀 배정하기

[이제 팀 활동을 시작하겠습니다. 팀은 무작위로 만들겠습니다.]

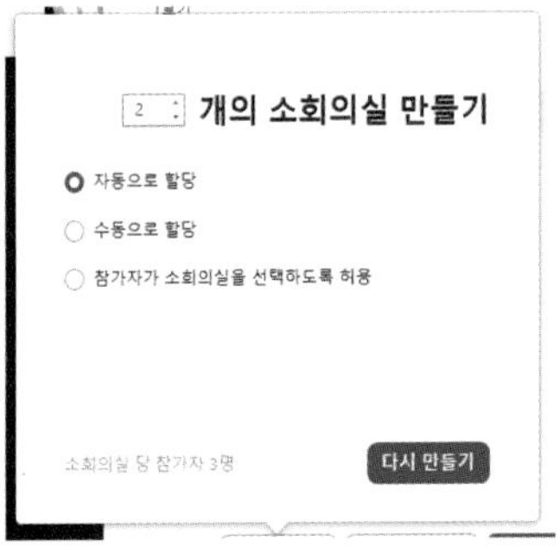

강의자의 의도대로 팀을 구성하고 싶다면 수동으로 배치한다.

소그룹 팀 빌딩하기

■ 팀 역할 나누기

- 팀장 선출하기
- 팀원들도 발표자, 기록자, 열렬한 반응자 등 역할 나누어 맡기

[이제 소회의실을 열겠습니다. 오늘은 생일이 가장 빠른 분이 진행을 맡아주세요. 팀장, 발표자, 기록자, 반응자를 팀 안에서 선출해 주세요. 역할을 정하고 팀 활동을 하는 시간은 30분으로 하겠습니다. 소회의실에 입장해 주세요.]

팀장뿐만 아니라 발표자, 기록자, 열렬한 반응자 등으로 팀원 모두에게 역할을 부여하여 참여를 높인다.

조사 미션 수행하기

■ 각자 자료 조사하기

- 팀원들이 각자 조사할 부분(인구 변화 그래프 찾기, 나라의 인구 정책 조사, 그 나라의 정치 상황 조사, 미래의 인구 변화 예측)을 나누고 미션 수행하기
- ZOOM 내의 화이트보드나 구글 프레젠테이션과 같은 도구를 사용하여 조사한 내용을 팀별로 정리하기
- 조사가 끝나면 한 명씩 팀원들에게 조사한 내용 설명하기(이때 기록자는 조사한 내용을 수합하여 정리하고 반응자는 긍정적으로 반응해 준다. 발표자는 팀원들의 발표에 궁금한 것을 질문한다.)

강의자도 소회의실을 돌며 피드백을 제공할 수 있다. 참여자도 도움이 필요하면 도움요청하기 버튼을 통해 강의자를 호출할 수 있다.

조사 미션 수행하기	[각자 어떤 부분을 조사할지 나누고 조사한 내용은 구글 프레젠테이션에 정리해주세요. 정리가 끝나면 팀 안에서 조사한 내용을 서로 공유하며 발표를 준비해주세요.] [(소그룹에 강의자가 입장) 역할을 잘 나누어 조사하고 있군요. 혹시 어려운 점은 없나요? 도움이 필요하다면 언제든지 [도움 요청하기] 버튼을 눌러주세요. 조사가 끝나면 팀 안에서 내용을 공유하고 정리해서 전체에서 발표할 준비를 해주세요.(5분 정도 남았을 때 브로드캐스트 메시지를 보내 남은 시간을 알린다. 그리고 시간이 되면 회의를 종료한다.)]	구글 프레젠테이션 주소는 소회의실에 입장하기 전, 채팅창을 통해 안내한다.
전체 참여자에게 공유하기	■ 전체 참여자에게 발표하기 • 소회의실을 나와 전체에게 팀에서 정리한 내용을 화면 공유를 통해 발표하기 • 발표한 내용에 대해 참여자들과 질의 응답하기 • 강의자가 정리하기 [이제 발표를 시작하겠습니다. 팀장만 주먹을 내밀어주세요. 가위바위보로 발표 순서를 결정하겠습니다. (순서를 정한다.) 이제 발표를 시작하겠습니다.] [혹시 1번 팀에서 발표한 내용 중 궁금한 것이 있으면 질문해주세요. 1번 팀원 중 누구든지 질문에 답변 부탁드립니다.] [1번 팀은 중국의 인구 변화에 대해 발표했습니다. 전 세계에서 인구가 가장 많은 국가의 인구 변화가 인상적이었습니다. 발표 내용에 보충하자면 현재까지도 중국은 2명까지만 산아를 제한하고 있죠? 하지만 2023년경 인도에 인구를 역전당할 것이라고 학자들은 예측하고 있습니다.]	참여자들이 직접 정리한 내용을 화면공유하도록 한다.
정리하기	■ 다섯 글자 정리하기 • 오늘 강의에서 기억에 남는 것이나 소감을 다섯 글자로 돌아가며 말하기 [오늘은 우리나라를 비롯한 세계 여러 나라의 인구에 대해 알아보았는데요. 오늘 함께한 내용 중에서 기억에 남는 것이나 소감을 다섯 글자로 이야기 나누도록 하겠습니다. 발표가 끝나면 다음 사람을 지목해주시기 바랍니다.]	참여자들이 릴레이로 직접 다음 발표자를 선정한다.

소그룹 커뮤니케이션 진행은 이렇게 합니다

참여자들의 참여 동기를 유발하고 강의를 역동적으로 운영하기 위해서 소그룹 활동은 선택이 아니라 필수입니다. 아래 몇 가지 사례를 통해 온라인 수업에서 어떻게 소그룹 커뮤니케이션을 이끌 수 있을지 살펴보겠습니다.

1. 소그룹별 조사 발표

① 강의자 의도에 따라 소그룹 배정하기	→	② 소회의실에서 해야 할 것 안내하기	→	③ 전체로 다시 모여 활동 내용 공유하기

- 주제: 좋은 물건을 찾아라!
- 개요: 소재에 따라 가격이 달라지는 물건을 조사하고 다른 사람들에게 가격 대비 좋은 물건을 추천해주는 수업입니다. 강의자가 팀별로 물건을 정해주고 소회의실에서 역할을 나눠 조사하게 합니다. 다시 전체 회의실에서 활동한 내용을 공유합니다.

① 강의자 의도에 따라 소그룹 배정하기

> 강의자가 팀을 정해 참여자들에게 알려주고 이름 바꾸기를 통해 소회의실에 배정합니다.

지금부터 팀별로 자신의 주제에 맞게 조사를 시작하려고 합니다. 팀은 무작위로 나눌 수도 있지만 오늘은 남녀비율을 고려하여 제가 정하도록 하겠습니다.

(미리 배정된 소그룹 표를 화면 공유로 보여주며) 팀 번호를 확인한 후 [이름 바꾸기]에서 내 이름 앞에 팀 번호를 써주세요.

② 소회의실에서 해야 할 것 안내하기

> 조사해야 할 것을 분명하게 안내하고 팀의 협력을 높이기 위한 장치를 마련합니다.

(화면을 보여주며) 지금부터 소회의실에서 무엇을 해야 하는지 안내하겠습니다. 제가 알려드리는 제품이 어떤 소재로 만들어졌는지 조사하고 다른 팀에게 가격 대비 좋은 물건을 추천해주겠습니다. 1번 팀은 오리털 점퍼, 2번 팀은 헤드셋, 3번 팀은 제습기, 4번 팀은 티슈로 하겠습니다. 조사한 내용은 ZOOM 공유 선택화면에 있는 화이트보드나 구글 프레젠테이션에 정리해주세요.

오늘은 제가 역할을 정해드리도록 하겠습니다. 오늘 아침을 드신 시각을 확인해주세요. 가장 늦게 드신 분부터 차례로 팀장, 기록자, 발표자, 반응자를 하시면 됩니다. 시각이 겹친다면 가위바위보로 정하시면 됩니다.

무임승차와 일중독이 발생하지 않도록 주의해주세요. 그럼 지금부터 소회의실로 입장하겠습니다. 참가 버튼을 눌러주세요.

③ 전체 회의실로 다시 모여 활동 내용 공유하기

팀 활동이 끝난 후 반드시 전체 회의실에서 공유하는 시간을 갖습니다.

(브로드캐스트 메시지 보내기) "3분 후 회의가 종료됩니다. 정리하고 발표를 준비해주세요." (소회의실에서 나와 전체가 모인 상황) 고생 많았습니다. 이제 발표를 들어보도록 하죠. 발표는 팀장끼리 가위바위보로 순서를 결정하겠습니다. 카메라 앞으로 주먹을 내밀어주세요.

2. 서로 가르치기

① 공부한 내용 각자 복습하기	→	② 2명씩 소그룹 배정하기	→	③ 전체에서 짝이 말한 내용 발표하기

- 주제: 내 짝을 천재로 만들어라!
- 개요: 배운 내용을 소회의실에서 짝과 서로 번갈아 설명하는 수업입니다.

① 공부한 내용 각자 복습하기

각자 배운 내용을 복습하는 시간을 갖습니다.

지금까지 제가 강의한 내용을 스스로 정리해보는 시간을 갖겠습니다. 교재 112~116쪽까지 내용을 각자 다시 보면서 복습해주세요.

② 2명씩 소그룹 배정하기

2명씩 소그룹을 배정하고 서로 번갈아 설명하며 내 짝을 가르칩니다.

제가 무작위로 2명씩 소그룹에 배정하겠습니다. 소회의실에서 만나는 사람이 내 짝이 됩니다. 짝에게 내가 공부한 내용을 1분간 설명해주세요. 두 분이 번갈아 진행하시면 됩니다. 가위바위보로 순서를 정해서 시작해주세요.

변형하기

- 서로 공부한 내용을 질문으로 만들고 답해보게 해도 좋습니다.
- 꼭 2명이 아니라 4명으로 그룹을 나누어 공부한 내용을 설명하게 하는 것도 좋은 방법입니다. 강의 내용을 반복해서 복습할 수 있기 때문입니다.

③ 전체에서 짝이 말한 내용 발표하기

짝에게 들은 것 중 기억에 남는 것을 전체에 공유합니다.

짝에게 들은 내용 중에 기억에 남는 것을 발표해주세요.

3. 오늘 배운 것, 느낀 것, 앞으로 하고 싶은 것 이야기하기

① 무작위 배정하기 → ② 한 명씩 돌아가며 이야기하기 → ③ 감사 나누기

• 주제: 소감 나누기
• 개요: 강의를 끝내며 배운 것을 소그룹에서 다른 사람과 이야기 나누는 장면입니다. 전체 참여자가 돌아가며 이야기하는 것보다 훨씬 더 깊이 있게 나눌 수 있습니다.

① 무작위 배정하기

팀을 무작위로 배정합니다.

오늘 함께 공부한 내용을 그룹에서 정리해보는 시간을 갖겠습니다. 팀은 4명씩 무작위로 나누겠습니다. 소회의실로 입장해주세요.

② 한 명씩 돌아가며 이야기하기

배운 것, 느낀 것, 하고 싶은 것을 돌아가며 발표합니다.

배운 내용, 느낀 점, 앞으로 하고 싶은 것을 각각 한 가지씩 돌아가며 팀원들에게 이야기해주세요. 이야기할 때에는 토킹스틱을 들고 말해주세요. 이야기가 끝나면 다음 사람을 지명하면서 토킹스틱을 카메라 앞으로 내밀어주세요. 마치 다음 사람에게 건네주는 느낌이 나게 말입니다. 다음 사람으로 호명되었다면 자신의 토킹스틱을 카메라 앞에서 자신 쪽으로 가져오면서 이야기를 시작해주세요. 토킹스틱을 건네 받은 느낌이 나면서 재미있게 이야기를 이어나갈 수 있습니다.

③ 감사 나누기

감사를 나누며 따뜻하게 마칩니다.

함께 소그룹에 참여하여 이야기 나눠주어서 감사합니다.

온라인 소그룹 커뮤니케이션을 살리는 전략

1. ZOOM에서 소그룹을 나누는 방법

소그룹을 나눌 때는 강의자가 여러 조건을 고려하여 팀원을 지정해줄 수도 있고 무작위로 배정할 수도 있습니다.

- 강의자가 팀원을 의도적으로 지정하기: 팀원을 비슷한 집단으로 구성할 수도 있고 다양한 집단으로 구성할 수도 있습니다. 예를 들어, 다양한 특성을 가진 참여자들이 어울려 새로운 생각을 만들어내는 것에 초점을 둔다면 다양한 성별과 연령대가 고루 섞이도록 팀을 구성할 수 있습니다. 반대로 동질 집단으로 친밀감을 느끼는 것에 초점을 둔다면 비슷한 집단으로 구성할 수도 있습니다.

더 알아보기

〈강의자가 참여자의 팀을 빠르게 배정하는 방법〉

강의를 하다 보면 강의자가 의도에 맞게 팀을 구성하고 싶을 때가 있습니다. 하지만 참여자가 너무 많으면 일일이 이름을 찾아 팀을 배정하는데 너무 많은 시간이 소요됩니다. 팀 배정 시간을 줄일 수 있는 팁을 소개합니다.

1. 이름 바꾸기
   참여자의 팀 번호가 적혀있는 팀 배정표를 화면으로 공유합니다. 그리고 자신의 ZOOM 창에서 [이름 바꾸기]를 클릭하여 이름 앞에 팀 번호를 붙이도록 합니다. 강의자는 이름에 붙은 숫자를 보고 소회의실의 배정 창에서 같은 숫자끼리 방을 배정합니다.

2. 강의 개설 전 배정하기
   강의를 개설하기 전 ZOOM 웹에서 미리 참여자의 계정 이메일을 등록하여 팀을 배정해 둘 수 있습니다. 단, ZOOM 계정이 있는 참여자만 미리 배정이 가능합니다.

- 강의자가 무작위로 팀 배정하기: 가장 쉽고 빠르게 팀을 나눌 수 있습니다. 소회의실 버튼을 누르고 몇 개의 회의실로 나눌지만 지정해주면 무작위로 팀이 만들어집니다. 강의자가 임의대로 팀원을 바꾸거나 다른 팀으로 이동시킬 수도 있습니다.

2. 역할을 나누는 방법

소그룹 활동에서 역할을 나누면 아무것도 하지 않는 무임승차와 혼자 모든 것을 다 하는 일중독을 예방할 수 있어 좋습니다. 보통 팀장만 선출하면 다른 역할들은 쉽게 선출이 됩니다. 팀장을 선출하는 몇 가지 방법을 소개합니다.

- 생년월일 중 연도를 제외하고 생일이 가장 빠른 사람
- 특정 지역을 기준으로 집이 가장 멀리 있는 사람
  예) 경복궁을 기준으로 집이 몇 킬로미터 떨어져 있나요?
- 머리카락의 길이가 가장 긴 사람
- 어젯밤에 잠을 가장 많이 잔 사람

3. 역할의 종류

소그룹 활동에서 다양한 역할을 인원과 상황에 맞게 배분할 수 있습니다. 소그룹 인원이 많다면 꼭 필요한 역할 외에 재미있는 역할을 만들어보아도 좋습니다.

- 팀장: 팀 활동을 조정하고 이끄는 역할
- 발표자: 팀 결과물을 전체 회의실에서 발표하는 역할
- 기록자: 팀에서 나온 의견을 기록하는 역할
- 반응자: 팀원들이 어떤 말을 하든 적극적으로 경청하고 반응해주는 역할

4. 그라운드 룰

소그룹 활동을 시작하며 몇 가지 그라운드 룰을 정하면 팀 활동을 보다 안정적으로 운영할 수 있습니다. 그라운드 룰은 소그룹 안에서 정할 수도 있고 소그룹 활동 전에 전

체가 모인 자리에서 정해도 좋습니다. 브레인스토밍을 통해 참여자들의 의견을 들어봅니다. 단, 너무 많은 룰을 정하면 시간이 지나치게 소요되고 오히려 잘 지키기가 어렵습니다. 의견이 많다면 투표를 통해 2~3가지를 선정하여 중점적으로 실천할 것을 고르는 것이 좋습니다. 대표적인 룰 몇 가지를 소개하면 다음과 같습니다.

- 모든 의견은 동등하게 소중하다.
- 다른 사람이 말할 때 경청한다.
- 팀 활동에 적극적으로 참여한다.
- 너무 많은 일을 혼자 하려고 하지 않는다.

롤플레이 중심 온라인 수업 디자인

롤플레이는 역할극과 같이 주어진 상황에서 특정 역할을 담당해 연기하는 것을 말합니다. 교육심리학용어사전에 따르면 역할극은 참여자들에게 새로운 상황을 경험해보게 하거나 다른 사람의 역할을 경험해 보도록 함으로써 자신이나 타인의 행동에 새로운 통찰을 얻도록 하는 교수 방법입니다. 국어나 영어 수업에서는 의사소통을 촉진하기 위해 사용되기도 합니다. 지금까지는 주로 유아교육이나 초등교육 현장에서 학생들을 대상으로 사용되어 왔지만 최근 중등교육과 성인교육에도 많이 사용되고 있습니다.

롤플레이라고 특정 지었지만 그 안에도 다양한 종류가 있습니다. 대사 없이 제스처와 표정과 같은 비 음성 언어로 의사소통하는 무언극, 아무런 사전 준비 없이 대화나 이야기를 즉석에서 구성하여 연기하는 즉흥극, 시나리오를 가지고 연기를 하는 역할극 등이 그 예입니다.

그런데 이러한 롤플레이를 어린 학생들이나 하는 것으로 치부한다면 오산입니다. 롤플레이는 중고등학교 학생들뿐만 아니라 성인 참여자들도 재미있어 하며 강의 분위기를 생동감 넘치게 만들어 줍니다. 또한 롤플레이를 만드는 과정에서 서로 소통할 수밖에 없기에 적극적인 상호작용이 일어납니다. 수업 전체가 아니라 일부만 롤플레이로 운영할 수 있어 다양한 강의에 사용하기도 좋습니다.

하지만 온라인 수업에서 롤플레이가 가능할까요? 결론부터 말하자면, 가능합니다. 몇 가지 장치를 사용하면 온라인에서도 롤플레이를 아주 재미있게 운영할 수 있습니다. 또한 온라인 수업은 오프라인 수업에 비해 정적이다 보니 연기를 통해 참여자들을 움직이지 않을 수 없게 만듭니다.

그렇다면 온라인에서 롤플레이를 어떻게 활용할 수 있을까요? 롤플레이를 중심으로 하는 수업을 디자인해보고 사례를 통해 그 방법을 살펴보겠습니다.

온라인 강의에서 롤플레이가 필요한 상황

- 어떤 상황을 말로만 설명하기보다 더 재미있게 보여주고 싶을 때
- 배운 내용을 실제 상황에 적용해 보고 싶을 때
- 강의자가 연기를 통해 설명하고 싶을 때
- 참여자가 특정 상황에 대한 감정을 느껴보게 하고 싶을 때

롤플레이 중심 온라인 수업은 어떻게 할까?

어떻게 수업에서 연기를 하고 이를 전체에서 효과적으로 보여줄 수 있을까요? 롤플레이를 적용한 대표적인 수업틀을 소개합니다.

- 주제: want to 표현을 역할극으로 연습하기
- 개요: want to라는 영어 표현을 익히고 연습하는 수업입니다. 강의자는 화면을 공유하여 참여자들에게 want to의 의미를 설명한 후 전체 참여자 앞에서 즉흥극을 통해 직접 want to를 사용하는 장면을 보여줍니다. 그러고 난 후, 배운 표현을 소그룹에서 역할극으로 연습하게 합니다. 연습이 끝난 후 전체 회의실에서 한 팀씩 시연해 보며 want to가 사용되는 상황을 익히게 합니다.

나의 버킷리스트 말하기	■ 포스트잇을 사용하여 나의 버킷리스트 말하기 • 죽기 전에 꼭 해보고 싶은 버킷리스트 한 가지씩 돌아가며 말하기 [혹시 여러분은 죽기 전에 꼭 해보고 싶은 일이 있나요? 나만의 버킷리스트 한 가지를 포스트잇에 써주세요.] [모두 작성했다면 쓴 것을 한 명씩 카메라에 보여주면서 이야기해 보겠습니다.]	사인펜과 같이 진한 펜을 사용한다. 버킷리스트와 이유를 함께 말한다.
주제에 대해 강의	■ Want to에 대해 강의하기 • 참여자들에게 파워포인트 화면을 공유하여 want to 표현에 대해 강의하기 [공유한 화면을 보세요. 우리가 무엇인가를 하고 싶고 원할 때는 want to라는 표현을 씁니다.]	
강의자의 즉흥극	■ 강의자가 연기로 예시 보여주기 • want to 표현을 사용하는 상황을 연기로 보여주기  [제 꿈 중 하나는 백두산에 있는 천지를 보는 것입니다. 여러분 제가 하나, 둘, 셋을 외치면 다같이 "What is your bucket list?"라고 물어주세요.] [(두 손을 모으고 희망찬 목소리로) I really want to see Cheonji in Mt. Baekdu.]	과장된 표현으로 참여자들의 생동감을 불러 일으킨다.
소그룹에서 롤플레이 연습	■ 팀별로 소회의실에서 역할극 연습하기 • 팀별 대본 파일을 채팅창으로 전송하기 • 팀별로 소회의실 열고 대본 연습하기	

[팀 대본 문서 파일을 채팅창으로 전송하겠습니다. 내 팀에 해당되는 파일을 다운로드 하시면 됩니다.]

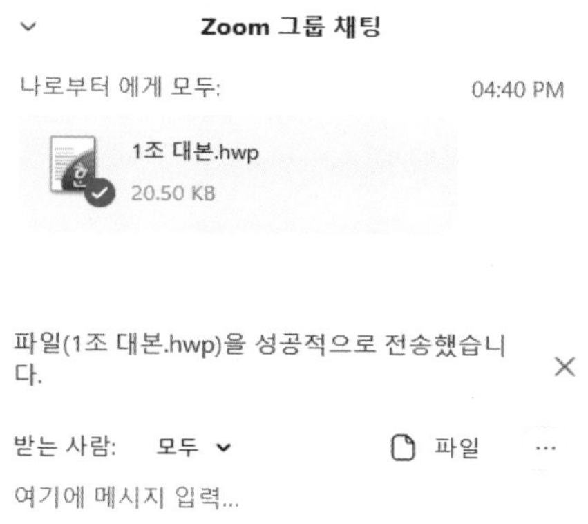

대본을 강의자가 직접 주어도 좋고 참여자들에게 만들게 할 수도 있다.

[이제 소회의실을 열겠습니다. 팀원들과 대본에 있는 내용을 연습해주세요. 시간은 10분을 드리도록 하겠습니다.]

전체 회의실에서 팀별 발표

■ 전체 참여자에게 공유하기

- 롤플레이의 3원칙인 '짧게, 과장하기, 즐기기'를 다시 한 번 강조하기
- 소그룹에서 연습한 역할극을 발표하기

[롤플레이의 세 가지 원칙이 있습니다. 너무 길지 않게 해주시고 몸짓과 표정을 과장해서 표현해주세요. 그리고 이 과정을 즐겨주시기 바랍니다. 그럼 발표를 시작하겠습니다. 발표 팀을 제외하고는 모두 비디오를 꺼주세요.]

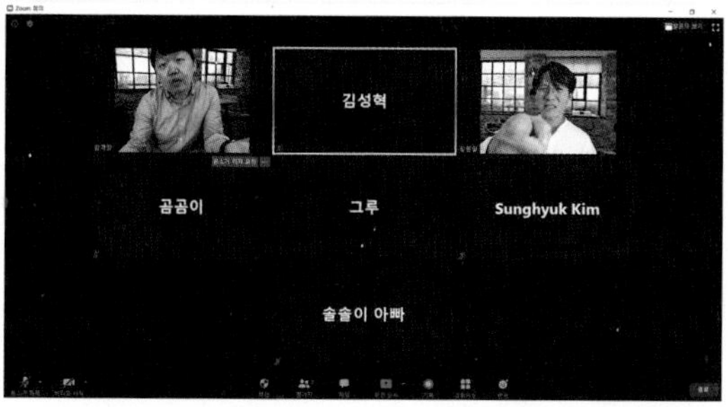

학습 정리

■ 퀴즈로 복습하기

- 오늘 공부한 표현을 퀴즈로 알아보기

[오늘 함께 공부한 내용을 퀴즈로 알아보겠습니다. 채팅창에 퀴즈 주소를 올려두었습니다. 클릭해서 각자 해결해주세요.]

퀴즈앤, 워드월, 카훗 등 다양한 퀴즈 도구를 사용할 수 있다.

롤플레이 중심 진행은 이렇게 합니다

강의와 수업에 재미를 더하고 참여자들의 반응을 이끌어내기 위해 롤플레이를 사용하는 것은 매우 효과적입니다. 아래 몇 가지 사례를 통해 롤플레이를 어떻게 온라인에서 운영할 수 있을지 살펴보겠습니다.

1. 배운 기능이나 표현 연습

① 표현 또는 기능 연습하기	→	② 소회의실에서 팀원과 상황극 꾸미기	→	③ 전체에서 상황극 공유하기

- 주제: would와 could의 차이 알아보기
- 개요: would와 could가 어떤 차이가 있는지 알아보는 수업입니다. 강의자는 두 단어가 어떻게 다른지 설명합니다. 이후 소회의실에서 팀별로 두 표현을 사용해 상황극을 꾸밉니다. 대본은 강의자가 제시할 수도 있고 팀 안에서 만들게 할 수도 있습니다. 마지막으로 전체 회의실로 돌아와서 발표하며 두 표현이 적절하게 사용되었는지 확인합니다.

① 표현 또는 기능 연습하기

> 롤플레이는 배운 내용을 적용하는 것입니다. 따라서 롤플레이 전, 강의자가 학습 내용을 충분히 설명해야 합니다.

지금까지 Would와 Could의 차이를 알아보았습니다. 각자 배운 내용을 다시 살펴보면서 두 표현이 어떻게 사용되는지 예시문을 말로 소리 내어 연습해보세요.

② 소회의실에서 팀원과 상황극 꾸미기

> 상황을 정하고 롤플레이를 준비하는 단계입니다. 역할은 가급적 참여자가 직접 선정하게 하는 것이 좋으며 훌륭한 연기보다는 어떤 역할을 수행하는지, 표현하는 생각이나 행동이 무엇인지, 상황을 해결하는 방법은 무엇인지에 초점을 맞추도록 합니다.

각 팀마다 Would와 Could 두 표현을 사용해서 상황극을 꾸며보도록 하겠습니다. 네 명이 한 팀이 되어 대본을 짜고 이를 상황극으로 표현해주세요. 역할극 대본을 쓸 때는 협의를 하되 한 명이 한글 문서나 구글 프레젠테이션에 기록하고 그것을 공유하면서 모두가 볼 수 있도록 해주세요.

대본이 완성되면 연습을 합니다. 세 가지를 꼭 지켜주세요. 첫째, 짧게 만들어주세요. 1분 내외로 만들어야 지루하지 않습니다. 둘째, 과장해서 연기해주세요. 목소리와 동작 모두 카메라에 잘 드러나게 표현해주세요. 셋째, 즐기면서 참여해주세요. 그래야 이 과정 속에서 우리 모두가 더 많이 배울 수 있습니다.

시간은 15분 드리겠습니다. 3분 남았을 때 소회의실로 메시지를 보내겠습니다.

③ 전체에서 상황극 공유하기

> 발표 순서를 정하고 전체에 공유합니다.

이제 발표를 들어보도록 하겠습니다. 오늘은 사다리 도구를 사용해서 팀을 뽑아볼까요? (화면을 공유하며) 사다리 타기 결과가 나왔습니다. 자신의 팀이 몇 번째 순서인지 확인해주세요.

3번 팀부터 시작합니다. 3번 팀을 제외하고는 모두 비디오를 꺼주세요. 그래야 우리가 상황극에 집중할 수 있습니다. 3번 팀 시작해주세요.

2. 특정 상황에 대한 감정 느껴보기

① 미션 제시하기 → ② 소회의실에서 각자 미션 수행하기 → ③ 전체에서 생각과 느낌 공유하기

- 주제: 경청하는 방법 알아보기
- 개요: 다른 사람의 이야기를 들을 때는 어떤 모습이어야 하는지 알려주는 수업입니다. 교사가 일방적인 강의로 정답을 제시하는 것보다 롤플레이를 통해 상황을 경험하며 해답을 찾아가는 과정을 담고 있습니다.

① 미션 제시하기

롤플레이 대본 없이 단순한 미션만으로 즉흥극을 할 수 있습니다. 팀을 나눈 후 전체에게 눈을 감게 합니다. 그러고 난 후 팀별로 눈을 뜨고 공유 화면의 미션을 확인하게 합니다.

지금부터 팀을 둘로 나누겠습니다. (화면을 공유하며) 화면에서 자신의 팀이 A인지 B인지 확인한 후 다음과 같이 자신의 이름을 바꿔주세요.

A김선우	A김영수	A박철민	A전수빈	A오대권	A유선화	A이승헌
B임선욱	B신민영	B정영진	B우민성	B이미향	B곽정희	B안지영

더 알아보기

〈팀을 둘로 빠르게 나누는 방법〉

소회의실을 배정하기 전에 [이름 바꾸기]에서 이름 앞에 팀 이름을 적게 하면 팀을 빠르게 나눌 수 있습니다. A, B, C처럼 영어로 구분할 수도 있고 1, 2, 3처럼 숫자로 구분해도 좋습니다.

이제 미션을 보여줄 것입니다. 모두 눈을 감아주세요. (화면에 A팀 미션–당신은 말하는 사람입니다. 1분간 상대방에게 최근 즐거웠던 일이나 요즘 관심사를 말하세요–을 보여주며) A팀만 눈을 뜨고 화면의 미션을 확인해주세요. 미션 확인 후 다시 눈을 감아주세요. (화면에 B팀 미션–당신은 듣는 사람입니다. 상대가 이야기할 때 휴대폰을 보거나 표정을 통해 이야기가 재미없음을 보여주세요.–을 보여주며) 이번에는 B팀만 눈을 뜨고 화면의 미션을 확인해주세요. (미션을 확인 후 공유된 화면을 종료한다.)

② 소회의실에서 각자 미션 수행하기

소회의실에서 미션을 수행하게 합니다.

소회의실에 A와 B 한 분씩 배정하겠습니다. 소회의실이 시작되면 내 미션을 1분 동안 과장하여 연기해주세요. 20초가 남았을 때 메시지를 보내겠습니다.

③ 전체에서 생각과 느낌 공유하기

> 전체에서 생각과 느낌을 나누는 단계입니다. 생각을 충분히 나눌 수 있도록 하며 4장에 있는 발표 방법을 사용하여 참여자의 반응을 이끌어도 좋습니다.

미션을 잘 수행하셨나요? 각자 어떤 생각이나 느낌이 드셨을지 궁금합니다. A팀에서 말씀해주실 분? (A팀 생각을 들은 후) B팀은 어떠셨나요?

3. 강의자가 연기를 통해 설명하기

① 상황 설명하기	→	② 연기를 통해 상황 보여주기	→	③ 강의를 통해 설명하기

- 주제: I–Message 알아보기
- 개요: 강의자가 참여자에게 설명할 때 연기를 사용하면 색다른 느낌을 줍니다. 스토리텔링을 통해 잘못된 대화법을 설명하고 강의자가 즉흥극을 통해 보여줍니다. 이후에 연기를 통해 설명하고 싶었던 I–Message에 대해 안내합니다.

① 상황 설명하기

> 참여자가 상황에 흥미를 느낄 수 있게 강의자의 경험을 스토리텔링으로 전달합니다.

여러분, 어제 제가 지하철을 기다리고 있는데 열차가 너무 안 오더라구요. 사람들이 줄을 엄청 길게 섰거든요. 지하철이 오고 타려고 하는데 갑자기 저 멀리서 어떤 분이 제 앞으로 끼어들더라구요. 그래서 제가 뭐라고 했는지 아세요?

② 연기를 통해 상황 보여주기

> 앞에서 이야기 한 상황을 강의자가 직접 연기로 보여줍니다. 상황을 한두 문장의 대사로 짧게 연기하는 것이 좋습니다.

(참여자들에게 당시 상황을 실감나게 연기하며) "아저씨, 왜 새치기하세요? 여기 길게 줄 서 있는 사람 안 보이세요?" 그러니까 그 분이 제 말을 듣고 어떻게 말씀하셨는지 아세요? "뭐야, 나이도 어린 사람이 예의도 없이 그딴 식으로 말해?"라고 반말을 하는 거예요. 제 마음이 어땠을까요?

③ 강의를 통해 설명하기

> 연기에 담겨있는 강의자의 의도와 핵심 내용을 참여자에게 설명합니다.

그땐 화가 났지만 집에 와서 가만히 생각해보니 제가 같은 말이더라도 좀 더 부드럽게 했으면 어땠을까 하는 생각이 들더라구요. 바로 이렇게요. (연기를 하며) "아저씨, 바쁘시죠? 그런데 저도 한참을 기다렸는데 갑자기 제 앞에 서시니 당황스럽습니다." 이런 식으로 말이에요. I–Message라는 것은 이런 것입니다.

롤플레이 중심 수업을 살리는 전략

1. 비디오 끄기

모든 참여자들의 화면이 다 켜져 있다면 누가 연기를 하는지 찾기도 어려울뿐더러 집중해서 보기도 어렵습니다. 따라서 연기자를 제외한 모든 참여자의 비디오를 끄도록 요청하는 것이 필요합니다. 이 때 강의자의 비디오도 끄는 것이 좋습니다.

2. 롤플레이의 다양한 종류 활용하기

롤플레이와 같은 드라마 기법에는 다양한 종류가 있습니다. 강의자의 의도와 상황에 따라 다양하게 사용하는 것이 좋습니다.

- 무언극(마임): 대사 없이 제스처와 표정만으로 의사를 표현하는 것을 뜻합니다. ZOOM과 같은 온라인 도구에서는 상대의 입 모양이나 표정에 더 집중하게 됩니다. 의자에 앉은 상태로 몸짓을 사용해 상황을 표현합니다. 꼭 연기를 하지 않더라도 표정이나 입 모양의 변화로 강의에 생동감을 불어 넣을 수 있습니다.
- 즉흥극: 사전에 준비 없이 즉석에서 대화나 이야기를 구성하여 연기하는 것을 뜻합니다. 강의자가 참여자를 대상으로 즉흥극을 할 수도 있고, 참여자에게 즉흥극을 요청할 수도 있습니다.
- 역할극: 시나리오를 가지고 미리 연습한 후 연기하는 것을 의미합니다. 참여자들에게 상황을 주거나 배운 내용을 바탕으로 시나리오를 만들고 소회의실에서 연습하게 합니다. 그리고 다시 전체에서 시연하는 방식입니다.

3. 롤플레이의 원칙

- 짧게: 너무 긴 역할극은 지루함을 줍니다. 주제와 상황에 따라 다르겠지만 온라인상에서는 1분이 넘지 않게 연기하는 것이 좋습니다.
- 과장해서: 온라인에서 역할극은 움직임의 제약이 큽니다. 따라서 이를 보완하기 위

해 화면 안에서 표정, 제스처 등을 과장하여 표현하도록 안내합니다.

- 즐기기: 일부 참여자는 롤플레이를 어색해하기도 합니다. 편안한 분위기를 제공하는 동시에 이 순간을 즐겨달라는 말을 잊지 말아야 합니다.

4. 롤플레이 미션을 팀에게 비공개로 주는 방법

참여자들에게 롤플레이 미션을 주는 방식에도 여러 가지가 있습니다. 전체가 같은 롤플레이를 수행한다면 공개적으로 주어도 좋겠지만 팀마다 다른 것을 표현한다면 그 팀만 볼 수 있게 주는 것이 좋습니다.

- 비공개 채팅으로 미션 전하기: 비공개 채팅을 활용하면 다른 팀에게 미션이 노출되지 않게 전할 수 있습니다.
- 해당 팀원들만 눈 뜨고 확인하기: 미션이 담긴 화면을 공유하되 전체에게 눈을 감게 하고 해당 팀원만 눈을 뜨고 미션을 확인하게 합니다.
- 채팅창에 파일로 전하기: 미션을 워드프로세서나 메모장 문서에 기입한 후 파일명을 팀 이름으로 저장합니다. 그리고 채팅창에 파일을 불러와서 전송합니다. 다만, 파일은 컴퓨터로 접속한 참여자에게는 보이지만 스마트폰이나 태블릿PC로 접속한 참여자에게는 보이지 않으니 주의가 필요합니다.

놀이 · 게임 중심 온라인 수업 디자인

놀이나 게임은 그 자체로 재미있고, 함께 하는 참여자들 간의 친밀감을 높여 줍니다. 놀이나 게임의 요소는 활발한 상호작용을 만들고 참여자를 학습에 '몰입'하게 해줍니다. 몰입심리학을 주창한 칙센트 미하이 교수는 '재미'라는 요소가 체험적인 학습에 매우 중요하다고 강조합니다. 사람은 재미있는 일에 몰입하게 되고, 몰입의 순간에는 몇 시간이 한순간처럼 짧게 느껴지기도 합니다. 놀이에는 참여자를 몰입하게 하는 즐거운 요소가 있어서 이런 놀이의 특징을 학습과 연결한다면 학습에 즐거움을 느끼며 몰입할 수 있게 됩니다.

놀이나 게임의 요소를 가지고 수업에 적용하는 방법에는 크게 두 가지가 있습니다. 첫 번째는 수업에서 놀이를 부분적으로 활용하는 것이고, 두 번째는 수업 전체를 게임의 과정으로 설계해서 진행하는 것입니다. 첫 번째 방법으로 적용되는 예에는 어색한 분위기를 풀어주는 아이스브레이킹, 관계 맺기 및 협력을 위한 미션 놀이, 핵심 단어를 익히는 퀴즈형 놀이 등이 해당됩니다. 두 번째 방법으로 적용되는 예로는 수업 전체를 스토리와 미션 해결로 게임화하는 '게이미피케이션[2]'을 들 수 있습니다.

2 게이미피케이션(Gamification)은 게임에 일반적으로 사용되는 요소들을 게임이 아닌 영역에 적용하는 것을 의미합니다. 게임을 만드는 데 필요한 스토리, 절차, 기법 등을 새로운 영역에 적용하여 사용자의 동기부여 수준을 높일 수 있습니다.

온라인 강의에서 놀이와 게임이 필요한 상황

- 강의 시작에서 관계를 맺을 때
- 팀 활동을 진행하기 전 '팀 세우기'를 할 때
- 강의에서 배운 핵심 내용을 놀이를 통해 기억하도록 할 때
- 온라인 강의 및 프로젝트 학습을 게임화해서 진행할 때

놀이·게임 중심 온라인 수업은 어떻게 할까?

- 주제: 대화를 통해 떠올려 보는 '나에게 행복이란?'
- 개요: 행복에 대해 생각해보고, 행복했던 경험을 글로 남기게 하는 강의입니다. 참여자 간 래포를 형성하기 위해 '자기소개' 활동으로 마음을 열고 시작합니다. 공감놀이를 통해 내가 생각하는 행복과 다른 사람이 생각하는 행복을 알아봅니다. 그리고 행복했던 경험을 떠올리고 다른 참여자를 만나 이야기를 나눕니다. 마지막으로 그 경험에 대해 구체적으로 글을 써봅니다.

자기소개 나누기	■ 나는 ~을 좋아하는 000입니다. • 참여자들과 놀이로 자기 소개하기 [수업을 들어가기 전에 간단하게 자기소개를 해보도록 해요. "~~을 좋아하는 000입니다." 를 말하며 손을 들거나 손가락으로 동그라미를 만드는 등 한 가지 동작을 합니다. 다른 사람들은 그 동작을 따라 하면서 "안녕하세요."라고 말합니다. 이어서 소개를 한 사람은 다른 사람을 한 명 지목합니다. 그리고 반복해요.] 	발표는 모든 참여자가 돌아가며 하되, 강의자가 먼저 시작하는 것이 좋다.

주제 소개하기

■ 강의 주제 확인

• 학습주제를 초성으로 보여주기

[오늘 우리가 해 볼 주제의 초성입니다.

ㅎㅂㅎㄷㄱㅎㄸㅇㄹㄱㅆㄱ

무슨 말인지 아는 사람은 손을 들어주세요. 오늘 주제는 '행복했던 경험 떠올려 글쓰기'입니다.]

📕 파워포인트 슬라이드를 화면 공유하여 초성 퀴즈 활동을 진행한다.

연상 단어 놀이

■ '행복'하면 떠오르는 단어 세 가지

• 활동 방법 설명하기

[포스트잇 크기의 종이 3장에 행복하면 떠오르는 단어를 세 가지 적어주세요. 발표자를 제외한 모든 참여자는 비디오를 끕니다. 참여자 중 한 사람이 자신이 적은 것 중에 한 가지만 말합니다. 다른 참여자는 자신이 적었던 것 중에 그 단어가 있으면 비디오를 켭니다. 비디오가 켜져 있는 숫자만큼 그 단어를 쓴 사람은 점수를 획득합니다. 모든 참여자가 한 번씩 이야기를 다 한 후 얻은 점수가 자신의 총 점수가 됩니다.]

• 놀이로 먼저 발표할 사람 선정하기

[텔레파시 가위바위보로 먼저 발표할 사람을 정하겠습니다. 저와 같은 것을 내는 사람이 발표를 먼저 하는 것입니다. 가위바위보]

• 발표자를 제외한 다른 참여자는 비디오 끄기

[발표하는 분을 빼고는 이제 비디오를 모두 꺼주세요. 발표하는 분은 종이에 쓴 단어를 말해주세요.]

[발표자: 가족입니다.]

📕 포스트잇 크기 정도의 작은 종이 3장을 준비한다.

📕 비디오를 켜고 끄는 것은 미리 연습해 놓는 것이 좋다.

• 단어를 듣고, 그 단어를 적은 참여자는 비디오 켜기

[확인해 보겠습니다. 하나, 둘, 셋 했을 때 그 단어를 적은 참여자는 모두 비디오를 켜주세요]

[세 명이 그 단어를 적었네요. 세 분은 3점을 획득하겠습니다.]

• 발표를 마친 사람은 다음 참여자 지목하기

[다음 발표자를 지목해주세요. 지목받은 분은 비디오를 켜주세요.]

행복에 관한 인터뷰하기

■ 행복에 관한 인터뷰하기

• 활동 방법 설명하기

['행복'하면 떠오르는 단어를 알아봤습니다. 이번에는 같은 질문을 반복해보는 인터뷰 활동을 해보겠습니다. 질문은 '당신은 언제 행복한가요?'입니다. 두 명씩 소회의실에서 만나겠습니다. 두 분 중 한 분은 기자가 되어서 이 질문을 반복해서 던져주시면 됩니다. 시간은 한 분당 2분씩 총 4분을 드리겠습니다. 시간을 직접 확인하시며 활동해주세요.]

• 무작위로 두 명씩 소회의실로 배정하기

[이제 소회의실을 열어서 활동하겠습니다. 만나면 서로 인사해주시고, 두 분 중에 머리가 긴 분이 먼저 기자 역할을 해주세요. 2분 후에는 역할을 바꿉니다. 그럼 소회의실로 입장해주세요.]

• 소회의실에서 짝인터뷰 하기

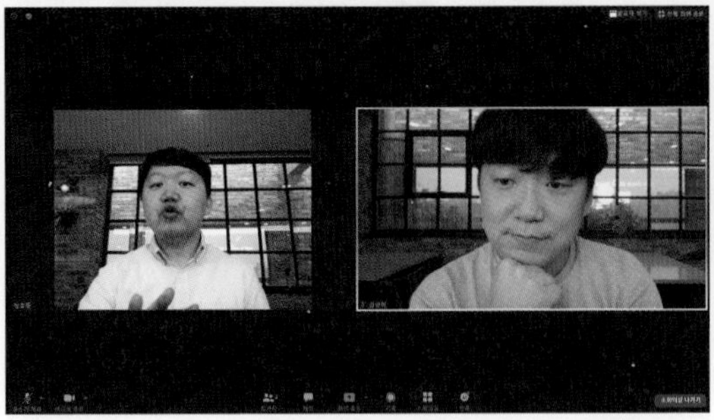

강의자도 회의실을 돌며 참관할 수 있다.

강의자는 시간이 2분 지났을 때 참여자들이 역할을 바꾸도록 [브로드캐스트] 메시지를 보낸다.

행복했던 경험쓰기

■ 행복했던 경험에 대해 글쓰기

• 행복했던 일에 대해 구체적으로 글쓰기

['행복'을 떠올리며 두 가지 활동을 해봤습니다. 놀이를 통해 느낀 점, 알게 된 점을 가지고 최근에 행복했던 일에 대해 구체적으로 적어보겠습니다. 언제, 어디서, 어떤 일로 행복했는지, 어떤 말과 행동을 했는지 등을 구체적으로 적습니다. 제가 공유한 패들렛 주소에 적어주세요.]

참여자가 글을 적을 수 있도록 패들렛 주소를 채팅창에 공유한다.

행복한 나의 표정으로 사진 찍기

■ 행복한 나를 이미지로 저장하기

• 행복했던 일이 있었던 그때 나의 표정으로 사진 찍기

[행복에 관한 놀이를 해보고 글도 써봤습니다. 행복했던 그 상황 속에 나는 어떤 표정이었을까요? 하나, 둘, 셋 하면 그 표정을 지어 보도록 할게요. 화면 캡처로 남기도록 하겠습니다. 하나, 둘, 셋]

행복한 표정으로 사진을 찍을 수 있도록 밝은 분위기의 배경음악을 튼 후에 사진을 찍어도 좋다.

놀이 · 게임 중심 온라인 수업 진행은 이렇게 합니다

놀이 · 게임 중심 온라인 수업에서 적용할 수 있는 다양한 수업 활동을 소개합니다.

1. 게이미피케이션 '미션과 해결'

① 상황 설정 (스토리텔링)	→	② 규칙 안내	→	③ 미션 진행	→	④ 피드백 및 정리

- 주제: 불시착한 달에서 생존하라.
- 개요: '달에 불시착한 우주선'이라는 상황 설정을 하고, 참여자들에게 생존을 위한 전략을 세우게 합니다. 여기서 전략이란 가지고 있는 열다섯 개의 도구 중 생존에 중요한 순서대로 순위를 매기는 것입니다. 달에 대한 정보를 주고 활용할 수 있게 합니다.

① 상황 설정

> 스토리텔링을 통해 상황을 설정합니다. 실제 상황인 것처럼 느끼게 하여 학습에 몰입하게 합니다.

당신의 팀이 타고 가던 우주선이 달에 불시착하여 우주선이 파손되었습니다. 약 300km 떨어진 곳에 달 기지가 있고 당신은 이 기지에 도착해야 생존할 수 있습니다. 지금 즉시 출발하지 않으면 당신의 생명이 위험합니다.

우주선이 불시착할 때 모든 물건과 기체는 파괴되어 버렸고 남은 물건은 열다섯 가지 밖에 남지 않았습니다. 우주선의 선장은 남은 물건 중에서 한 가지씩 순서대로 골라가라고 방송으로 말합니다. 당신의 팀은 어떤 물건부터 선택할 것인가요? 그 선택에 따라 약 300km 떨어진 달 기지에 도착할 수 있는지 여부가 결정됩니다. 아래 열다섯 가지 물건 중 가장 중요한 순서대로 골라보세요.

② 규칙 안내

> 미션을 해결하기 위한 규칙을 안내합니다. 미션을 해결하기 위한 방법과 활동시간, 도전횟수 등을 안내합니다.

(화면 공유로 물건 리스트를 보여주며) 여기 우주선에 남아있는 열다섯 가지 물건 목록이 있습니다. 소회의실에서 팀원들과 상의한 후 가장 중요한 순서대로 물건의 순위를 적어주세요. 미리 제공된 달의 정보를 참고하면 도움이 될 것입니다. 미 연방 우주국 나사(NASA)에서 가장 필요한 물건 순위 1위부터 15위까지 이 목록에 대한 정답을 제시했습니다. 팀별로 물건 순위를 결정한 후 전체 회의실에서 답을 확인하겠습니다. 정답과 가장 근접하게 맞춘 팀이 생존한 것으로 하겠습니다.

<도전! Mission!!> 활동지

☆ 불시착한 달에서 살아남기 ☆

당신의 팀이 타고 가던 우주선이 불시착하여 우주선이 파손되었습니다. 약 300km 떨어진 곳에 달 기지가 있고 당신은 이 기지에 도착해야 생존할 수 있습니다. 지금 즉시 출발하지 않으면 당신의 생명이 위험합니다.

우주선이 불시착할 때 모든 물건과 기체는 파괴되어 버렸고 남은 물건은 열다섯 가지밖에 남지 않았습니다. 우주선의 선장은 남은 물건 중에서 한 가지씩 순서대로 골라가라고 방송으로 말합니다. 당신의 팀은 어떤 물건부터 선택할 것인가요? 그 선택에 따라 약 300km 떨어진 달 기지에 도착할 수 있는 여부가 결정됩니다. 아래 열다섯 가지 물건 중 가장 중요한 순서대로 골라보세요.

달에 대한 기본 정보

- 자기장 없음
- 물과 공기 없음
- 질량은 지구의 1/81, 밀도는 지구의 3/5
- 낮 온도 영상 약 110도
- 밤 온도 영하 약 150도
- 달은 한 달에 한 번씩 밤과 낮이 바뀜(15일이 밤이고, 15일이 낮)

가장 중요한 순서대로 물건 순위를 매겨라

우주선에 남아 있는 물건	우리 팀의 결정			차이
	순위	이렇게 결정한 이유는?	정답	
성냥이 들어 있는 상자				
분유 한 상자				
우주식량 5일분				
15m 길이 나일론 끈				
산소통 5일분				
권총 큰 것 2자루				
달에서 본 별자리 지도				
구명 보트				
자석				
20L 물				
낙하산 면포				
신호용 조명탄				
구급상자				
휴대용 난방기				
태양열식 송/수신 무전기				
정답과 차이 합계				

③ 미션 진행

정해진 게임 규칙에 따라 미션에 참여합니다.

팀에서 토의하고 활동지를 완성하는 시간은 총 15분을 주도록 하겠습니다. 각 소회의실로 이동해서 각 물건에 중요한 순서대로 물건순위를 매겨주세요.

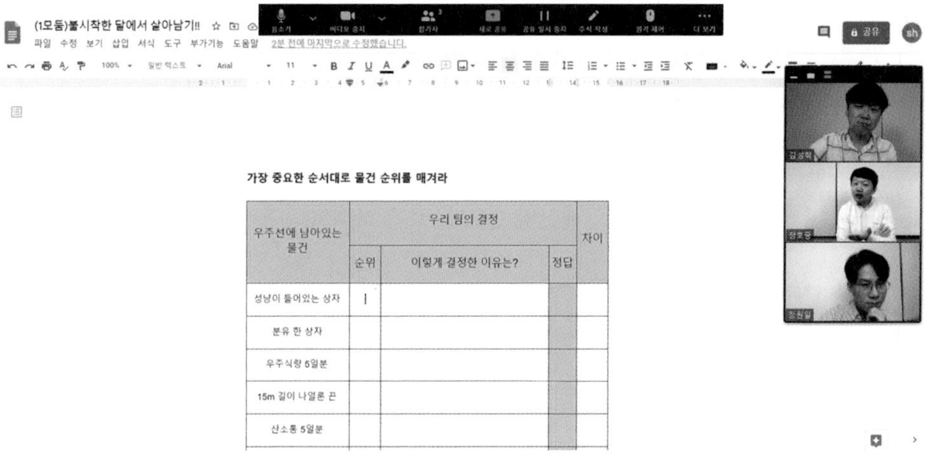
가장 중요한 순서대로 물건 순위를 매겨라

우주선에 남아있는 물건	우리 팀의 결정		정답	차이
	순위	이렇게 결정한 이유는?		
성냥이 들어있는 상자				
분유 한 상자				
우주식량 5일분				
15m 길이 나일론 끈				
산소통 5일분				

④ 피드백 및 정리하기

수행한 미션에 따른 결과를 확인하고, 분석 및 정리합니다.

(화면공유를 하며) 각 팀에서 정한 순서를 확인하도록 하겠습니다. 정답을 공개하도록 하겠습니다. 어떤 팀이 가장 정답과 비슷하게 순위를 매겼나요?

2. 수업 상황에서 활용하는 온라인 놀이의 예

① 강의의 시작을 여는 놀이 → ② 상호작용 및 협력 놀이 → ③ 학습 정리 놀이

① 강의의 시작을 여는 놀이

- 물건을 사냥하라

물건 사냥 놀이를 해보겠습니다. 20초 동안 제가 제시한 물건을 여러분 주변에서 찾아오면 됩니다. 제일 먼저 찾아올 물건은 바로 '리모컨'입니다. 하나, 둘, 셋 찾아와주세요. 다들 빨리 찾아오셨네요. 이번에 찾아올 물건은 '빨간색이 들어있는 물건'입니다. 하나, 둘, 셋, 찾아와주세요. 이번에 마지막으로 찾아올 물건은 내가 좋

아하는 물건입니다. 하나, 둘, 셋 찾아와주세요.

추천물건 슬리퍼, 열쇠, 과일, 양말 한 켤레, 만졌을 때 부드러운 물건, 안경 등

- 맞춰라~ 몇 명이냐?

"나는 ~한 적이 있다"라고 자신의 경험을 적어 보겠습니다. 예를 들어, '나는 이번 여름에 수영장을 간 적이 있다.'라고 적습니다. 자신이 적은 종이 뒷면에 전체 참여자 중 같은 경험을 한 사람이 몇 명 정도 될지 예상하여 그 수를 적습니다. 모든 참여자가 경험을 적은 후 발표자를 제외하고 비디오를 끕니다. 발표자는 자신이 적은 것을 읽고, 참여자는 자신도 그런 경험이 있으면 비디오를 켭니다. 발표자가 종이 뒷면에 적은 숫자를 공개하고 비디오를 켠 참여자 수와 일치하면 미션 성공입니다.

② 상호작용 및 협력 놀이

- 숨은 그림 찾기

숨은 그림 찾기 활동지를 화면에 공유하겠습니다. 주석기능을 활용해서 A팀은 빨간색, B팀은 파란색, C팀은 연두색 펜을 사용하여 찾겠습니다. 그럼, 이제 숨은 그림을 공개하겠습니다.

- 이구동성

A팀을 제외한 다른 팀은 모두 엎드리고 눈을 감아주세요. A팀만 눈으로 제시어를 확인하도록 하겠습니다. 제시어 글자는 제가 지정해 드립니다. 제시어를 확인했으면 이제 다른 팀들은 일어나서 눈을 떠도 됩니다. 제가 하나, 둘, 셋을 외치면 A팀은 각자 한 단어씩을 동시에 말해주세요. 정답을 알아차린 사람은 채팅으로 정답을 보내주면 됩니다.

③ 학습 정리 놀이

- 스피드 퀴즈

팀별로 한 명씩 문제를 설명할 사람을 뽑아주세요. 문제를 설명할 사람에게는 제

가 비공개 채팅으로 설명해야 할 '단어'들을 보내주도록 하겠습니다. 출제자는 단어를 보고 자기 팀원에게 설명을 해서 팀원들이 맞추게 하세요. 다른 팀에서는 비디오를 끄고 참관하겠습니다.

- n행시 짓기

오늘 우리는 문제해결의 시작인 '감정조절'에 대해 배워보았습니다. (패들렛 화면을 공유하며) 지금 제가 채팅창에 '감정조절' 4행시를 적을 수 있는 패들렛 주소를 공유했습니다. 아이디어가 떠오른 사람은 패들렛에 4행시를 적어주세요. 4행시는 우리가 활동한 내용과 연결 지어서 작성해주세요. 다 작성한 후에 최고의 4행시를 우리가 함께 뽑아보도록 하겠습니다.

구체적인 상호작용 놀이는 4장에 소개되어 있습니다.

온라인 놀이 · 게임을 살리는 전략

1. 참여자 주변에 있는 도구를 활용한다.

온라인 실시간 수업에서 놀이를 활용할 때 참여자 주변의 도구를 이용해 놀이를 할 수 있습니다. 진행자가 제시하는 물건을 빨리 찾아오게 하거나, 내가 가장 좋아하는 물건과 같이 주제와 관련된 도구를 찾아오게 합니다. 이렇게 찾아오게 한 도구는 강의에서 참여자가 말을 할 때 '토킹스틱'으로도 활용할 수 있습니다.

2. 몸을 움직이게 할 것

온라인 실시간 수업은 아무래도 자리에 앉아서 화상으로 진행되다 보니 정적으로 흘러갈 가능성이 높습니다. 온라인 수업에서는 몸을 움직이게 하는 동적인 놀이를 해보는 것이 좋습니다. 화면을 공유하고 화면 속 동작을 따라 해보는 댄스게임을 할 수도 있고,

몸으로 핵심 단어나 문장을 나타내보게 하는 방법을 적용해 볼 수 있습니다.

3. ZOOM의 기능을 백분 활용할 것

실시간 화상 회의 프로그램의 기능을 활용하면 간단하면서도 재미있는 놀이를 해볼 수 있습니다. 놀이에 활용되는 ZOOM의 기능은 카메라 켜고 끄기, 음소거, 화이트보드, 주석 기능이 대표적입니다.

예를 들어, 두 명씩 짝지은 상태에서 카메라를 끄게 하고 자신의 모습 중에 세 가지 변화를 주게 합니다. 카메라를 켰을 때 바뀐 세 가지가 무엇인지 찾게 합니다. 화이트보드에 그림을 그리고 무엇인지 맞추어 보거나, 강의자가 공유한 지도에서 주석 기능을 활용해서 위치를 찾는 놀이 활동도 해 볼 수 있습니다.

4. 다른 프로그램 도구를 함께 활용할 것

공유형, 협업형 도구를 사용하면 오프라인에서 했던 활동을 온라인에서도 시도할 수 있습니다. 특히 구글 프레젠테이션 같은 협업 도구를 사용하면 참여자들이 동시에 글을 쓰거나 표시를 남길 수 있어서 여러 가지 놀이를 해볼 수 있습니다. 구글 프레젠테이션 슬라이드에 말판을 만들고 주사위를 던져 말판 놀이를 하거나 숨은 그림 찾기 등의 놀이도 모두 가능합니다.

4

참여자와 인터랙션하기

쌍방향 수업을 통해 참여자들이
수업에 능동적으로 참여할 수 있는 기회를 제공할 수 있습니다.

쌍방향 강의를 위한 상호작용 기술

비밀 미션

채팅의 비공개 대화 기능을 활용하여 참여자에게 비밀 미션을 주는 방법

받는 사람: 김성혁 ⌄ (비공개로) …

오늘 X맨으로 선정되었습니다. 강의가 끝나고 참여도가 좋은 다섯 명을 뽑아주세요.

강의자는 채팅창에서 특정 참여자를 선택해서 메시지를 보낼 수 있습니다. 이 기능을 활용하여 강의 중 일부 참여자에게 비밀스럽게 미션을 전달할 수 있습니다. 이 기술은 참여자들에게 긴장감을 주어 수업에 흥미를 유발하게 만들어 줍니다.

• 진행방법

준비물

미션 내용

1. 비밀 미션을 받을 참여자를 선정합니다. 미션에 따라 한 명을 선정할 수도 있고 여러 명을 선정할 수도 있습니다.
2. 선택한 참여자에게 비공개 채팅으로 미션을 전달합니다. "오늘 X맨으로 선정되었습니다. 강의가 끝나고 참여도가 좋은 다섯 명을 뽑아주세요."
3. 미션을 받은 참여자는 강의 중 미션을 수행합니다. 그리고 강의가 끝날 때 발표합니다.

진행 Tip

1. 반응이나 분위기를 고려하여 미션을 받을 참여자를 선택합니다.
2. 비밀 미션을 받은 참여자는 다른 참여자에게 미션을 누설하지 않도록 합니다.

이렇게도 해 볼 수 있어요!

참여자들에게 줄 수 있는 미션에는 어떤 것들이 있을까요?

1. 특정 참여자가 퀴즈 내기

특정 참여자에게 비공개 대화로 다음의 내용을 읽어달라고 부탁할 수 있습니다.
"다섯 고개를 하겠습니다. ① 몸속에 점이 많아요. ② 시원해요. ③ 꼬리가 있어요. ④ 여러분 머리만 합니다. ⑤ 군인 옷을 입고 있어요. 정답은 무엇일까요?"

2. 핵심 문장이나 핵심 어구 읽게 하기

강의 중 핵심어를 강조하거나 중요하게 언급하고 싶은 부분이 있습니다. 이것을 다른 참여자에게 미리 알려주고 읽게 하는 것도 좋습니다. 채팅창의 비공개 대화로 미리 참여자를 지정하고 다음과 같이 보냅니다.

"제가 잠시 후 민영 씨의 이름을 부르면 54쪽 세 번째 문장을 읽어 주세요."

발표자에게는 참여의 기회가 주어질 뿐 아니라 강의자의 소리로만 강의가 이어지다가 다른 사람의 목소리가 들리면 참여자들은 수업에 더 집중하게 됩니다.

주석 활용

ZOOM의 주석 기능을 활용하여 참여자와 상호작용 하는 방법

파워포인트 슬라이드를 화면공유하고 주석 기능을 활용하면 참여자들이 수업에 능동적으로 참여할 수 있는 기회를 제공할 수 있습니다. 슬라이드에 참여자의 응답을 원하는 화면을 준비해두고 스탬프를 찍을 수 있게 하는 것입니다. 참여자들은 자신의 답을 화면에 표시하며 반응합니다.

이 방법을 사용하면 강의자는 ZOOM 기능만으로 모든 참여자를 한 번에 참여시킬 수 있습니다. 또한 화면을 통해 참여자의 상황이나 생각을 한눈에 파악할 수 있습니다.

- 진행방법

> **준비물**
>
> 파워포인트 슬라이드

1. 강의자가 원하는 질문을 파워포인트 슬라이드로 만들어두고 화면에 공유합니다.
2. [화면 공유] – [주석 작성] – [스탬프]에 가면 다양한 '하트, 별' 등의 스탬프가 있음을 안내합니다. "여러분이 지금 온라인 수업에 참여하고 있는 장소는 어디인가요? 화면의 지도를 보고 스탬프를 찍어주세요."
3. 참여자들은 자신이 참여하고 있는 곳의 위치를 스탬프로 찍습니다. 한눈에 다른 참여자들이 어디에서 참여하고 있는지 확인할 수 있습니다.
4. 강의자로부터 가장 먼 지역에 있는 참여자의 이야기를 들어보거나 해당 지역의 좋은 점, 해당 지역의 추천하고 싶은 여행지 등을 이야기하도록 합니다. 질문을 바꾸어 여행하고 싶은 곳을 물어볼 수도 있습니다.

진행 Tip

1. 상단 메뉴의 [더 보기] 버튼을 누르면 [주석자 이름 표시]가 있습니다. 이 메뉴를 체크하면 스탬프를 찍거나 텍스트를 쓸 때 작성하는 사람의 이름이 표시됩니다.
   학생들이 주석으로 장난을 치거나 낙서를 심하게 하는 경우에는 [참가자 주석 사용 안 함]을 체크해 두면 주석 작성을 하지 못하게 할 수 있습니다.

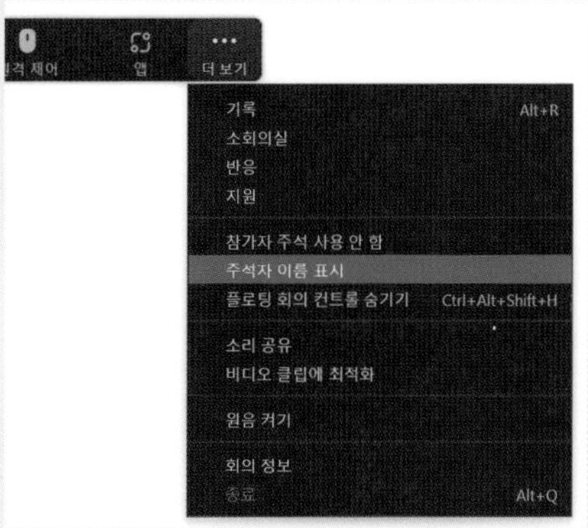

2. 주석으로 텍스트를 쓸 때는 다음과 같은 점을 유의합니다.
   ① 텍스트가 겹칠 수 있으므로 다른 사람이 쓰지 않는 곳에 적도록 합니다.
   ② 색깔을 다르게 하면 눈에 금방 띕니다.
   ③ 한두 단어 정도로 간단히 적습니다.

이렇게도 해 볼 수 있어요!

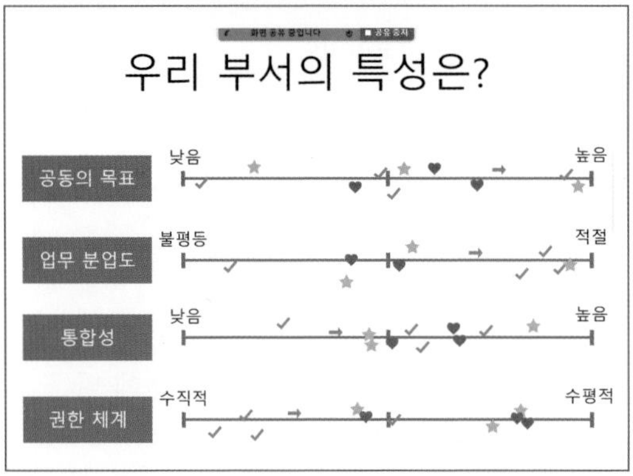

우리 부서의 특성은?
공동의 목표
낮음
높음
업무 분업도
불평등
적절
통합성
낮음
높음
권한 체계
수직적
수평적

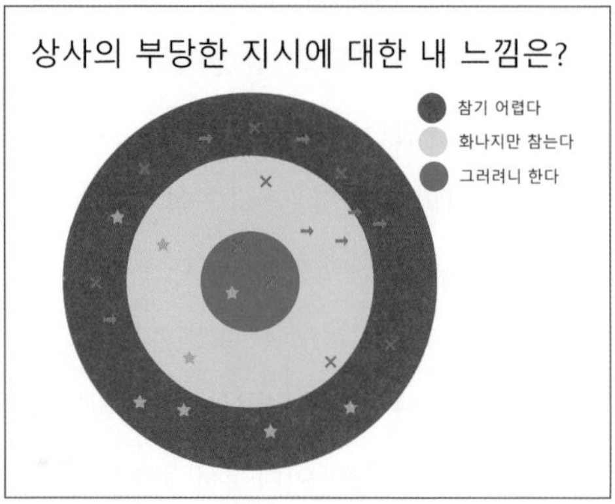

상사의 부당한 지시에 대한 내 느낌은?
참기 어렵다
화나지만 참는다
그러려니 한다

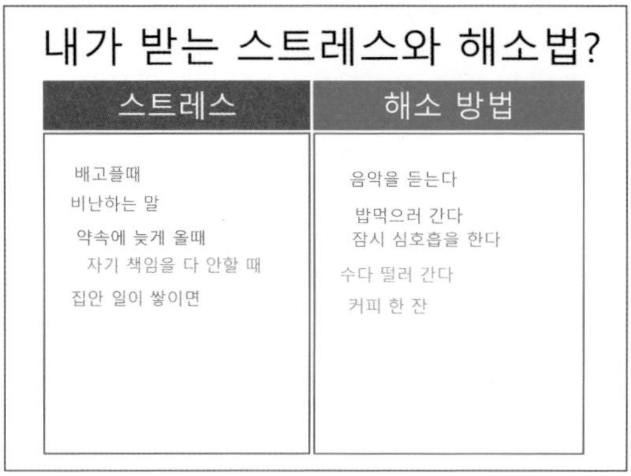

내가 받는 스트레스와 해소법?
스트레스
해소 방법
배고플때
비난하는 말
약속에 늦게 올때
자기 책임을 다 안할 때
집안 일이 쌓이면
음악을 듣는다
밥먹으러 간다
잠시 심호흡을 한다
수다 떨러 간다
커피 한 잔

이 주제에 대해 얼마나 알고 있나요?
(잘 알아요: 5점, 잘 몰라요: 1점)
1점
2점
3점
4점
5점

카메라 두 대 번갈아 사용하기

카메라를 두 대 연결하여 교차하면서 사용하는 방법

온라인으로 강의를 하면서 교재에 직접 필기하거나 풀이하는 모습을 참여자에게 보여주고 싶을 때가 있습니다. 또는 실험이나 실습을 하는 장면을 보여주기 위해 강의자를 비추던 웹캠을 떼어 실험을 하는 테이블을 비추기도 합니다.

그러나 노트북과 같이 카메라가 내장되어 있는 경우에는 카메라를 떼어 책상을 비추는 것이 어렵습니다. 설사 거치대에서 분리가 되는 웹캠을 가지고 있다 하더라도 이를 떼어 책상을 비추다 보면 화면이 흔들리게 되고, 참여자에게는 그 과정이 혼란스럽게 보입니다.

만일 웹캠이 두 대 있다면 ZOOM에서 매우 편리하게 사용할 수 있습니다. 강의자를 비추는 카메라와 책상을 비추는 카메라를 따로 두어 카메라 전환을 통해 상황에 맞게 활용할 수 있습니다.

준비물

웹캠 두 개 또는 웹캠과 실물화상기

• 진행방법

1. 웹캠 두 대 또는 웹캠과 실물화상기를 각각 하나의 컴퓨터에 연결합니다. 하나는 강의자의 얼굴을 비추도록 하고, 다른 하나는 강의에 사용할 교재나 실물을 비추도록 고정합니다.

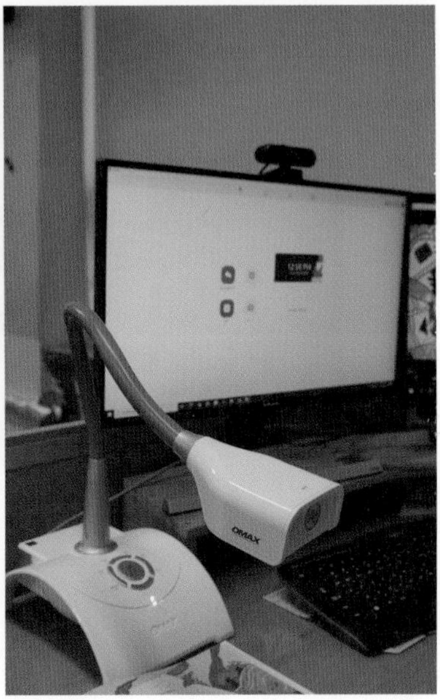

2. 강의 중 다른 카메라를 비추고 싶다면 단축키 Alt + N을 누릅니다. 그리고 [모두에게 추천]을 눌러 그 화면이 참여자에게 크게 보이게 합니다. 또는 ZOOM의 비디오 버튼 옆에 있는 화살표를 눌러 다른 카메라를 선택하는 방법도 있습니다.

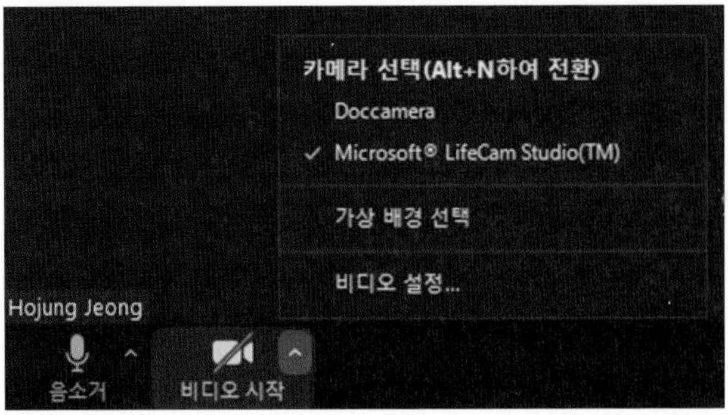

3. 같은 방법으로 상황에 맞게 카메라를 전환하며 사용합니다.

진행 Tip

1. 직접 교재에 필기하는 것을 보여주려면 사인펜을 사용하도록 합니다. 그래야 참여자에게 또렷하게 보입니다.
2. 해상도가 낮은 웹캠을 사용할 경우 내 얼굴이 상대방 화면에 흐릿하게 보일 수 있습니다. Full HD(1920*1080) 이상의 웹캠을 구매한다면 내 화면을 선명하게 전송할 수 있습니다.
3. 실물화상기를 가지고 있는 교사라면 실물화상기가 웹캠 역할을 할 수 있습니다.

발표자 선정하기

손가락이나 가위바위보로 다음 발표자를 선정하는 방법

온라인 수업에서 발표자를 선정할 때 운(運)의 요소를 활용하면 긴장감을 유발할 수 있습니다. 강의자의 질문에 반복적으로 손을 드는 사람만 대답을 하도록 한다면 다른 참여자들은 강의자의 질문을 나와 상관없다고 받아들일 수도 있습니다. 운의 요소를 활용해서 강의에 활기를 불어넣어 주는 발표자 선정 방법에 대해 몇 가지 소개합니다.

만다라트 발표

- 진행 방법

1. 강의자가 참여자 중 한 명을 지목합니다. "제가 지금부터 한 분을 지목하겠습니다. 제 화면의 한 가운데 계신 남윤찬 씨 손을 들어주시겠어요?" 지목당한 사람이 발표를 할 필요는 없습니다. 그저 발표자를 선정할 수 있는 권한만 부여합니다.
2. 지목당한 사람은 위, 아래, 왼쪽, 오른쪽의 네 방향과 대각선 네 방향 중 한 곳을 손가락으로 가리킵니다. "윤찬 씨, 상하좌우 그리고 대각선까지 총 8개 방향이 있습니다. 한 곳을 손가락으로 가리켜 주세요."
3. 강의자는 강의자에게 보이는 화면에서 손가락으로 가리킨 방향에 있는 사람을 발표자로 선택합니다. "왼쪽을 가리키셨군요. 제 화면에는 윤찬 씨 왼쪽 옆에 가영 씨가 보이네요. 가영 씨, 발표 부탁드립니다."
4. 발표를 마치면 발표한 사람이 다시 손가락으로 8개 방향 중 한 방향을 가리키도록 합니다. 참여자 개개인의 화면 배치가 다르므로 다음에 누가 선정될지 알 수 없어 더 재미있습니다.

전체 가위바위보 발표

- 진행 방법

1. 강의자와 참여자 모두가 다 같이 가위바위보를 합니다. 손을 카메라에 잘 보이도록 높이 들고 강의자의 "가위바위보" 구호에 맞추어 냅니다.
2. 강의자를 이긴 사람만 손을 들고 있고, 지거나 비긴 사람들은 손을 모두 내립니다.
3. 첫 번째 판을 이긴 사람들끼리 다시 한 번 강의자와 가위바위보를 합니다. 살아 남은 사람이 3명 이내가 될 때까지 전체 가위바위보를 계속합니다.
4. 남은 3명 이내의 사람들에게 발표할 수 있는 기회를 줍니다.

이렇게도 해 볼 수 있어요!

가위바위보를 진 사람만 계속 남게 하거나 비긴 사람만 살아남도록 할 수 있습니다.

텔레파시 손가락 발표

- 진행 방법

1. 강의자가 발표할 사람을 한 명 뽑을 거라고 이야기합니다. 그리고 주먹을 쥐고 있다가 자신이 원하는 만큼 손가락을 펼 수 있다고 안내합니다.
2. "하나, 둘, 셋" 구호에 맞추어 강의자와 참여자 모두 손가락을 폅니다.

3. 강의자와 같은 개수의 손가락을 편 참여자들만 살아남습니다. 만약 강의자가 3개의 손가락을 폈다면 같은 개수의 손가락을 편 참여자들만 남습니다.
4. 남은 참여자들만 카메라에 손가락을 들고 같은 과정을 반복합니다. 살아남은 사람이 3명 이내가 되면 그 사람들에게 발표 기회를 줍니다.

주인공 발표

[모두에게 추천] 기능을 통해 강의자가 원하는 발표자를 선정하는 방법

회의 호스트는 [모두에게 추천]을 사용할 수 있습니다. 이것은 위 사진처럼 호스트가 추천한 사람을 모든 참여자가 큰 화면으로 볼 수 있도록 만들어주는 기능입니다. 주로 발표하는 사람을 함께 보도록 하기 위해 사용합니다. 그런데 이 기능을 사용하면 강의자(호스트)가 원하는 발표자를 지목할 수 있습니다. 누가 발표자가 될지 알 수 없기에 긴장감이 조성되어 재미를 유발하게 됩니다.

• 진행방법

1. 강의자는 참여자들의 발표가 필요할 때 [모두에게 추천] 기능을 쓰겠다고 안내합니다. "발표자를 뽑도록 하겠습니다. 지금부터 자신의 얼굴이 화면에 크게 나오면 그 사람이 발표자가 됩니다."
2. 참여자 중 한 명을 골라 마우스를 가져가 오른쪽 버튼을 누릅니다. 그리고 [모두에게 추천]을 클릭합니다.
3. 자신의 얼굴이 크게 보이는 사람이 발표자가 되어 이야기를 시작합니다.
4. 강의자(호스트)는 발표가 끝난 사람의 비디오를 [추천 제거] 한 후 같은 방법으로 다음 사람을 다시 [모두에게 추천]으로 지목합니다.

진행 Tip

1. 처음 [모두에게 추천]으로 지목할 때는 가능한 적극적이고 발표를 잘할 것이라고 예상되는 참여자를 선택합니다. 첫 참여자의 발표가 다음 발표자에 영향을 미치기 때문입니다.
2. [모두에게 추천]을 통해 지목한 사람이 부담스러워 발표를 어려워 하는 경우에는 "패스"할 수 있다고 안내합니다.
3. [모두에게 추천]을 한 번에 3~4명 이어서 지목하고 차례로 발표하도록 해도 좋습니다. 스마트폰 사용자는 여러 명의 추천자를 한 화면에서 볼 수 없습니다. 이런 경우 강의자의 줌 화면을 화면공유로 보여주도록 합니다. 이렇게 하면 스마트폰 사용자 또한 여러 명의 추천자를 한 눈에 확인할 수 있습니다.

원 릴레이 말하기

참여자 전체가 원으로 그려진 화면을 보고 차례로 특정 주제에 대해 말하는 방법

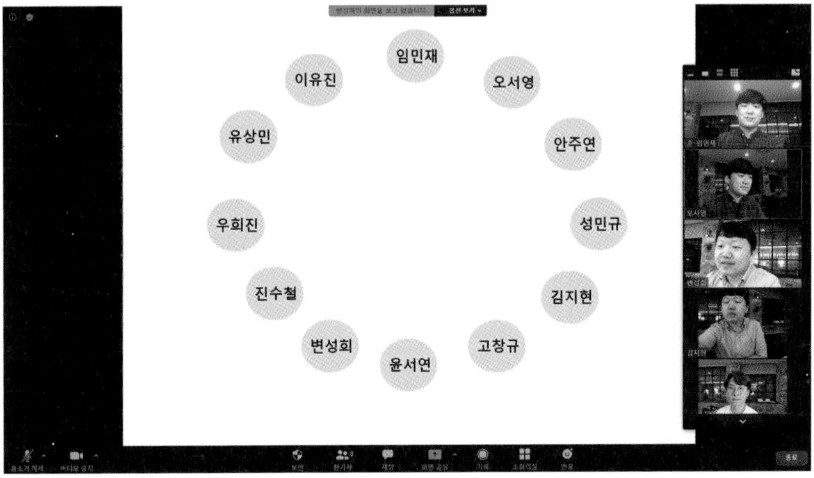

강의자는 온라인에서 많은 참여자가 적극적으로 자신의 생각을 말하고 활발하게 소통하기를 기대합니다. 하지만 어떤 경우에는 "생각을 나누어주시겠어요?"라는 질문에 대부분의 참여자가 반응 없이 침묵으로 일관하는 상황을 맞닥뜨리기도 합니다. 특히 이런 상황이 강의 내내 이어진다면 강의자와 참여자 모두에게 무척 힘든 시간이 될 것입니다.

이럴 때는 의견을 말해달라고 하기보다 강의자가 발표자를 지목하는 것이 효과적입니다. 파워포인트 슬라이드에 원으로 참여자의 이름을 미리 표시해두고 화면 공유를 통해 차례대로 의견을 나누면 모두가 발표에 참여할 수 있습니다.

• 진행방법

1. 강의자는 강의 전 참여자의 명단을 확보합니다.
2. 파워포인트 슬라이드를 열고 참여자의 수만큼 이름이 쓰여진 원을 그리고 동그랗게 배치합니다.
3. 강의 중 이 화면을 참여자에게 공유하고 자신의 차례를 기억하게 합니다.
4. 강의자가 던진 질문에 순서대로 답합니다.

준비물

파워포인트 슬라이드

진행 Tip

1. 파워포인트 슬라이드를 공유하여 참여자들에게 발표 순서를 안내한 후 발표를 할 때는 화면 공유를 끄고 모두의 얼굴이 보이도록 합니다. 중간중간에 파워포인트 슬라이드를 다시 화면에 공유하여 차례를 확인시켜도 좋습니다.
2. '발표를 너무 하지 않아서 이렇게 한다.'와 같이 부정적인 뉘앙스가 담긴 말을 덧붙이면 역효과가 날 수 있으니 말없이 자연스럽게 진행하도록 합니다.

PASS THE BALL

손으로 공 모양을 만들고 던지는 시늉을 하며 다음 사람을 지목하는 방법

발표자를 선정할 때 즐겁게 할 수 있는 놀이입니다. 실제 공이 아닌 손 모양으로 공을 만들고 카메라 앞으로 던지는 시늉을 합니다. 이때 다음 사람의 이름을 부릅니다. 다음 사람은 손을 벌려 공을 받는 시늉을 합니다. 그리고 다시 다른 사람의 이름을 부르며 공을 던지는 시늉을 이어서 하는 놀이입니다. 강의자가 중간에 "그만"이라고 외쳤을 때 공을 가지고 있는 사람이 발표자가 됩니다.

• 진행방법

1. 강의자는 손으로 공 모양을 만듭니다. 마치 공을 던지는 것처럼 카메라 앞으로 손을 가까이 가져가면서 한 사람의 이름을 부릅니다. "정호중"
2. 이름이 불린 사람은 손을 벌려 공을 받는 시늉을 합니다.
3. 공을 받은 사람은 앞과 마찬가지로 손을 공 모양으로 만들고 다음 사람 이름을 부르며 공을 던지듯 카메라 앞으로 손을 가까이 가져갑니다. 같은 활동을 반복합니다.
4. 강의자가 "그만!"이라고 외칠 때 공을 가지고 있는 사람이 발표합니다.

이렇게도 해 볼 수 있어요!

공 대신에 '점점 커지는 오렌지'로 해 볼 수 있습니다. 처음에는 작은 오렌지로 시작했다가 오렌지를 건네면 건넬수록 점점 커지게 됩니다. 너무 커져 화면을 벗어나게 되는 경우 그 사람이 발표자가 됩니다.

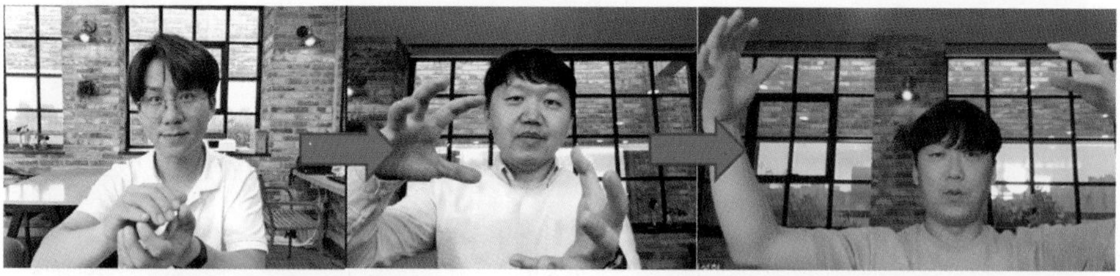

진행 Tip

1. 동작은 최대한 과장해서 표현하도록 합니다.
2. 가능하면 발표를 적게 했던 사람들을 지목하게 합니다.
3. 타이머를 사용하거나 음악을 중간에 멈추는 방법으로 발표자를 선정할 수 있습니다.

손가락으로 말해요

강의자의 질문에 손가락으로 글씨를 쓰며 답하는 방법

강의자와 참여자 간 상호작용이 꼭 말로만 이어질 필요는 없습니다. 강의에서 표정이나 몸짓을 사용해 의사소통하면 색다른 느낌을 줍니다. '손가락으로 말해요'는 강의자의 질문에 손가락으로 허공에 답을 쓰는 방법입니다. 이것은 다른 참여자의 답을 유심히 관찰하며 내 생각과 비교해볼 수 있고 몸을 움직임으로써 강의에 즐거움을 더합니다.

• 진행방법

1. 강의자는 참여자들에게 질문에 대한 답을 손가락으로 써달라고 안내합니다.
2. 강의자는 단어로 답할 수 있는 퀴즈를 제시합니다.
3. 강의자의 신호에 맞춰 참여자들은 카메라 앞에 손가락을 가져다 대고 답을 공중에 씁니다.
4. 정답을 확인합니다.

진행 Tip

1. 카메라를 보고 글씨를 쓰면 상대에게는 거울로 보듯이 반대로 보입니다. 따라서 이 사실을 참여자들에게 미리 안내하는 것이 좋습니다. 또는 처음부터 반대 방향으로 글씨를 쓰게 할 수도 있습니다.
2. 정답을 쓸 때 카메라 화면에 손가락이 잘 보이게 쓰도록 합니다.
3. 모든 참여자가 동시에 정답을 쓸 수도 있지만 한 명씩 쓰게 하면 정답을 더 쉽게 확인할 수 있습니다.

이렇게도 해 볼 수 있어요!

• 수신호로 공감 표시하기

다른 참여자의 의견에 동의하거나 공감할 때 간단한 수신호로 표현할 수 있습니다. 손을 들어 주먹을 쥐고 고개를 끄덕이는 것처럼 주먹을 끄덕입니다. 이를 통해 발표자는 상대가 공감하고 있음을 느낄 수 있습니다.

토킹스틱 발표

자신이 좋아하는 물건을 들고 말하는 방법

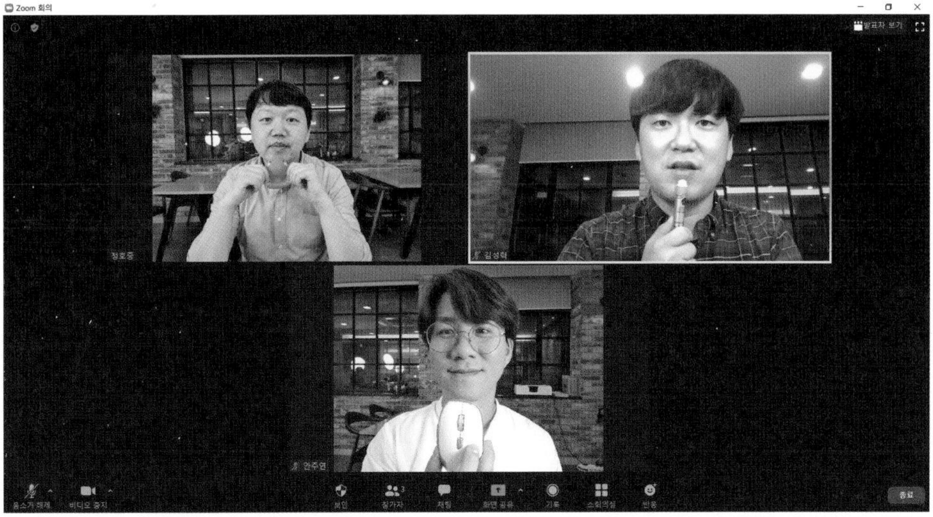

온라인 수업 상황에서는 돌아가며 참여자의 생각이나 의견을 듣는 경우가 많습니다. 대부분의 강의에서 강의자가 참여자를 직접 지목하거나, 발표자가 다음 발표자를 지목하게 하는 패턴이 반복됩니다. 토킹스틱을 사용하면 이런 반복되는 패턴에 자그마한 변화를 줄 수 있습니다. 다음 발표자를 지목할 때 말로 하는 대신 토킹스틱을 건네는 동작을 추가하면 실제감을 느낄 수 있습니다.

• 진행방법

준비물

토킹스틱으로 쓸 물건

1. 강의자는 참여자들에게 토킹스틱으로 쓸 물건을 가져오게 합니다. 자신이 좋아하는 물건이면 좋습니다.
2. 강의자가 먼저 시범을 보입니다. 강의자가 토킹스틱으로 인형을 들고 있다면 인형을 입 아래에 대고 해당 주제에 대해 이야기합니다. “저는 지영 씨에게 감사합니다. 강의에 입장했을 때 반갑게 인사해 주셨기 때문입니다.”

3. 발표자는 말을 끝내고 다음 사람을 지목합니다. 동시에 토킹스틱을 건네듯이 카메라에 자신의 토킹스틱을 가까이 들이댑니다. “저는 안주연 씨를 다음으로 지목하겠습니다. 여기 토킹스틱을 받으세요.”

4. 지목된 사람은 자신의 토킹스틱을 카메라에 갖다 대고 자신의 몸쪽으로 가져오면서 마치 토킹스틱을 건네 받는 듯한 액션을 취합니다. 그리고 토킹스틱을 입에 대고 마이크처럼 사용하여 발표합니다. 같은 방식으로 발표를 이어갑니다.

진행 Tip

1. 토킹스틱을 들고 있는 사람만 발언할 수 있음을 미리 약속합니다.
2. 아주 간단하면서도 재미있는 방식이지만 참여자들이 바로 이해하지 못할 수도 있습니다. 최대한 천천히 예시를 보여주며 설명합니다.
3. 토킹스틱은 주위에 있는 어떤 물건이든 괜찮습니다. 토킹스틱을 찾는데 너무 오랜 시간이 걸리지 않도록 합니다.

팝업 발표

참여자가 직접 종이에 적어 카메라 앞에 보여주는 발표 방법

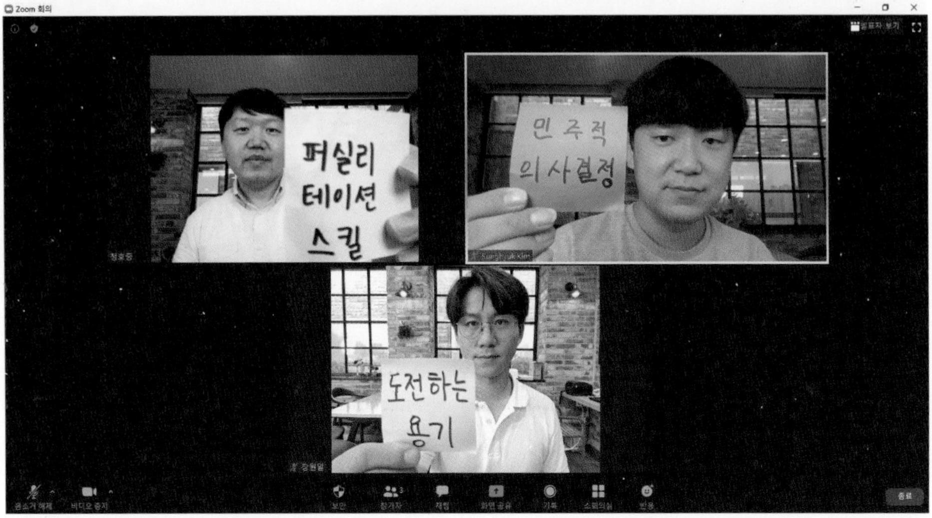

'팝업발표'는 종이에 자신의 의견을 적고 화면에 보여주는 방법입니다. 펜과 종이만 있다면 모든 연령대의 참여자가 쉽게 사용할 수 있습니다. 또한 모든 참여자가 한 번에 자신이 적은 종이를 화면에 보여주기 때문에 동시에 서로의 생각을 확인할 수 있습니다. 이를 통해 각자의 생각을 다른 참여자와 비교할 수 있어 유용합니다.

• 진행방법

1. 강의자는 미리 질문을 준비합니다.
   강의를 시작할 때라면 "오늘 강의에서 무엇을 배우고 싶나요?"와 같이 질문할 수 있습니다.

준비물

종이와 네임펜(혹은 사인펜)

2. 질문에 대한 답을 종이에 적게 합니다. 답은 한두 단어로 적습니다.
3. 답을 다 적었다면 종이를 동시에 들어서 화면에 보이게 합니다. 강의자는 이 화면을 캡처합니다.
4. 캡처한 사진을 화면에 공유하고 참여자들이 적은 것에 대해 짧게 이야기를 들어봅니다.

진행 Tip

1. 종이에 적을 때 연필이나 볼펜처럼 선이 얇은 것으로 적게 되면 다른 참여자의 화면에 선명하게 보이지 않습니다. 네임펜이나 사인펜같이 진하게 보일 수 있는 필기도구를 사용해서 한두 단어로 크게 적게 합니다.
2. 줌 설정에서 [내 비디오 미러링]에 체크가 되어 있으면 오른쪽 아래 사진처럼 글씨가 좌우반전되어 보입니다. 이 현상은 자신의 화면에만 그렇게 보일 뿐, 다른 사람들에게도 그렇게 보이는 것은 아닙니다. 왼쪽 아래 사진처럼 자신이 보는 화면에서도 글자가 제대로 보이게 만들고 싶다면 [내 비디오 미러링]에서 체크를 해제하면 됩니다. 참고로 체크 여부와 관계없이 다른 참여자에게는 왼쪽 사진처럼 글씨가 정상적으로 보입니다.

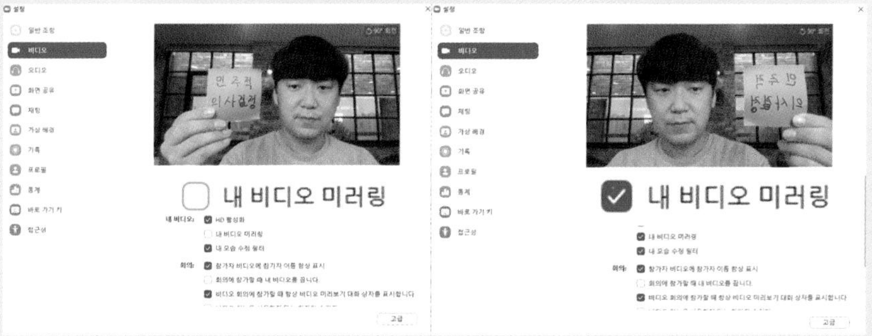

따라 말하게 하기

강의자의 말을 참여자가 그대로 따라 하며 참여를 유도하는 방법

강의자 혼자 말하는 시간이 길어지면 길어질수록 참여자는 점점 수동적으로 변해갑니다. 따라서 학습 내용을 전달하는 강의를 하는 순간에도 참여자의 반응을 유도하는 것이 중요합니다. 참여자의 반응을 이끌어 내는 효과적인 방법 중 하나가 '따라 말하게 하기' 기술입니다. 강의 중 핵심 단어나 중요한 문장을 따라 말하게 하는 것입니다. 이 방법은 졸린 학습자를 깨우고 강의 내용을 더 잘 기억하게 하는 데 도움을 줍니다.

• 진행방법

1. 강의자는 강의 내용 중 강조하고 싶은 문구를 떠올립니다.
2. 참여자들에게 다음과 같이 이야기합니다. "여러분, 따라해 주세요."

   강의자의 선창: "남의 불행 위에 내 행복을 쌓지 말라."

   참여자의 후창: "남의 불행 위에 내 행복을 쌓지 말라."
3. 자연스럽게 강의를 이어나갑니다.

진행 Tip

1. 이 방법은 참여자의 언어적 참여를 유도하는 효과적인 방법이지만 한 시간에 3회 이상 반복하면 지루함을 유발합니다.
2. 문장뿐만 아니라 강조하고 싶은 단어를 따라 말하게 하는 것도 좋습니다.
3. 전체 참여자가 다 같이 말해도 좋지만 특정 참여자를 지정해서 따라하게 해도 색다른 효과를 얻을 수 있습니다.

서로를 연결하는 강의 시작 활동

감정신호등

색으로 감정을 표현하고 이야기를 나누는 활동

비대면으로 화상 수업에서 만나게 되면 참여자들끼리 서로 거리감을 느낄 수 있습니다. 같은 수업을 참여하면서 연대감을 높여주기 위한 하나의 방법으로 나의 감정을 색으로 표현하고 나눠볼 수 있습니다. 이 활동은 모두 자신의 이야기로 시작하므로 강의에서 소통을 원활하게 하는 데에도 도움을 줍니다.

• 진행방법

준비물

감정을 표현하는 색깔을 가진 물건

1. 참여자들에게 오늘 나의 기분이 어떤지 생각해보도록 합니다. 오늘 강의에 참여하기 전까지 있었던 일을 생각해보고, 지금 나의 기분이 좋고 행복하다면 초록색, 기분이 보통이라면 노란색, 화가 나거나 스트레스를 많이 받고 있는 상황이라면 빨간색을 선택하도록 안내합니다.
2. 자신의 기분과 가장 가까운 색을 가지고 있는 물건을 가지고 오도록 합니다.
3. 자신의 감정이 어떤지 돌아가며 이야기를 나눕니다. 이때에는 다음과 같은 원칙을 지키도록 합니다.
   ① 어떤 감정도 소중하며 존중하는 태도로 경청합니다.
   ② 이야기를 들으며 비판하거나 해결책을 제시하지 않습니다.
4. 자신의 감정을 나누어 준 참여자들에게 감사의 인사를 합니다.
   "여러분들이 감정을 나누어주셔서 서로를 잘 이해하게 되는 시간이었습니다. 감사합니다."

진행 Tip

1. 자신의 감정을 나타내는 색을 강의자가 정하지 않고 참여자가 자유롭게 생각하게 해도 좋습니다.
2. 서로의 기분을 나눌 때에는 기본 원칙을 사전에 미리 안내합니다.
3. 강의자가 "그랬군요. 오늘 많이 힘들었군요."와 같은 공감의 말을 짧게 덧붙입니다.
4. 매 수업마다 반복해서, 자신의 감정을 자연스럽게 이야기하는 연습이 되도록 합니다.

이렇게도 해 볼 수 있어요!

• 스탬프로 나의 기분 표시하기

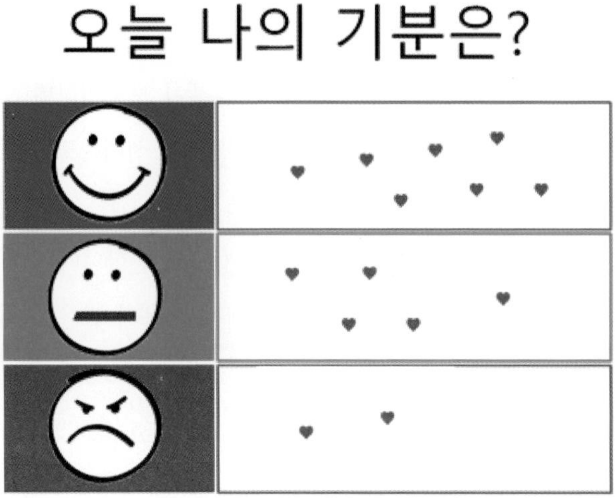

기분을 체크할 수 있는 파워포인트 슬라이드를 만들고 스티커로 표시하게 해도 좋습니다. 스티커는 [화면 공유] – [주석 작성] – [스탬프]에서 선택할 수 있습니다.

감정 온도계

나의 감정 상태를 손을 벌려 표현하는 활동

학습자 참여 중심의 강의를 위해서는 참여자들 간의 어색함을 풀고 서로에 대한 작은 신뢰를 쌓는 것이 필요합니다. 나의 감정 상태를 몸으로 표현하는 활동은 어색함과 긴장을 풀면서 다른 참여자의 감정을 수용하는 분위기를 조성할 수 있습니다. 이런 분위기가 형성되었을 때 참여자들은 서로의 의견이나 생각을 긍정적으로 받아들일 수 있습니다. 감정적인 쿠션이 있는 곳에서는 안전함을 느끼고 자신의 솔직한 이야기를 할 수 있습니다.

• 진행방법

1. 참여자들에게 먼저 눈을 감고 자신의 몸 상태를 느껴보도록 합니다. 그리고 "오늘 나의 에너지 상태는 어떤가요?" 하고 묻습니다. 기분이 아주 좋고 에너지 상태가 높으면 100도, 기분이 아주 좋지 않고 에너지 상태가 낮으면 0도입니다. 0도는 두 손바닥이 위아래로 맞닿은 상태이고, 100도는 팔을 위아래로 화면이 가득 차게 벌리면 됩니다.
2. 강의자가 "하나, 둘, 셋"을 외치면 손바닥 간격으로 생각한 온도를 표현하도록 합니다.
3. 강의자는 이 때 빠르게 전체 화면을 캡처해 둡니다. 혹은 기록 버튼을 클릭하여 3~4초 정도 녹화해 둡니다.

4. 자신의 감정이 어떤지 돌아가며 이야기를 나눕니다.
5. 자신의 감정을 나누어 준 참여자들에게 감사의 인사를 합니다.
6. 강의가 끝나갈 무렵 나의 감정과 에너지 상태가 어떤지 다시 한 번 묻습니다. 강의자의 "하나, 둘, 셋" 신호에 맞춰 같은 방법으로 자신의 온도를 표시하도록 합니다.
7. 강의를 시작할 때와 어떻게 달라졌는지 비교해봅니다. 강의를 시작하며 캡처했던 모습을 화면으로 공유하며 같이 보면 좋습니다. 온도의 변화를 확인해 보고, 왜 그렇게 달라졌는지 이유를 들어볼 수 있습니다.

진행 Tip

1. 온도가 낮은 사람은 자신의 상황을 꼭 이야기하지 않아도 되고, 자신이 말할 수 있는 만큼만 말할 수 있다고 미리 안내합니다. 이야기하기를 부담스러워하는 참여자에게 배려의 모습을 보여주도록 합니다.
2. 화면 안에서 감정의 최대치를 표현할 수 있도록 안내합니다.

이렇게도 해 볼 수 있어요!

- 나의 감정 상태, 에너지 상태를 손가락 점수로도 표현해볼 수 있습니다. 기분이 좋지 않고 힘들면 손가락 1개, 기분이 좋고 에너지 상태가 충만하면 5점으로 표현해봅니다.

- 자신의 감정을 점수로 표현하는 일이 익숙해지면 얼굴 표정이나 몸짓을 활용하여 표현해보도록 할 수도 있습니다. 서로의 표정으로 재미있는 상황이 연출될 수도 있고, 전체 사진을 캡처해두고 강의 마지막에 다시 한 번 전체 사진을 보며 비교하면 즐겁게 온라인 강의를 마칠 수 있습니다.

별명을 불러줘

이름 바꾸기 기능을 활용해 참여자의 이름을 별명으로 바꾸어 대화하는 방법

온라인에서 직접적인 상호작용을 하는 것만큼 중요한 것이 상호작용을 할 수 있는 분위기를 만드는 것입니다. 강의를 시작하며 분위기가 잘 형성되면 참여자와 소통하는 즐거운 강의 분위기가 만들어지지만, 분위기가 잘 형성되지 않으면 강의 내내 강의자에게도 참여자에게도 모두 괴로운 시간이 됩니다.

이름을 재미있게 바꾸는 것만으로도 강의실의 분위기가 유쾌하게 바뀝니다. 꼭 자신의 이름을 써야 한다는 편견은 이제 버려도 좋습니다.

• 진행방법

1. 강의자는 모든 참여자에게 이름 대신 별명을 사용할 것이라고 안내합니다. '순대렐라', '백마탄 환자', '달려야하니' 등과 같은 재미있는 별명 예시도 소개해줍니다.
2. 강의자는 마우스 커서를 자신의 화면 위에 두고 ··· 버튼을 클릭해 [이름 바꾸기]에서 이름을 별명으로 바꿀 수 있도록 안내합니다.
3. 이름을 바꾼 후 강의자는 의도적으로 참여자의 별명을 자주 언급하며 소통을 유도합니다.
4. 다른 참여자를 돌아가며 지목하게 하거나 상대의 별명을 부르는 놀이를 함께 활용하는 것이 좋습니다.

진행 Tip

1. 재미있는 별명을 미리 조사하여 안내하면 참여자가 별명을 선택하는 시간을 단축시켜 줍니다.

   예 아무리 생강캐도 난 마늘, 오즈의 맙소사, 난 앓아요, 안졸리나 졸리지, 역기드는 그녀, F킬라들의 수다, 세일러묵

2. 좋아하는 음식이나 좋아하는 배우의 이름으로 바꾸고 그것에 대해 이야기를 나누어봐도 좋습니다.
3. 팀별로 활동을 할 때에는 팀이름을 앞에 넣어도 좋습니다.

   예 [채소팀] 오이, [채소팀] 배추, [채소팀] 양파

   [주방팀] 후라이팬, [주방팀] 뒤집개, [주방팀] 냄비

동작을 따라 자기소개

한 참여자가 동작과 함께 자기소개를 하면 모든 참여자가 동작을 따라하는 활동

이야기를 할 때 동작을 결합하면 색다른 느낌을 줍니다. 특별한 동작을 하며 자기소개를 할 때 다른 참여자가 그 동작을 같이 따라해 주면 환영받는 느낌을 갖게 합니다.

이 활동은 강의를 시작하며 해볼 수 있습니다. 자기소개를 하며 간단한 동작을 같이 합니다. 다른 참여자들은 그 동작을 함께 따라하며 환영합니다. 서로의 동작을 따라하며 강의를 즐거운 분위기에서 시작할 수 있습니다. 서로를 환영하는 분위기를 만드는 효과적인 활동입니다.

• 진행방법

1. 강의자는 아래의 형식으로 한 명씩 자기소개를 할 것이라고 제시합니다.

> 저는 ~을 좋아하는 000입니다.

2. 자기소개를 할 때에는 소개하는 내용과 관련된 간단한 동작을 함께 하도록 안내합니다.

예 "저는 푹신한 의자에 앉아서 (컵을 들고 마시는 동작을 하며) 아이스 아메리카노 마시기를 좋아하는 김성혁입니다."

3. 이렇게 소개를 하면, 다른 참여자들은 소개한 참여자의 동작을 따라하며 이름을 3번 외칩니다. (컵을 들고 마시는 동작을 하며) "김성혁, 김성혁, 김성혁"
4. 소개를 한 참여자는 다른 참여자를 지목하고 같은 방법으로 반복합니다.
5. 자기소개를 모두 마치고 강의자는 참여자들에게 활동한 소감을 묻거나, 자기소개에 나왔던 좋아하는 특징들을 언급하며 이야기를 이어나갈 수 있습니다.

이렇게도 해 볼 수 있어요!

다양한 내용으로 자기소개를 해보세요. [~을 좋아하는] 부분을 바꿔서 다양한 내용으로 자기소개를 해 볼 수 있습니다.

- 오늘 강의에서 ~이 기대되는
- 오늘 아침에 ~을 먹고 온
- ~ 만큼은 정말 잘하는
- ~ 잘하는 것을 칭찬해주고 싶은

진행 Tip

강의자가 예시로 동작을 취하며 자기소개를 할 때 동작은 크고 과장하며 보여주는 것이 좋습니다. 참여자는 강의자의 시범을 보고 좀 더 적극적인 동작을 할 수 있게 됩니다.

이미지로 소개해요

참여자가 이미지를 활용해서 자기소개를 하는 활동

새로운 참여자들과 강의를 시작할 때 자기소개는 어디에서나 빼놓지 않는 필수 활동입니다. 하지만 자기소개는 언제나 긴장된 순간이기도 합니다. 이 때 이미지를 활용하면 말하는 사람의 부담은 덜고 듣는 사람도 편안하게 이야기를 경청할 수 있습니다. 자신의 휴대폰에서 방문했던 여행지, 좋아하는 반려동물과 같은 사진을 가지고 자기소개를 할 수 있습니다.

● 진행방법

1. 강의자는 참여자에게 적절한 질문을 던지고, 이에 해당하는 이미지를 자신의 휴대폰 혹은 인터넷에서 찾게 합니다.

준비물

자신의 휴대폰에 있는 사진 혹은 인터넷에서 찾은 이미지

예

- 지금 나의 기분은?
- 나에게 가장 소중한 것은?
- 나를 나타내는 사진이 있다면?
- 자기 스마트폰에 저장된 사진 중 가장 인상적인 사진을 고른다면?

2. 모든 참여자가 해당하는 이미지를 찾으면 이미지를 카메라에 보여주며 자기소개를 합니다.

진행 Tip

1. 사진은 참여자의 휴대폰 사진을 활용할 수도 있고 인터넷에서 찾게 할 수도 있습니다. 인터넷에서 이미지를 찾을 때는 픽사베이(https://pixabay.com/) 혹은 언스플래시(https://unsplash.com/) 같은 저작권 걱정 없는 이미지 사이트를 안내하고 활용하게 해도 좋습니다.
2. 자기소개를 할 때는 시간 제한을 둡니다. 한 참여자가 너무 길게 이야기하게 되면 시간이 부족해질 뿐만 아니라 여러 명의 이야기를 들어야 하는 상황에서 활동이 지루해질 수 있습니다.

이렇게도 해 볼 수 있어요!

1. 강의 마지막에 소감을 나눌 때 이미지를 활용해도 좋습니다.
2. 참여자가 찾은 이미지를 [화면 공유]해서 자기소개를 할 수 있습니다. 직접 카메라에 이미지를 들고 보여주는 방법보다는 시간이 더 걸리지만, 사진을 크고 선명하게 볼 수 있어 좋습니다.
3. 참여 인원이 많다면 소그룹으로 나누어 진행하는 것이 좋습니다. 전체 그룹에서 활동하는 것보다 조금 더 편안하고 친근한 느낌으로 대화를 할 수 있습니다.

물건으로 말해요

물건을 찾아와 그 물건에 담긴 의미를 이야기하는 활동

자신의 생각을 직설적으로 표현할 수도 있지만 물건을 통해 은유적으로 표현할 수도 있습니다. 주변에서 자신의 생각을 드러내는 물건을 찾아와 의미를 부여해 봅니다. 물건에 담긴 의미를 이야기하며 서로를 이해합니다. 찾아온 물건에서 예상치 못한 재미를 느낄 수 있습니다.

● 진행방법

• 특정 주제를 드러내는 물건 가져오기

1. 하나의 주제를 주고 그 주제에 해당하는 물건을 찾아오도록 합니다.

"사랑이라는 주제로 물건을 찾아오도록 하겠습니다. 사랑하면 떠오르는 물건이나 누군가로부터 사랑을 느낄 수 있는 물건을 찾아오세요."

2. 물건을 찾아오면 그 물건에 담긴 의미를 같이 이야기 나누어 봅니다.

예 사랑이라는 주제로 찾아온 물건

- 엄마가 해 놓고 간 아침 반찬
- 생일에 주고 받은 편지

• 나를 상징하는 물건 가져오기

서로에 대해서 알아가는 시간으로 자신을 나타내는 물건을 가져오도록 합니다. 실제로 자신이 가장 좋아하는 물건을 가져와도 좋고, 물건에 의미를 담아서 자신을 소개해도 좋습니다.

"지금부터 자신을 나타내는 물건을 찾아오도록 하겠습니다. 제일 좋아하는 인형이나 나와 항상 같이 있는 물건이어도 좋습니다. 자유로운 내 성격을 소개하고 싶다면 끈 하나를 가져와서 자유롭게 움직이며 표현해봐도 좋습니다."

• 특정인을 표현하는 물건 가져오기

참여자가 서로를 잘 아는 구성원이라면 한 명을 지목하고 그 사람을 나타내는 물건을 찾아오도록 합니다. 부정적인 면을 드러내지 않도록 주의하며 찾아온 물건을 보여주고 그 사람의 특성이라고 생각하는 점을 재미있게 표현해봅니다.

"지금부터 안지영님을 나타내는 물건을 찾아보도록 하겠습니다. 긍정적인 모습이 드러나는 물건을 찾아와야 합니다. 예를 들어, 성격이 편안하다면 편안하게 안을 수 있는 쿠션을 가져오고, 똑똑한 성격이라면 연필을 가져와 설명하면 됩니다."

• 어릴 적 사진으로 말하기

1. 자신을 소개할 어릴 적 사진을 가져옵니다. 휴대폰이나 사진첩에 있는 자신의 사진을 찾아옵니다.
2. 사진을 보여주며 언제 어디에서 찍은 사진인지 알려주고 그와 관련된 에피소드를 나누도록 합니다.

• 아무 물건이나 가져와 말하기

1. 어떤 물건이든지 3~4개 정도 물건을 가져오도록 합니다.
2. 카메라 앞에 물건이 잘 보이도록 늘어놓습니다.
3. 강의자는 재미있는 질문을 던집니다. 참여자들은 질문을 듣고 찾아온 물건 중 하나를 선택하여 카메라 앞에 크게 보여줍니다.

예

- 좋아하는 친구가 있다면 어떤 물건을 선물하고 싶은가요?
- 강도가 나타났습니다. 무엇으로 강도를 막겠습니까?
- 사막에 홀로 떨어져 있을 때 가장 필요한 물건은 무엇입니까?
- 도시락을 싸서 소풍을 갔습니다. 수저가 없을 때 대신 무엇을 사용하겠습니까?
- 호수 한가운데 있는 보트 위에 홀로 떠 있습니다. 무엇으로 노를 저어 빠져나오겠습니까?
- 머리빗을 잃어버렸습니다. 무엇으로 머리를 빗을 건가요?
- 결혼을 약속한 상대에게 프로포즈하며 줄 선물은 무엇인가요?

진행 Tip

1. 타이머 시작 전까지는 움직이지 않습니다.
2. 타이머가 끝나기 전까지는 자리에 앉습니다. 물건을 찾아오는 시간은 30~60초를 권장합니다.
3. 학생들의 경우 위험하거나 값비싼 물건을 가지고 오지 않도록 미리 안내합니다.

너는 지금 어디에?

다른 사람이 내 화면 어디에 있는지 찾아보고 지목된 사람은 춤으로 응답하는 활동

온라인 수업에 참여하고 있는 사람들의 얼굴과 이름을 확인할 수 있는 매우 간단한 놀이입니다. 강의자가 한 사람의 이름을 부르면 다른 참여자들은 그 사람의 위치를 손가락으로 표시합니다. 지목받은 사람은 몸을 가볍게 흔들며 응답합니다. 한 명씩 호명하며 가리키는 것만으로도 각 참여자가 동등하게 주목받는 느낌을 갖게 합니다. 또한 춤동작을 보며 서로 기분이 좋아집니다.

• 진행방법

1. ZOOM 화면에서 [갤러리 보기]를 클릭하여 바둑판 모양으로 참여자가 배열되게 만듭니다. 이 때 각 참여자에게는 보이는 사람들의 순서가 다릅니다. 예를 들어, 첫째 줄에 '길동, 콩쥐, 흥부' 순서로 보이는 사람도 있고 '놀부, 팥쥐, 길동' 순서로 보이는 사람이 있습니다.
2. 강의자의 "하나, 둘, 셋" 구호에 맞추어 다같이 "너는 지금 어디에?"라고 외칩니다. 강의자는 한 사람의 이름을 부릅니다. "콩쥐!"
3. 참여자들은 콩쥐가 자신의 화면에 어디에 있는지 보고 자신보다 위에 있으면 손가락으로 위를 가리킵니다. 아래에 있으면 아래, 대각선 위라면 대각선 위를 손가락으로 가리킵니다. 모두가 다 함께 자신의 위치에서 어느 쪽에 있는지를 가리킵니다.
4. 지목을 당한 '콩쥐'는 환하게 웃으며 리듬을 타거나 몸을 가볍게 흔듭니다.
5. 강의자가 다시 "하나, 둘, 셋" 구호를 외치면 다같이 "너는 지금 어디에?"라고 외칩니다. 앞에서 지목을 당한 '콩쥐'가 다음 사람의 이름을 부릅니다. "흥부!"
6. 모든 참여자가 흥부를 손가락으로 가리킵니다. 흥부는 가볍게 웃으며 몸을 흔듭니다.

진행 Tip

1. ZOOM 화면에서는 사람들이 모두 다른 위치에 보이기 때문에 가능한 놀이입니다. 어떤 참여자가 있는지 한 명씩 확인하며 소속감을 줄 수 있는 간단하지만 즐거운 놀이입니다. 강의를 시작하며 아이스브레이킹으로 하기에 좋은 활동입니다.
2. 손가락으로 어디를 가리키는지는 중요하지 않습니다. 즐거운 분위기를 만드는 것이 중요합니다. 손가락으로 가리킬 때 강의자는 즐거운 음악을 틀어도 좋습니다.
3. 춤추는 것을 부끄러워 할 수도 있습니다. 가볍게 몸을 흔들거나 손으로 하트와 같이 모양을 만들어도 좋다고 안내합니다.
4. 스마트폰으로 참여하는 경우 전체 참여자를 한눈에 보기 어렵습니다. 이런 경우에는 호명하는 참여자가 강의자의 화면을 기준으로 어디에 있을지 예상하여 가리키게 합니다.

주제 말하기

특정 주제에 대해 짧게 돌아가며 이야기 나누는 방법

나는 오늘 아침에	내가 먹었던 가장 맛있는 음식은
내일 전쟁이 일어난다면 꼭 가져갈 물건 1가지는	내가 가장 바보 같다고 느꼈을 때는

서로 소통하는 강의가 되기 위해서는 입을 여는 시작이 중요합니다. 그런 점에서 편안하면서도 재미있는 주제로 서로의 이야기를 나누면 입과 함께 마음도 열리게 됩니다. '내가 좋아하는 물건', '내가 24시간 동안 하고 싶은 일'처럼 주제를 정하고 모든 참여자가 이야기를 나눕니다. 때로는 '나를 상징하는 사물'과 같이 은유를 사용해 표현하는 것도 좋습니다. 짧지만 다른 참여자의 이야기를 듣는 것만으로도 서로 연결되어 있음을 느끼게 됩니다.

• 진행방법

1. 강의자는 손을 흔들며 "안녕하세요."라고 인사합니다.

준비물

오늘의 이야기 주제

2. 오늘 주제에 대해 안내하고 차례대로 이야기를 나눕니다. 강의자가 가장 먼저 시작하는 것이 좋습니다. 참여자의 수에 따라 시간 제한을 둘 수도 있습니다.

예

- 나는 오늘 아침에 ________________
- 내일 전쟁이 난다면 꼭 가져갈 물건 한 가지는 ________________
- 나를 물건으로 표현한다면 ________________
- 내가 가장 바보 같다고 느꼈을 때는 ________________
- 내가 먹었던 가장 맛있는 음식은 ________________
- 내가 제일 좋아하는 노래는 ________________
- 만일 내일 종말이 온다면 나는 ________________
- 내가 화날 때는 ________________
- 최근 가장 배꼽 빠지게 웃었던 일은 ________________
- 내가 앞으로 하고 싶은 일은 ________________

3. 한 사람의 이야기가 끝나면 다음 사람을 지목하여 차례대로 이어나갑니다.

진행 Tip

1. 대화 주제를 참여자 수만큼 준비해서 모든 참여자가 다른 주제로 답하게 해도 재미있습니다.
2. 시간 제한이 필요하다면 타임키퍼 역할을 두는 것도 좋습니다. 그렇지 않으면 예상보다 너무 많은 시간을 사용하게 될 수 있습니다.
3. 다음 사람을 지목할 때 참여자 명단이 들어있는 뽑기 프로그램을 사용해도 좋습니다.

제시어로 말해요

강의자가 보여주는 제시어를 넣어 돌아가며 말하는 방법

*** 아래 제시어를 골라 근황을 말해주세요.***

코로나	등교	개학	방학	확진자	학생
동학년	학교	집	카페	약속	운동
마리아	블랙핑크	싹쓰리	아이유	방탄소년단	세븐틴
학습놀이	체계적 교수학습법	블룸	게이미피케이션	비고츠키	피아제

돌아가면서 이야기를 나누며 시작하는 것은 참여자들의 마음과 입을 열기 위해 중요합니다. 하지만 매번 같은 활동이 반복된다면 지루할 수 있습니다. 때로는 강의자가 제시어를 보여주고 참여자가 자신의 상황에 맞는 것을 골라 먼저 이야기해도 좋습니다. 강의자는 ZOOM의 주석 기능을 이용하여 발표자가 사용한 제시어를 체크합니다. 모든 제시어를 활용하여 발표하면 의외의 재미있는 상황이 연출됩니다.

• 진행방법

준비물

다양한 제시어가 담긴 파워포인트 슬라이드

1. 강의자는 제시어를 준비합니다. 참여자와 관련이 있거나 최근 상황과 연관된 단어로 만드는 것이 좋습니다.
2. 강의자는 먼저 하나의 제시어를 골라 요즘 나의 근황을 이야기합니다.
   "저는 '운동'이라는 단어를 골랐어요. 요즘 밤마다 달리기 운동을 하고 있어요. 그런데 집에 가면 배가 고파 야식을 먹으니 요즘 살이 더 쪘답니다."
3. 이야기가 끝나면 주석 메뉴에서 스탬프를 사용해 제시어에 체크합니다.
4. 이어서 다음 참여자를 지목합니다. 마찬가지로 제시어 중 하나를 골라 자신의 근황을 이야기합니다.

진행 Tip

1. 참여자가 제시어를 한 번 사용했다면 다른 참여자가 다시 사용하지 않습니다.
2. 강의에 먼저 입실한 참여자에게 제시어 선택에서 우선권을 주면 자연스럽게 다음 강의에 지각하지 않게 만드는 효과가 있습니다.

소떡소떡 스토리텔링

앞사람의 이야기 중 마지막 문장이나 일부 단어를 이용해 내 이야기를 이어가는 활동

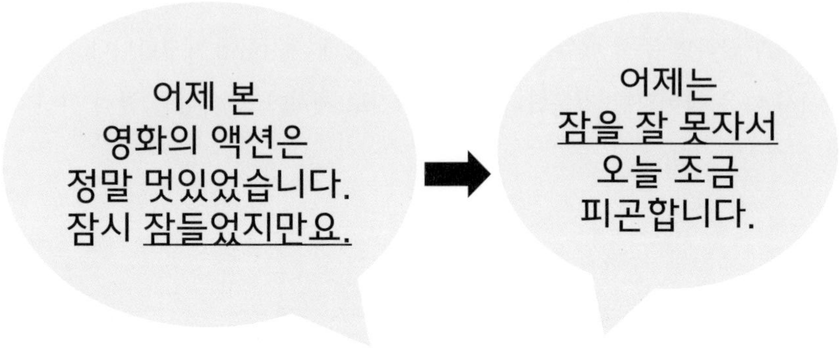

다른 참여자의 말을 잘 경청해야만 자신의 이야기를 할 수 있는 활동입니다. 참여자는 반드시 이전 참여자가 이야기했던 내용 중 마지막 문장이나 일부 단어를 사용하여 자신의 이야기를 해야 합니다. 다른 참여자의 이야기를 긴장하며 열심히 듣는 분위기 속에서 때때로 독특한 이야기가 나오게 되어 웃음이 터지게 됩니다.

• 진행방법

1. 한 명씩 돌아가며 지난 주말에 있었던 일을 두세 문장으로 이야기합니다.
2. 이야기를 마치면 그 다음 사람은 앞 사람이 이야기한 마지막 문장을 사용해 이야기를 시작하거나 앞사람이 사용한 일부 단어를 사용해 자신의 이야기를 이어갑니다.

> **예**
> - 호동: 영화관에서 영화를 보았습니다. 영화를 보다가 팝콘을 쏟아서 뒷수습을 하느라 혼났습니다.
> - 영길: 전 뒷수습 하느라 혼날 만큼의 큰 일은 없었습니다. 주말에는 별일 없이 집에서 책보다가 밥 먹고 누워있다가 또 밥을 먹었습니다.
> - 상순: 지난 주말에 맛있는 밥을 먹었습니다. 오랜만에 친구를 만나 제가 좋아하는 초밥을 먹었죠.

3. 자신의 이야기를 마친 사람은 다음 사람을 지목합니다. 누가 지목될지 모르기 때문에 모두가 이야기에 집중하여 듣게 됩니다.

진행 Tip

1. 이야기가 굳이 자연스럽지 않아도 괜찮습니다. 그 부분이 웃음 포인트가 됩니다.
2. 익숙해지면 '앞 사람이 사용한 단어는 말하지 않기'와 같이 변형하여 진행할 수 있습니다.

모션 인사

모션으로 인사를 나누며 강의를 시작하는 방법

인사는 서로 친해지는 느낌을 갖게 합니다. 강의를 함께 수강하는 참여자들 간에 서로 연결되는 느낌을 가지면 강의에 보다 적극적으로 참여하게 됩니다. 인사를 말로 할 수도 있지만 팔꿈치, 손가락, 양손 등 신체를 활용할 수도 있습니다. 모션으로 나눌 수 있는 다양한 인사법에 대해 소개합니다.

● 진행방법

1. 강의자는 오늘 해볼 인사법을 소개합니다.

예

- 손하트 인사
- 하이파이브 인사
- 팔꿈치 인사
- 주먹 부딪히기 인사
- 양손 맞대기 인사
- 한 손가락 맞대기 인사
- 양손 흔들기 인사
- 세계 여러 나라의 인사법

2. 한 명의 참여자를 선택하고 시범을 보입니다.

3. 다 같이 카메라에 가까이 와서 동시에 하나의 동작으로 인사를 나눕니다.

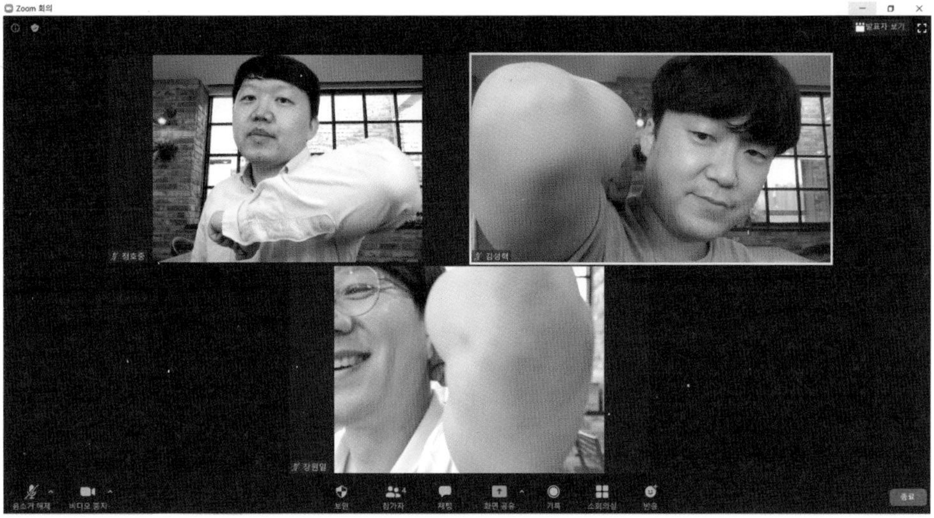

진행 Tip

1. 카메라 앞으로 와서 동작을 크게 보여줍니다.
2. 참여자가 원하거나 알고 있는 인사법을 묻고 그것으로 해봐도 좋습니다.
3. 한 명씩 다음 사람을 지목하며 차례대로 인사해볼 수도 있습니다.

함께 불러요

짧은 노래를 함께 불러서 래포를 형성하고 즐거움을 더하는 활동

오프라인 강의에서나 온라인 강의에서나 참여자들과 함께 노래를 부르는 것은 연대감을 형성하는 데 효과적입니다. 교실 수업에서 활용할 경우, 학급 구성원이 정한 반가를 함께 부르면 '우리는 한 반이다'라는 소속감을 느낄 수 있습니다.

강의를 시작하며 부르는 노래는 긴장된 몸과 마음을 풀어주고, 마지막에 부르는 노래는 즐거운 분위기로 마무리를 할 수 있게 해줍니다. 노래는 분위기가 밝으면서도 의미 있는 가사를 담고 있는 짧은 노래를 선택하는 것이 좋습니다.

실제로 온라인에서 노래를 불러보면 참여자의 소리가 동시에 들리지 않고 끊기면서 들릴 수도 있는데, 이런 불협화음이 이 활동의 재미를 더해줍니다.

• 진행방법

1. 채팅창을 통해 함께 부를 노래 가사를 전체 참여자에게 안내합니다. 밝고 가벼우면서도 강의 주제와 관련이 있는 노래가 좋습니다.

준비물

함께 부를 노래의 가사

"날개를 활짝 열고 세상을 자유롭게 날거야
노래하고 춤추는 나는 아름다운 나비"

2. 강의자가 노래를 먼저 부릅니다. 노래를 부를 때에는 반주 음악 없이 목소리로만 부르는 것이 좋습니다.
3. 참여자는 강의자의 시범을 따라서 노래를 함께 부릅니다.

진행 Tip

1. '함께 불러요' 활동을 하기 위해서는 강의자가 먼저 적극적으로 노래를 시작하는 것이 필요합니다. 강의자가 적극적인 모습을 보여주면 노래 부르는 것에 소극적이었던 참여자도 용기를 내어서 참여할 수 있습니다.
2. 네트워크 상황에 따라 노래를 모두 맞춰 부르기 어려울 수 있습니다. 이런 경우 허밍으로 음을 맞추어도 좋습니다.

소통을 위한 상호작용 활동

물건을 찾아라

강의자가 안내하는 물건을 재빨리 찾아오는 활동

강의자가 다양한 물건 목록을 알려주고 참여자들이 자신의 주변에서 그 물건을 찾아오는 활동입니다. “연필을 찾아오세요.”, “컵을 가져오세요.”와 같이 직접적인 물건의 이름을 말할 수도 있지만 물건의 특징을 알려주고 해당 물건을 가져오도록 할 수 있습니다. 컴퓨터 앞에 계속 앉아만 있는 참여자들의 몸을 움직이게 하여 주의를 환기시키게 하는 활동입니다.

● 진행방법

1. 강의자가 찾아와야 할 물건 목록을 안내합니다.
2. 참여자들은 정해진 시간 내에 해당 물건을 찾아옵니다.
3. 찾아온 물건을 확인하고 성공한 사람에게 축하의 박수를 보내줍니다.

진행 Tip

1. 타이머를 켜두고 제한된 시간 안에 물건을 찾아오도록 합니다.
2. 찾아야 하는 목록은 주변에서 흔히 볼 수 있는 물건이어야 합니다.

이렇게도 해 볼 수 있어요!

1. 강의 중 중요한 어휘를 책에서 찾도록 합니다. 특히 학생의 경우에는 중요 단어를 교과서에서 찾아보고 해당 문장을 읽도록 합니다.
2. 수학 개념을 익힐 수 있을 만한 물건을 찾아오도록 합니다. 다음과 같은 예가 있습니다.

순	익힐 개념	찾아올 물건
1	길이	10cm, 1m 길이의 물건을 찾아오세요.
2	들이	1L, 100mL짜리 그릇을 찾아오세요.
3	형태	원통, 직육면체, 구 형태의 물건을 찾아오세요.
4	홀짝	물건을 홀수 개 혹은 짝수 개만큼 가져오세요.

3. 초성을 이용해 물건을 찾아오도록 합니다. "'ㄱ'으로 시작하는 물건을 찾아오세요."

맞춰라~ 몇 명이냐

ZOOM의 비디오기능을 활용하여 공통된 경험을 한 참여자 수를 예상해보는 활동

참여자 한 명이 문장 말하고 예상하기

같은 경험이 있는 참여자는 비디오 켜기

참여자 간에 관계를 맺게 하는 효과적인 방법 중에 하나는 공통점을 찾는 것입니다. 사람은 누구나 나와 공통점이 있는 사람과 만났을 때 친근한 느낌을 받기 때문입니다. 비디오를 켜고 끄는 기능을 활용해서 서로의 공통점을 재미있게 찾아볼 수 있습니다. 같은 경험을 했을 참여자 수를 예상해보고 확인하는 과정 속에서 배움 이전에 관계가 자리하도록 도울 수 있습니다.

• 진행방법

준비물

포스트잇, 사인펜

1. 참여자는 자신의 경험을 아래 문장과 같이 포스트잇에 적습니다.

   • 나는 (   ) 한 적이 있다.

   예
   나는 하루에 라면을
   3번 먹은 적이 있다.

2. 전체 참여자 중 같은 경험을 한 사람이 몇 명 정도 될지 예상한 숫자를 포스트잇 뒷장에 적습니다.
3. 강의자는 발표자를 제외한 참여자의 비디오를 끄도록 안내합니다.
4. 강의자는 먼저 자신이 적은 문장을 읽고 같은 경험을 했을 것으로 예상되는 참여자의 숫자를 말합니다.
5. 강의자의 이야기를 듣고 자신도 그런 경험을 한 적이 있으면 비디오를 켭니다.
6. 비디오가 켜진 참여자 수를 확인해서 예상한 숫자와 맞으면 함께 축하의 박수를 보내줍니다.
7. 다음 참여자를 지목하고 활동을 반복합니다.
8. 모든 참여자가 활동을 마치면 참여자와 활동 소감을 나눕니다.

진행 Tip

강의자는 참여자의 특별한 경험을 듣고 인터뷰로 이어나갈 수 있습니다.
예) 라면을 하루에 3번이나 먹었다고 했는데, 그렇게 먹게 되었던 이유가 있나요?

이렇게도 해 볼 수 있어요!

1. 공감 키워드를 찾아라

특정 주제에 대해 참여자가 작성할 답을 예상하고 점수를 주는 공감 퀴즈로 바꿔 볼 수 있습니다.

① 참여자에게 주제를 제시하고 떠오르는 낱말을 3개 적게 합니다. 예를 들어, '여름'이라는 주제를 듣고 관련된 단어인 해수욕장, 아이스크림, 더위 등을 떠올릴 수 있습니다. 단, 이 때 다른 참여자가 쓸 것이라고 예상한 단어를 적습니다.

② 발표자를 제외한 참여자는 비디오를 켭니다. 발표자는 자신이 적은 단어 중에 하나를 이야기하고, 다른 참여자는 자신이 적은 것 중에 그 단어가 있으면 비디오를 켭니다.

③ 강의자는 비디오가 켜진 숫자를 세어서 그 단어를 쓴 참여자들에게 점수를 부여합니다. 예를 들어, 해수욕장을 쓴 참여자의 수가 8명이라면 그 단어를 쓴 모든 참여자가 8점을 얻습니다.

④ 다음으로 지목 받은 참여자는 앞에서 나오지 않았던 단어 중에 하나를 말하고 같은 방법으로 반복합니다.

⑤ 마지막 참여자까지 활동을 하고 가장 점수가 높은 사람을 '공감KING'으로 선정할 수 있습니다.

2. SO SPECIAL!!

앞과 반대로 주제를 '아무도 안 해보았을, 나만이 해 봤던 경험'으로 바꿔서 진행할 수도 있습니다. '나만이 해보았을 것 같은 특별한 경험'을 적고 발표합니다. 그런 경험을 해본 적이 있는 참여자는 비디오를 켜도록 합니다. 한 바퀴를 돈 후 비디오를 켠 참여자의 숫자가 가장 적은 발표자를 'SPECIAL KING'으로 선정할 수 있습니다.

- 나는 (　　)도 해보았다.

예 나는 휴지 없이 볼일을 본 적이 있다.

일대일 토론

[모두에게 추천] 기능을 활용하여 두 참여자가 1:1로 토론하는 활동

[모두에게 추천] 기능을 활용하면 각 팀의 발언자를 참여자 전체가 큰 화면으로 보면서 토론을 진행할 수 있습니다. 찬성과 반대로 팀을 나누어 각 팀의 대표를 한 명씩 [모두에게 추천]하고 정해진 시간 동안 1:1 토론을 하도록 합니다. 팀별로 토론을 위한 작전타임 시간을 소그룹별로 갖도록 한 뒤, 또 다른 2명을 대표로 추천하여 1:1 토론을 이어가는 활동입니다.

• 진행방법

1. 강의자는 토론의 주제를 안내합니다. "오늘 토론의 주제는 '홍길동이 부자들의 돈을 빼앗아 가난한 사람들에게 나누어 준 것은 옳은 일인가?'입니다."
2. 참여자 전체를 찬성측과 반대측으로 나눕니다. 찬성측은 자신의 이름 앞에 [찬성]이라고 이름을 바꾸고 반대측은 [반대]라고 이름을 바꿉니다.
3. 자신의 입장을 근거와 함께 간단하게 종이에 정리합니다.
4. 양측의 대표를 정합니다. 강의자는 양측의 대표를 [모두에게 추천]으로 선택하여 1분 동안 각각 입론을 발표하도록 합니다.
5. 강의자는 소회의실을 2개 만들어 찬성측과 반대측으로 나누어 배정합니다. 소회의실에서 양측은 자신들의 의견을 정리하고 상대의 의견에 반론을 준비합니다.
6. 전체 회의실로 모여 1:1 토론을 합니다. 양측의 발표자를 한 명씩 선정하여 [모두에게 추천]으로 크게 보이게 합니다. 각 발표자는 2분간 자유롭게 자신의 의견을 말하고 상대의 의견에 반론을 제시합니다. 다른 참여자들은 참관합니다.
7. 2분이 지나면 대표자 교체의 시간을 갖습니다. 다른 발표자를 한 명씩 선정하고 다시 [모두에게 추천]으로 크게 보이게 합니다. 두 명은 다시 2분간 자유롭게 의견을 말하고 반론을 제시합니다.
8. 같은 방법으로 일정한 시간 동안 이어나갑니다.
9. 양측 대표가 1분씩 마지막 변론을 합니다. 강의자가 양측의 주장을 평가하고 최종 마무리 합니다.

진행 Tip

1. 양측의 발표자를 선정할 때는 발표를 원하는 사람이 손을 들도록 합니다.
2. 2분간 양측이 1:1 토론을 할 때는 의견 제시와 반론을 자유롭게 하도록 합니다. 다만, 한 명이 발언을 독점하지 않도록 시간을 적절히 안배합니다.
3. 찬성과 반대 그룹 외에 판정단 그룹을 운영할 수도 있습니다. 판정단끼리 소회의실에 모여 토론의 판정 기준을 어떻게 할 것인지 결정하도록 합니다.

짝 인터뷰

준비된 예시 질문을 활용하여 소회의실에서 서로 인터뷰하는 활동

모든 사람은 1:1로 만나 관계를 맺고 싶어합니다. 사람은 누구나 중요한 존재이고 싶고 자신의 이야기를 들어주기를 바라기 때문입니다. 온라인 강의에서 소회의실을 활용하면 참여자 간에 1:1로 만나 서로 질문을 주고 받을 수 있습니다. 부담 없는 질문들을 통해 친밀감을 높이고 서로에 대해 알아가는 짝 인터뷰를 소개합니다.

• 진행방법

1. 강의자는 소회의실에서 참여자들이 주고 받을 질문을 미리 준비합니다. 질문은 강의주제와 관련된 것으로 정하고, 화면 공유를 통해 참여자에게 제시합니다.

준비물

예시 질문

예

- 좋아하는 영화를 소개한다면?
- 최근에 감사한 일 세 가지는 무엇인가요?
- 수업을 하면서 가장 힘든 점은 무엇인가요?
- 좋은 강의의 특징은 무엇이라고 생각하나요?

2. 소회의실을 만들어 참여자 두 명씩 자동으로 배정하고 제시된 질문을 가지고 이야기를 나누도록 안내합니다.
3. 누가 먼저 질문할지 정하고 예시의 질문을 활용해서 인터뷰합니다.
4. 소회의실을 나온 후 다시 참여자를 바꾸어 소회의실을 배정합니다. [모든 회의실 다시 만들기] 버튼을 누르고 같은 방식으로 진행합니다.
5. 짝 인터뷰 활동이 끝나고 전체 회의실에서 희망자를 받아 소감을 들어 봅니다.

진행 Tip

1. 참여자를 바꾸어 소회의실을 다시 배정하고 싶다면 [소회의실] 버튼을 누른 후 [다시 만들기]를 클릭합니다. [자동으로 할당]에 체크한 후 [다시 만들기]를 누릅니다.

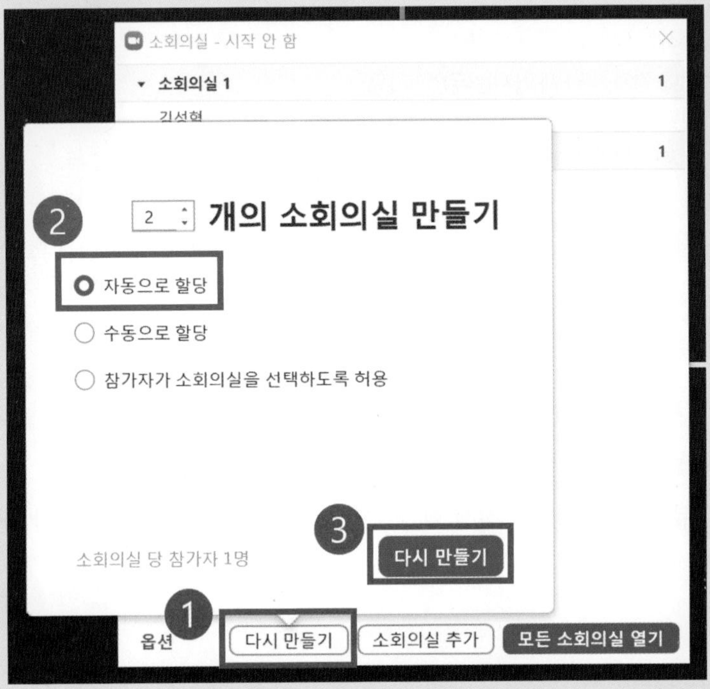

2. 강의자는 ZOOM의 [메시지를 전체에게 브로드캐스트] 기능을 활용해서 중간중간 남은 시간을 안내해주는 것이 좋습니다.

팀 발표, 서로 질문하고 답하기

참여자들 간에 강의 내용에 대해 서로 질문하고 답변하게 하는 방법

강의자와 참여자 간의 상호작용 못지않게 중요한 것이 바로 참여자들 간의 상호작용입니다. 특히 참여자들의 배움을 확장시키고 온라인 공간에 활력을 불어넣는 방법 중 하나가 서로 질문하고 답하는 것입니다. 팀 발표 내용에 대해 서로 묻고 답하는 과정 속에서 배움이 깊어지고 상상력은 더 커갈 것입니다.

준비물

조사 주제 미션

- 진행방법

1. 강의자는 팀별로 서로 다른 조사 미션을 부여합니다.

팀 조사 주제 – 강원도 여행지

1팀	강원도 여행지 **영월** 소개
2팀	강원도 여행지 **철원** 소개
3팀	강원도 여행지 **속초** 소개

2. 각 팀마다 소회의실에서 모여 조사 미션을 어떻게 수행할지 논의합니다.
3. 역할을 나누고 조사 미션을 수행합니다. 조사한 내용은 구글 프레젠테이션에 정리하도록 강의자가 사전에 안내합니다.

채팅

나로부터 에게 모두:
https://docs.google.com/presentation/d/1HHYK5VZjZ1r3fvmgDOjYLAyKYrSXCumUL4aVAdVMJpk/edit?usp=sharing
팀별로 조사한 후 여기에 정리해주세요.

4. 정해진 시간이 다 되면 소회의실을 나와 전체 회의실로 돌아옵니다.
5. 한 팀씩 발표를 시작합니다.
6. 다른 팀에서 발표한 내용에 대해 질의합니다. 답변은 발표 팀원 누구나 할 수 있습니다. 필요에 따라 강의자가 개입하여 설명을 보충합니다.
7. 같은 방식으로 모든 팀이 발표하고 질의응답 과정을 거칩니다.
8. 강의자가 핵심 내용에 대해 정리합니다.

진행 Tip

1. 강의자는 유쾌한 분위기로 질의응답이 활발할 수 있는 분위기를 만듭니다.
2. 질의응답이 활발하지 않다면 팀마다 질문 수를 정해주는 것도 좋습니다.

이렇게도 해 볼 수 있어요!

1. 교재 내용에 대해 퀴즈 주고받기

강의자의 강의 후 참여자들은 서로 배운 내용에 대해 퀴즈를 주고받을 수 있습니다. 퀴즈를 만드는 것은 강의 내용을 충분히 이해해야 가능하므로 강의 후 잠시 개인 공부시간을 확보해주는 것도 좋습니다.

2. 발표자가 질문하기

질문은 발표를 들은 사람이 발표를 한 사람에게 하는 것이 일반적입니다. 하지만 반대로 해보아도 재미있습니다. 팀 발표 후에 발표를 잘 들었는지 발표자가 묻는 것입니다. 특정 참여자를 지목해서 묻는 방식으로 운영할 수도 있습니다. 이 방식은 강의에 긴장감을 주고 발표를 경청하게 하는 장점이 있습니다.

화이트보드 소그룹 발표

화이트보드 기능을 사용하여 소그룹 활동 결과를 발표하는 방법

미래 사회 변화 예측 **1. 기후변화** 온난화 심각- 홍수와 같은 자연재해가 더욱 심각해 질 것 **2. 에너지 변화** 석탄과 석유 등 지하자원의 고갈 태양열, 풍력, 지열 등 자연에너지 사용의 보편화

ZOOM에 내장된 화이트보드를 잘 활용하면 참여자들의 소그룹 활동을 보다 풍성하게 만들 수 있습니다. 소그룹 활동에서 조사하거나 정리한 내용을 화이트보드에 기록합니다. 정리한 내용을 전체 회의실에서 발표하면 소그룹 활동 결과를 쉽게 확인할 수 있습니다. 화이트보드에 기록한 내용을 파일로 저장하여 포트폴리오로 남길 수 있습니다.

• 진행방법

1. 강의자는 소그룹에서 팀원들끼리 논의할 내용을 제시합니다.
2. 참여자들이 제시된 주제에 대해 이야기를 나누도록 소회의실을 개설합니다. 참여자들은 기록자를 선정한 후 [화면공유]–[화이트보드]를 선택하여 논의한 내용을 화이트보드에 정리합니다.

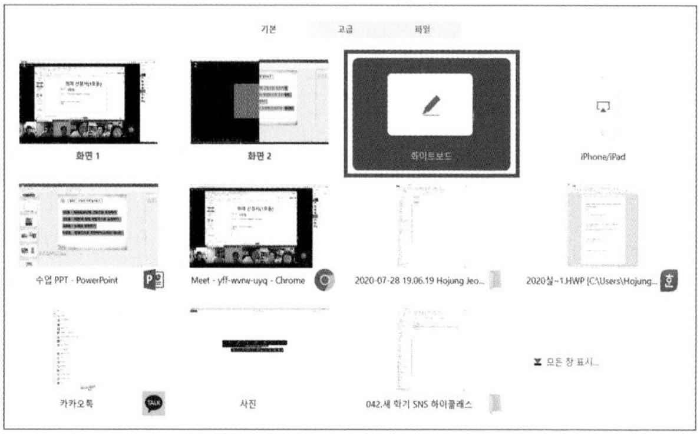

3. 대화가 끝나면 논의한 내용을 그림 파일로 저장하도록 합니다.

4. 소회의실을 나와 전체 회의실에서 팀별로 논의한 내용을 공유하도록 합니다. 그림 파일로 저장한 내용을 화면 공유 기능으로 모두가 볼 수 있게 합니다.
5. 발표가 끝나면 강의자가 피드백을 하고, 같은 방식으로 다음 팀의 발표를 듣습니다.

진행 Tip

1. 팀원들이 동시다발적으로 이야기를 적는 것보다 한 명의 기록자를 정해 정리하는 것이 좋습니다.
2. 마우스로 필기하는 것보다 텍스트 입력 기능을 사용하면 보다 깔끔하게 정리할 수 있습니다.

이렇게도 해 볼 수 있어요!

1. 화이트보드를 분할하여 쓰기

화이트보드를 선으로 분할하여 기록자뿐만 아니라 팀원 모두가 말하는 내용을 각자 스스로 정리할 수 있습니다.

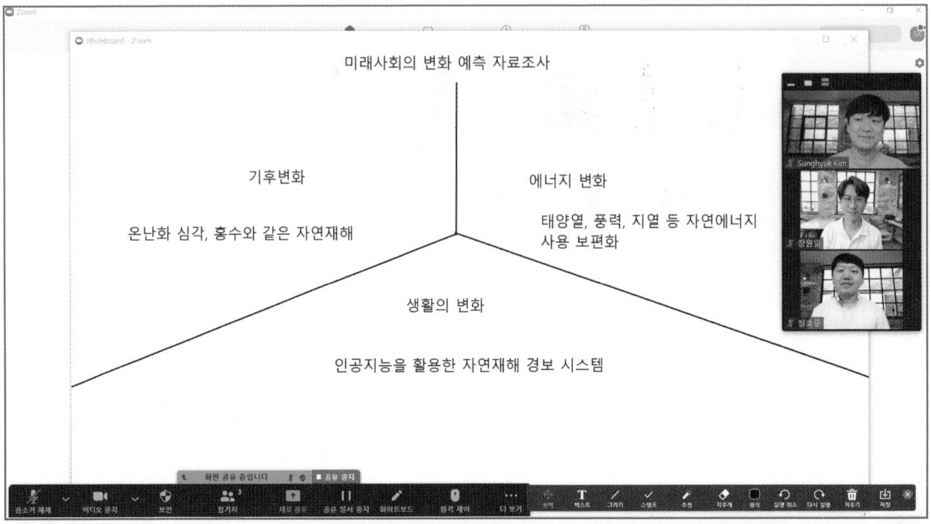

2. 화이트보드에 그림으로 그리기

꼭 모든 것을 글로 정리할 필요는 없습니다. 때로는 그림이 주는 상징이 참여자들에게 재미를 선사하기도 합니다.

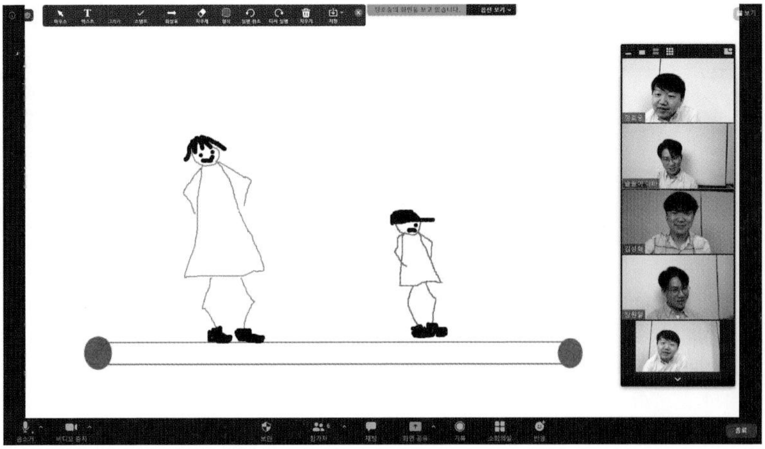

미션 방탈출

팀별로 소회의실에 들어가 미션을 풀면 방을 탈출하는 활동

'방탈출 놀이'는 팀에 미션을 주고 미션을 해결한 사람만이 방 밖으로 나올 수 있게 한 게임입니다. 방탈출 게임방이 형성될 정도로 인기 있던 이 놀이를 ZOOM의 소회의실 기능을 적용하면 온라인 수업에 적용할 수 있습니다. 소회의실에 있는 팀에게 미션을 주고 그 미션을 성공한 팀만 방에서 탈출하는 것입니다. 방을 탈출해야 하는 공동의 목표가 있기에 긴장감을 가지고 활동에 몰입하게 됩니다. 강의와 관련된 미션을 4~5가지 제시하고, 이 문제를 해결한 팀은 방문을 열 수 있는 힌트를 얻어 탈출하는 스토리로 놀이를 진행합니다.

• 진행방법

준비물

팀별 미션 문제

1. 강의자는 참여자를 4명씩 소회의실에 배정합니다.
2. 간단한 스토리텔링으로 상황을 설정합니다. "여러분은 이제 20분 동안 소회의실에 갇히게 될 것입니다. 이 소회의실은 20분 안에 나오지 않으면 폭파되는 폭탄이 설치되어 있습니다. 방을 나오기 위해서는 5자리 비밀번호를 맞추어야 합니다."
3. 참여자들에게 방을 탈출하기 위한 규칙을 화면 공유로 안내합니다.

- 강의자가 제시한 미션을 해결하거나 문제를 풀어 비밀번호를 풀 수 있는 힌트를 모읍니다.
- 시간 내에 비밀번호를 알아낸 팀은 방에서 안전하게 탈출할 수 있습니다.
- 모든 미션을 해결하는 데 필요한 시간은 20분입니다.

4. 강의자는 소회의실을 열고, 참여자는 소회의실로 들어갑니다.
5. 강의자는 전체 회의실에서 [브로드캐스트] 기능을 활용해서 참여자에게 첫 번째 문제를 제시합니다.

미션1. 세계에서 인구가 5번째로 많은 국가의 수도와 인구가 5번째로 적은 국가의 수도를 말하시오.

6. 인터넷 검색 등 다양한 수단을 활용해 소회의실에서 팀원이 협력하여 문제를 풀고, 정답을 알아낸 팀은 한 사람만 전체 회의실로 나와서 강의자에게 정답을 비공개 채팅으로 전송합니다.
7. 전송한 답이 정답이면 강의자는 채팅으로 비밀번호 첫 자리와 두 번째로 해결해야 하는 문제를 알려줍니다. 오답인 경우 다시 소회의실로 돌아가 문제를 풀도록 합니다.
8. 같은 방법으로 반복해서 활동하고 시간 내에 비밀번호를 맞춘 팀은 팀원 모두가 방에서 탈출합니다.
9. 정해진 시간이 끝나면 전체 회의실에서 활동에 참여한 소감을 이야기 나누도록 합니다.

진행 Tip

1. 참여자에게 제공하는 문제는 해당 수업과 관련된 것을 바탕으로 하되 난센스, 상식 등을 조합해서 내도 좋습니다.
2. 다른 팀에 비해 문제를 해결하는 속도가 느린 팀이 있다면 강의자가 추가 힌트를 제공하도록 합니다.

역할극

특정 상황을 연기를 통해 보여주는 방법

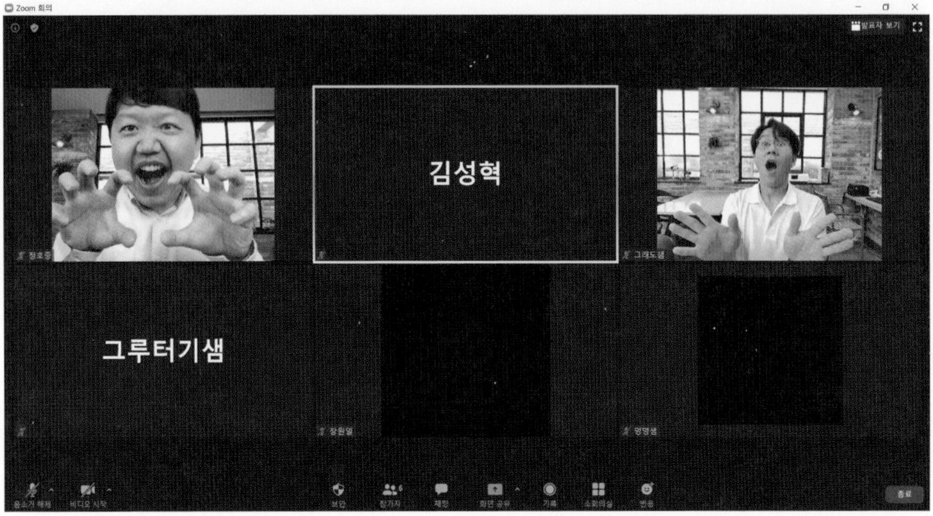

역할극을 통해 다른 사람의 연기를 보는 것은 참여자들에게 매우 큰 흥미를 불러일으킵니다. 핵심적인 장면을 상황극으로 보면 말로 설명을 듣는 것보다 훨씬 이해가 잘되고 재미있습니다.

많은 강의자들은 온라인에서 참여자가 연기를 연습하고 이를 다른 참여자에게 발표하는 방식이 어렵다고 생각합니다. 하지만 비디오를 켜고 끄는 것, 소회의실, 채팅 등 ZOOM의 몇 가지 기능만 잘 활용하면 온라인에서도 재미있게 역할극을 할 수 있습니다.

• 진행방법

1. 강의자는 팀을 구성한 화면을 공유하여 참여자가 자신의 팀을 알 수 있도록 합니다.

준비물

상황을 설명하는 미션

1팀	2팀
유선호, 김진희, 장현숙	정민성, 안강혁, 이나래
3팀	4팀
오진수, 민영순, 임유현	전지연, 박기용, 한광석

2. 팀별로 상황이 담긴 역할극 미션을 공유 화면으로 보여줍니다. 이때 각 팀이 서로의 미션을 몰라야 한다면 모두 눈을 감게 하고 해당 팀만 눈을 떠 미션을 확인하게 할 수 있습니다. 또는 비밀 채팅 기능을 이용해 팀장에게 미션을 전달할 수도 있습니다.

2팀 미션 - 대본에 맞춰 역할극으로 표현하기

1. 여러분은 가족끼리 집안일을 나누어 하는 모습을 역할극으로 표현할 것입니다.
2. 팀 안에서 아빠, 엄마, 나, 형이나 누나, 동생 등 하나의 역할을 나누어 맡습니다.
3. 역할을 정하는 장면과 실제 집안일을 하는 장면을 대사와 몸 동작으로 실감나게 연기해 주세요.
   (1분 이내로 짧게, 과장하기, 즐기기)

3. 소회의실을 열어 정해진 시간 동안 미션을 연습하게 합니다. 강의자는 소회의실을 돌며 팀에 필요한 도움을 제공할 수 있습니다.
4. 정해진 시간이 지나면 소회의실을 나와 전체 회의실로 돌아옵니다. 강의자는 소회의실을 돌아본 소감을 간단히 이야기하며 분위기를 즐겁게 이끄는 것이 좋습니다.
5. 한 팀씩 역할극을 시작합니다. 역할극을 할 때는 과장해서 표현해달라고 미리 부탁합니다.
6. 역할극을 보는 다른 참여자들은 비디오를 끄게 합니다. 강의자의 비디오 역시 끕니다. 연기자들의 비디오만 보이게 해야 몰입도가 높아집니다.
7. 같은 방식으로 모든 팀의 발표를 듣고 소감을 나눕니다.

진행 Tip

1. 미션을 주는 방법에는 여러 가지가 있습니다. 전체가 같은 연기를 한다면 공개적으로 보여주는 것이 좋습니다. 팀마다 다른 역할극을 표현한다면 그 팀만 미션을 볼 수 있도록 모두 눈을 감게 합니다. 그리고 해당 팀만 눈을 뜨며 미션을 확인하도록 합니다.
2. 역할극을 볼 때 연기자 외에 비디오를 끄게 하는 것은 매우 중요하면서도 유용한 팁입니다. 따라서 참여자들이 비디오를 켜고 끄는 것을 잘 알고 있어야 합니다. 혹시 모르는 참여자가 있다면 역할극을 시작하기 전에 다 같이 연습해보는 것이 좋습니다. 필요에 따라 연기자를 제외하고 모두 음소거를 하게 해도 좋습니다.
3. 역할극을 참여하는 연기자들만 [모두에게 추천]으로 화면에 크게 보이게 할 수 있습니다.
4. 특별한 상황이 아니라면 역할극은 길게 만드는 것보다 팀당 1분을 넘지 않게 만드는 것이 좋습니다. 너무 길면 지루해지기 때문입니다.
5. 온라인에서의 역할극은 동작이 제한되므로 최대한 표정과 손동작을 과장하여 표현해달라고 당부합니다.

이렇게도 해 볼 수 있어요!

1. 강의자가 참여자에게 대본 제공하기

참여자가 즉흥적으로 연기를 하기 어려운 경우에는 강의자가 대본을 제공하는 것이 좋습니다. 대본은 사전에 카카오톡 단체방이나 밴드 등과 같은 SNS를 통해 제공할 수도 있고 채팅창에 메모장과 같은 파일로 제공할 수도 있습니다. 단, 참여자가 스마트폰으로 ZOOM에 접속하는 경우에는 파일이 보이지 않으니 이 방법은 모든 참여자가 PC를 사용할 때만 가능합니다.

2. 소리 없이 동작으로만 표현하기

꼭 목소리를 내어 연기를 할 필요는 없습니다. 참여자의 마이크 상태가 좋지 않다면 소리 없이 동작으로만 상황을 연기하게 요청하는 것도 좋은 방법입니다.

온라인 타블로

참여자가 신체를 활용해 정지 동작으로 장면을 표현하게 하는 활동

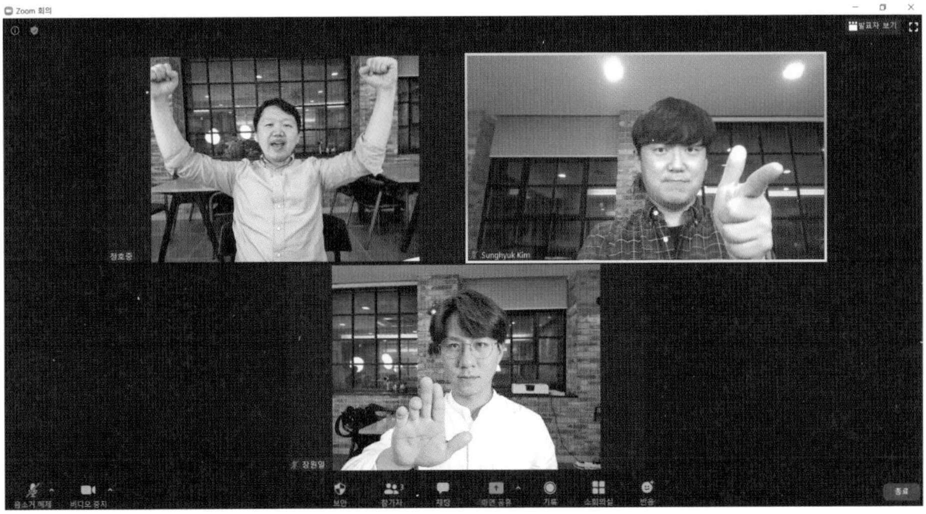

'타블로'란 정지된 행동으로 장면을 재현해 보여주는 연극 기법을 일컫는 말입니다. 강의자는 강의와 관련된 주제어를 제시하고 참여자는 정지 동작으로 표현합니다. 참여자는 떠오르는 장면을 한 가지 정지 동작으로 표현하기에 부담을 적게 느끼며 참여하게 됩니다. 강의에서 핵심 단어나 특정 상황을 몸으로 표현하게 할 때 유용합니다.

• 진행방법

1. 강의자는 참여자가 신체를 활용해 정지 장면으로 표현할 주제어 혹은 상황을 제시합니다.

   예 신데렐라, 안중근, 소풍

2. 사진을 찍는 것처럼 정지 동작으로 표현하게 하고 그 동작에서 할 수 있는 대사 한 마디를 준비하도록 안내합니다.
3. 참여자는 강의자의 신호에 따라 주제어를 정지 동작으로 표현합니다.

   "'하나, 둘, 셋, 찰칵' 하면 정지 동작으로 표현해주세요."

4. 동작이 멈춘 상황에서 강의자가 참여자의 이름을 부르면 참여자는 정지 동작에 어울리는 대사를 합니다.

"원일님, 액션"

"우리 민족의 명운을 걸고 내가 이토히로부미를 쏘겠소."

진행 Tip

1. 아무런 신호 없이 정지 동작을 취하게 하고 대사를 하게 하는 것보다, 명확한 신호가 있으면 좋습니다. 정지 동작을 취하게 할 때는 "하나, 둘, 셋, 찰칵"이라는 말을 사용하고, 대사를 하게 할 때는 "○○님, 액션" 같은 말을 활용합니다.
2. 타블로는 꼭 생물이 아니라 무생물이 될 수도 있습니다. 무생물을 표현했더라도 대사를 해보게 하면 재미있습니다. (예 '연필'이라면 "쓱쓰으윽")
3. 팀별로 주제를 안내하고 팀원 모두가 해당 장면을 타블로 기법으로 동시에 표현할 수 있습니다.
4. "꿈"과 같이 추상적인 단어를 타블로 기법으로 표현해 볼 수 있습니다.

1대1 개인 지도

강의자와 참여자가 1대1로 피드백을 주고받는 방법

강의를 하다 보면 개인 지도가 필요할 때가 있습니다. 오프라인이라면 개인적으로 다가가 참여자의 상황을 점검하여 곧바로 피드백을 전할 수 있습니다. 하지만 온라인에서는 1대1 지도가 쉽지 않습니다.

소회의실 기능을 이용하면 개인 지도를 할 수 있습니다. 참여자를 모두 1인 소회의실로 배정하는 것입니다. 강의자는 소회의실을 돌면서 참여자에게 개인적인 피드백을 제공할 수 있습니다.

• 진행방법

1. 강의자는 전체 인원 수만큼 소회의실을 개설하고 참여자들에게 무엇을 연습해야 할지 안내합니다. 예 요가 자세, 악기 연주, 작품 제작 등
2. 강의자는 1번 소회의실부터 차례로 입장하여 참여자가 올바른 방법으로 기능을 연습하고 있는지 확인합니다.
3. 어려움이 있거나 잘못된 방법으로 연습을 하고 있다면 개인적으로 피드백을 제공합니다.

진행 Tip

1. 전체 참여자 수를 확인하여 하나의 소회의실에서 어느 정도 개인 지도를 할 수 있는지 시간을 체크 합니다.
2. 시급하게 도움이 필요한 참여자는 [도움 요청] 버튼을 클릭하여 강의자에게 알리도록 합니다.

이렇게도 해 볼 수 있어요!

기능을 연습한 후 1:1 평가를 할 수 있습니다.

참여자의 수준을 평가하고 싶을 때 개인 소회의실은 매우 유용하게 사용될 수 있습니다. 개인 연습을 하다가 평가 준비가 되었다고 판단되면 [도움 요청] 버튼을 눌러 강의자에게 알립니다. 이 때 강의자는 바로 해당 참여자의 방으로 입장하여 평가할 수 있습니다.

보조강사 제도

참여자를 보조강사로 임명하여 개인 소회의실에서 지도하는 방법

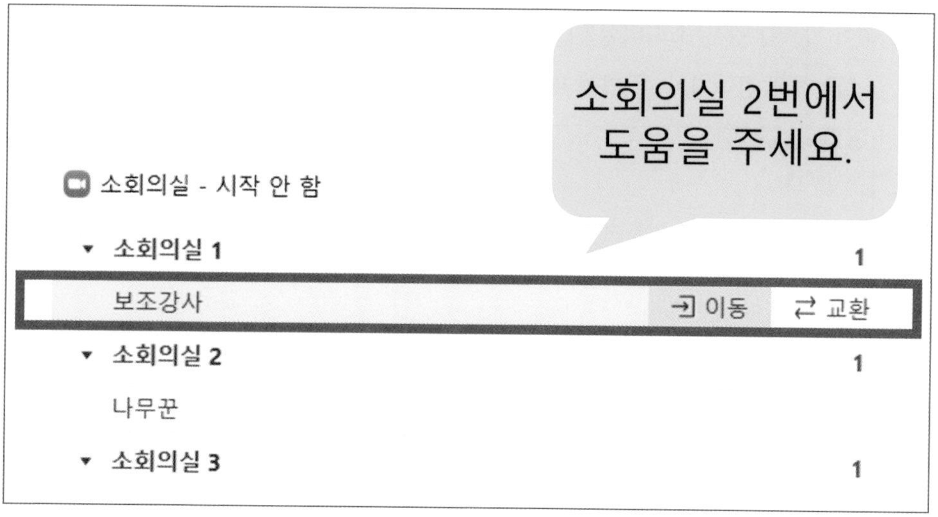

참여자 수만큼 소회의실을 만들고 각자 소회의실에 홀로 들어가 활동하는 것은 다양한 강의에 활용할 수 있습니다. 강의자가 참여자의 개인 소회의실에 들어가 문답을 주고받으며 평가를 진행할 수도 있고, 악기를 개인 소회의실에서 홀로 연습하게 하고 강의자가 소회의실을 돌며 참여자의 상황을 점검할 수도 있습니다.

하지만 참여자가 20명이라고 가정하고 한 명당 2분씩만 소회의실에 머물러도 40분이 소요됩니다. 따라서 참여자 중에 강의자를 보조할 수 있는 강사를 지원 받아 보조강사로 운영한다면 이런 문제를 해결할 수 있습니다.

• 진행방법

1. 참여자 중에 지원을 받아 강의자를 도와 다른 참여자를 피드백할 수 있는 인원을 뽑습니다. 강의자가 상황을 보아 판단하되 전체 인원의 1/5 정도를 선발하는 것이 좋습니다.
2. 강의자는 소회의실에서 참여자들에게 무엇을 연습해야 할지 안내합니다. 그리고 도움이 필요한 경우 소회의실 안에 있는 [도움 요청] 버튼을 클릭할 것을 안내합니다.
3. 소회의실에 참여자가 한 명씩 배분되도록 참여자 인원 수만큼 소회의실을 엽니다.

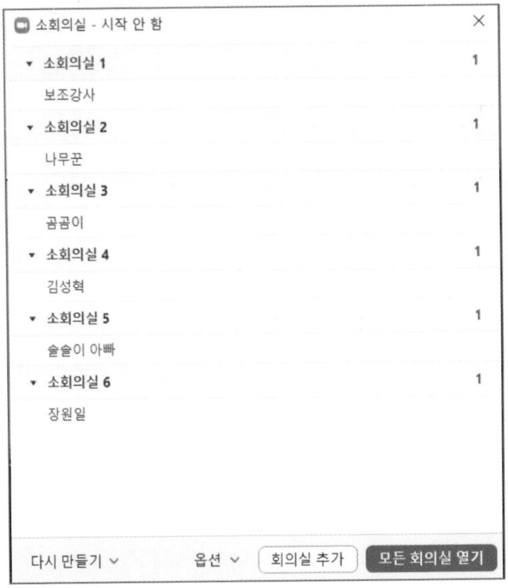

4. 참여자에게 도움 요청이 오면 강의자는 보조 강사를 해당 소회의실로 이동 시킵니다.

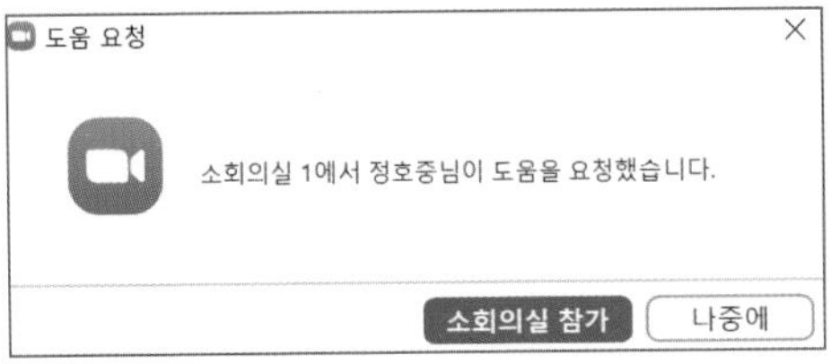

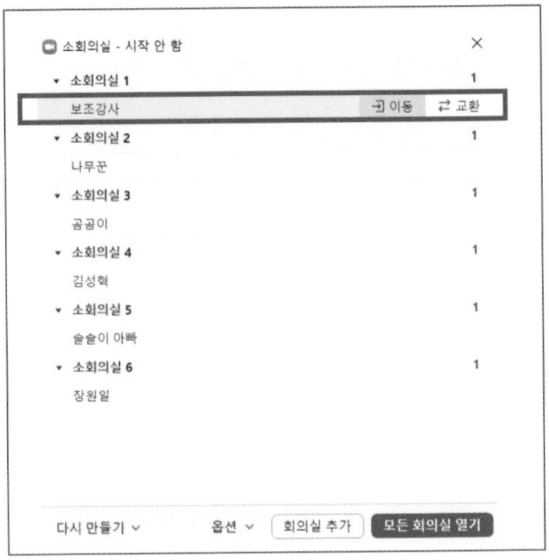

5. 같은 방식으로 또 다른 참여자에게 도움 요청이 오면 강의자는 다른 보조강사를 해당 소회의실에 배정하여 도움을 주도록 합니다.
6. 보조강사의 도움으로도 해결이 어려운 경우 보조강사는 소회의실을 빠져나와 전체 회의실에 있는 강의자에게 도움을 요청하도록 안내합니다. 이때는 강의자가 직접 해당 소회의실로 들어가 참여자에게 도움을 제공합니다.

진행 Tip

1. 보조강사는 소회의실에서 연습할 내용을 확실하게 숙달한 참여자로 선정하는 것이 좋습니다.
2. 상황에 따라 한 소회의실에 여러 명의 보조강사를 배정할 수도 있습니다.
3. 강의자가 소회의실에 도움을 주러 들어갔을 때, 도움 요청이 올 수 있습니다. 그 경우에는 소회의실 메뉴로 들어가 전체 회의실에 남아있는 보조 강사를 해당 회의실로 바로 배정합니다.

전문가 학습

소그룹으로 전문가 학습을 한 후 자신의 팀원을 가르치는 활동

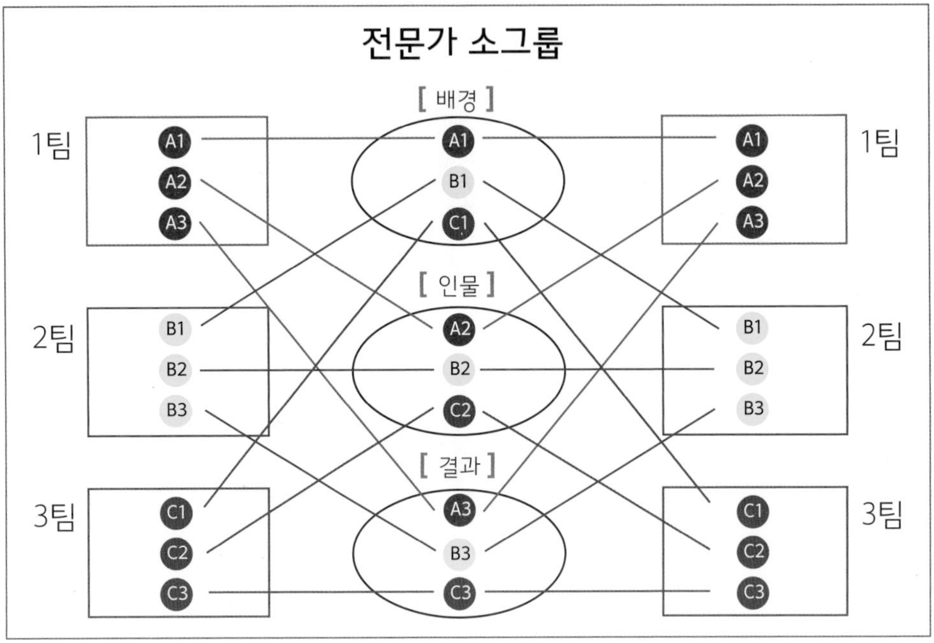

'직소(Jigsaw)'라고 불리는 전문가 학습을 온라인에 적용한 것입니다. 팀원이 각각 전문가 소그룹으로 나뉘어 소회의실에서 전문가 학습을 합니다. 팀원은 각각의 전문가 소그룹에서 배운 내용을 본래의 팀으로 돌아와 다른 팀원들에게 가르쳐 줍니다. 소회의실에 참여자를 배치하는 것, 이름 바꾸기 기능만 활용해도 이런 고차원의 수업을 만들 수 있습니다.

• 진행방법

1. 주제를 안내합니다.

   "오늘은 동학 농민 운동에 대해 공부해 보도록 하겠습니다."

2. 각 팀별로 공부해야 하는 세부 주제를 안내합니다.

   "동학 농민 운동이 일어나게 된 배경, 관련된 인물, 그리고 동학 농민 운동의 결과를 전문가 소그룹에서 공부할 것입니다."

3. 3~4명씩 묶어 팀을 나눕니다. 소회의실 배정 화면에서 팀을 자동으로 배정하고 배정된 모습을 캡처해둡니다.

4. 자신이 맡을 분야를 선택하고 이름에 표시하도록 합니다.

   "팀원은 각자 한 분야를 맡아야 합니다. 소회의실로 들어가게 되면 팀원들끼리 상의해 자신이 맡을 분야를 선택합니다. [이름 바꾸기] 기능을 이용하여 자신의 이름 앞에 전문가 분야를 적습니다. 분야 선택이 끝난 팀은 전체 회의실로 돌아옵니다."

   예 [배경] 홍길동

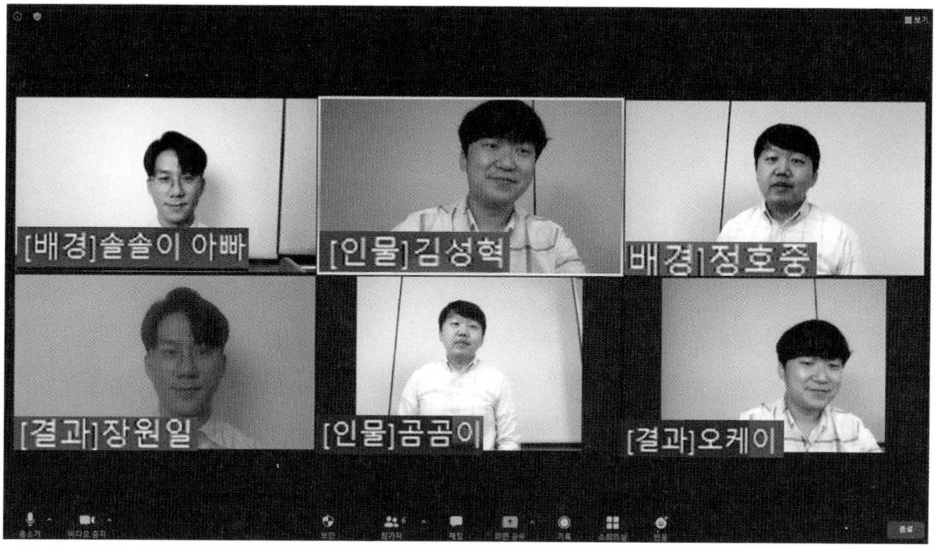

5. 강의자는 소회의실을 전문가 그룹으로 바꾸어 참여자들을 배정합니다. [배경] 분야는 [배경] 분야끼리, [인물] 분야는 [인물] 분야끼리 한 소그룹으로 모아 참여자들을 배정합니다.

6. 전문가 소그룹으로 나뉘어 전문가 학습을 시작합니다.

"지금부터 20분간 동학 농민 운동에 대해 해당 분야의 자료를 조사하고 서로 공부합니다. 자신의 분야에 대해 공부한 내용을 다른 팀원들에게 가르쳐줄 수 있도록 자세하고 구체적으로 학습해야 합니다."

7. 전체 회의실로 돌아와 전문가 소그룹에서 학습한 소감을 짧게 나눕니다.
8. 소회의실을 열어 3번에서 캡처했던 화면을 참고해 원래 팀으로 다시 배정합니다.
9. 전문가 소그룹에서 학습한 내용을 원래 우리 팀원에게 가르쳐 줍니다.

   "원래 팀으로 다시 배정하겠습니다. 돌아가면 한 사람당 5분씩 자신이 전문가 소그룹에서 학습한 내용을 우리 팀원들에게 가르쳐 줍니다."

10. 시간이 끝나면 전체 회의실로 돌아옵니다. 배운 내용을 확인합니다.

진행 Tip

1. 전문가 소그룹을 운영하기 위해서는 소회의실 배정을 쉽게 할 수 있을 만큼 기능에 익숙해져야 합니다. 참여자들도 소회의실을 여러 번 경험해 보고 난 후 시도하는 것이 좋습니다.
2. 팀을 배정할 때마다 화면을 캡처 해두면 좋습니다. 참여자가 강의실 밖으로 튕기는 등 문제가 생겼을 때 바로 대처가 가능합니다.
3. 전문가 학습을 마치고 서로 배운 내용을 구글 문서에 정리하도록 하여 발표를 해 볼 수 있습니다. 퀴즈를 통해 학습한 내용을 확인할 수도 있습니다.
4. 온라인 수업의 장점이 인터넷을 활용해 자료를 찾아 볼 수 있다는 점이지만 전문가 소그룹 활동이 원활하게 이루어지려면 학습 자료를 세심하게 제공하는 것이 좋습니다. 미리 참여자가 참고할 수 있는 예시를 충분히 주고 강의자가 소회의실을 방문하여 필요한 도움을 제공하도록 합니다.

4레벨 골든벨

단계를 설정해서 틀려도 끝까지 골든벨 퀴즈에 참여하게 하는 활동

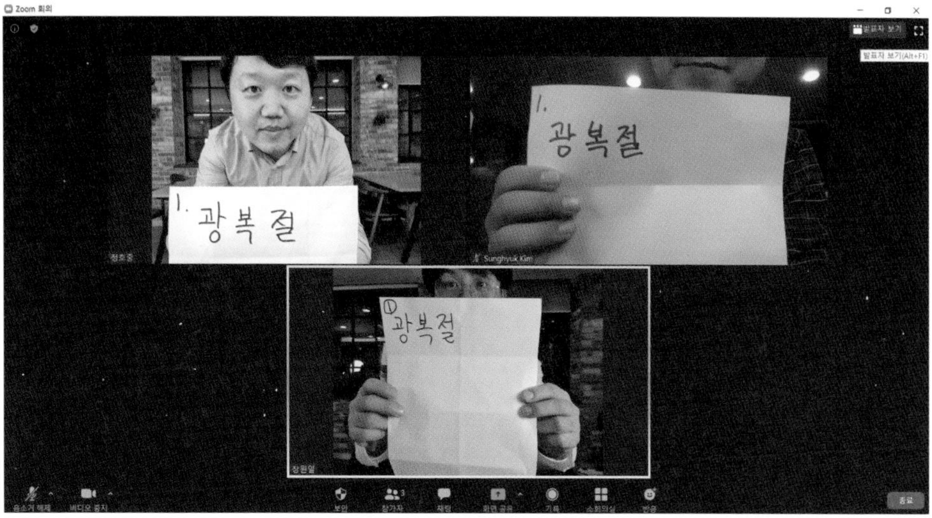

골든벨 활동은 참여자들이 적절한 긴장감을 느끼며 몰입하는 활동입니다. 마지막까지 골든벨을 울리는 과정을 통해 강의에서 배운 내용을 효과적으로 복습할 수 있습니다. 하지만 한 번 탈락하면 방관자가 되어 다른 사람이 문제를 푸는 모습을 지켜만 봐야 한다는 것이 단점이었습니다. 4레벨 골든벨은 모든 참여자가 문제를 틀려도 계속 참여할 수 있고, 단계를 올리고 싶은 동기를 갖게 되어 끝까지 열심히 참여하게 됩니다.

• 진행방법

1. 미리 A4종이 한 장을 준비하게 하고, 종이를 접어서 정답지를 만듭니다.

"(화면으로 종이 접는 모습을 보여주며) 종이는 가로로 두 번, 세로로 한 번, 총 세 번 접어서 8칸을 만들어주세요. 앞뒷면으로 하면 총 16칸이 나오게 됩니다."

준비물

참여자: A4 종이 한 장, 네임펜(혹은 사인펜)
강의자: 골든벨 퀴즈가 담긴 파워포인트 슬라이드

2. 강의자는 참여자가 레벨에 따라 어떻게 행동해야 하는지 직접 몸으로 보여줍니다.

1레벨: 옆으로 선다.

2레벨: 정면으로 선다.

3레벨: 옆으로 돌린 의자에 앉는다.

4레벨: 정면으로 돌린 의자에 앉는다.

3. 강의자는 레벨이 올라가고 내려가는 규칙을 안내합니다.

"두 문제를 연속해서 맞추면 레벨 업, 두 문제를 연속해서 틀리면 레벨 다운이 됩니다."

- **예시 ①**
  1, 2번 문제를 연속해서 맞추면 2레벨 - 3번 문제를 틀리면 제자리 - 4, 5번 문제를 연속해서 맞추면 3레벨 - 6, 7번을 연속해서 맞추면 4레벨
- **예시 ②**
  1번 문제를 틀리면 제자리 - 2, 3번 문제를 연속해서 맞추면 2레벨 - 4, 5번을 연속해서 틀리면 다시 1레벨

4. 강의자는 문제가 담긴 파워포인트 슬라이드를 화면에 공유합니다.
5. 참여자는 미리 접어둔 종이 칸 하나에 정답을 적습니다. 그리고 정답을 확인할 때는 카메라 앞에 잘 보이게 종이를 올립니다.
6. 규칙에 따라 자신의 레벨에 맞게 서거나 앉습니다.
7. 참여자가 마지막 문제까지 모두 풀고 나서 자신의 레벨을 확인하게 합니다. 4레벨에 있는 참여자는 골든벨을 울릴 수 있습니다.

이렇게도 해 볼 수 있어요!

레벨을 상황에 맞게 줄이거나 늘릴 수 있습니다. 레벨을 줄인다면 네 가지 모습 중에서 하나를 빼고, 레벨을 늘린다면 새로운 모습을 추가합니다. 예를 들어, 한 손을 머리에 대는 것을 1레벨로 할 수 있습니다.

진행 Tip

1. 정답을 쓸 때는 네임펜 혹은 사인펜을 활용해야 선명하게 보입니다.
2. 온라인 골든벨 활동을 진행할 때에는 [화면 공유] – [컴퓨터 소리 공유]에 체크를 해서 효과음을 모두가 듣게 하는 것이 좋습니다. 적절한 효과음을 사용하면 활동의 재미가 배가됩니다.

어거스트 러쉬처럼

사운드를 듣고 어떤 사운드인지 맞추는 활동

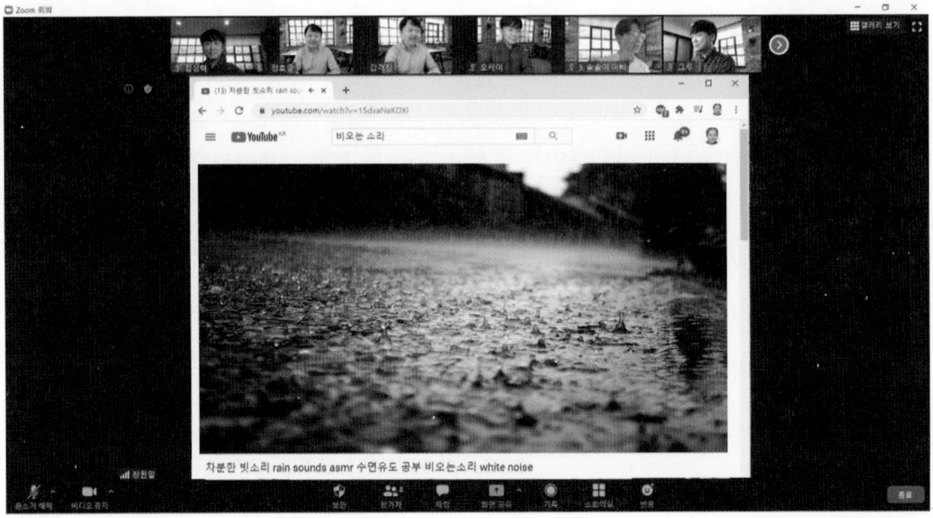

영화 어거스트 러쉬에 나오는 주인공은 소리에 무척이나 민감합니다. 주변의 다양한 소리들을 하나도 빠짐없이 귀로 구별하며 듣습니다. [컴퓨터 소리 공유] 기능을 활용하면 모든 참여자가 같은 소리를 들을 수 있습니다. 장시간 온라인 수업을 하고 있다면 강의에 의도적으로 소리를 사용해봄으로써 새로운 기분을 느끼게 해보는 것은 어떨까요?

• 진행방법

준비물

음악 및 다양한 사운드(빗소리, 바람 소리, 동물 울음 소리 등)

1. 오감에 관련된 수업을 하거나 의성어가 많이 사용되는 시 수업에서 관련된 소리를 미리 준비해둡니다. 여름철 빗소리, 개구리 소리, 자동차 소리, 전철 소리, 가을 밤 풀벌레 소리와 같이 필요한 소리를 강의 자료에 넣어 두는 것이 좋습니다.
2. 참여자들 모두 눈을 감습니다. 그리고 사운드를 재생합니다.
   "무슨 소리인지 다 같이 맞추어 보겠습니다. 머릿속으로만 생각해 보세요."
3. 강의자의 "하나, 둘, 셋" 구호에 맞추어 채팅창에 정답을 동시에 적습니다. 혹은 함께 정답을 외칩니다.
4. 정답을 공개하고 같은 방식으로 다음 문제를 풉니다.

진행 Tip

1. [화면공유] – [고급] – [컴퓨터 소리만 공유]를 선택하면 컴퓨터 소리만 공유할 수 있습니다.
2. 유튜브에서 '자연의 소리', '일상의 소리', '생활 속 소리', '효과음' 등으로 검색하면 다양한 소리를 찾을 수 있습니다. ASMR로 검색해서 소리를 찾아봐도 재미있습니다.

이렇게도 해 볼 수 있어요!

강의 중 잠시 가을밤 풀벌레 소리를 틀고 1분 정도 눈을 감고 쉬어도 좋습니다. 또는 클래식 음악 중 바로크 음악이나 모차르트의 음악을 함께 들어도 좋습니다.

나는 누구?

대기실 기능을 활용하여 한 명에게 힌트를 주며 정답을 맞추도록 하는 활동

대기실은 참여자가 강의실에 들어오기 전 입장을 기다리는 공간입니다. 아무나 회의실에 들어오지 못하게 하기 위한 보안 차원에서 만들어진 공간이기도 합니다. 대기실에 있는 지원자는 전체 회의실에서 일어나는 일을 알지 못하기 때문에 이 기능을 활용하면 수업을 재미있게 구상할 수 있습니다. 대기실에 있는 지원자에게 낼 문제를 만들고 그것을 맞추는 과정 속에서 참여자 모두에게 배움이 일어나게 됩니다.

• 진행방법

1. 지원자를 한 명 선정하고 대기실에 배치합니다.
2. 전체 회의실에 있는 사람들에게 지원자가 맞추어야 할 문제를 알려줍니다.
   "지원자가 맞추어야 할 정답은 지구온난화입니다. 지원자가 회의실로 들어오면 돌아가며 힌트를 하나씩 줍니다."
3. 지원자를 전체 회의실로 다시 불러옵니다.
4. 정답을 모르는 지원자에게 다른 참여자들이 돌아가며 힌트를 하나씩 제공합니다.
   "태풍이 자주 불어요.", "올해 여름은 유난히 뜨거웠습니다.", "북극곰이 힘들어해요."
5. 지원자는 힌트를 듣고 정답을 맞춥니다. 정답을 맞추면 다른 지원자를 선정하여 다시 대기실로 보내고 같은 방법으로 퀴즈를 이어나갑니다.

진행 Tip

1. 대기실로 보낸 지원자에게도 채팅 메시지를 보낼 수 있습니다. 필요하다면 채팅창을 활용합니다.
2. 지원자에게 힌트를 줄 때는 어려운 힌트부터 점차 쉬운 힌트를 주도록 안내합니다.

이렇게도 해 볼 수 있어요!

1. 문제를 맞출 지원자를 선정하는 대신에 강의자가 지정할 수도 있습니다. "지금부터 제가 여러분 중에 한 명을 대기실로 보낼 겁니다. 누가 갈지는 알 수가 없습니다." 강의자가 지정하는 경우 누가 대기실로 갈지 모르기 때문에 약간의 긴장감을 가지며 활동을 해볼 수 있습니다.
2. 정해진 답에 대한 퀴즈뿐만 아니라 참여자가 원하는 퀴즈를 만들게 할 수도 있습니다. 대기실로 간 지원자에게 오늘 강의에서 배운 내용을 5분간 공부하게 하고 다른 참여자들은 교재를 보며 지원자에게 낼 문제를 각자 만듭니다. 대기실에서 돌아온 지원자에게 돌아가며 오늘 수업과 관련된 퀴즈를 묻고 답해봅니다.

이미지 카드로 이야기를 만들어요

참여자가 이미지 카드를 활용해서 이야기를 창작하는 활동

카드출처: 이미지 프리즘 카드

이야기를 만들 때 이미지 카드를 사용하면 아이디어를 쉽게 얻을 수 있고 창의적인 결과물을 만들 수 있습니다. 강의자가 준비한 이미지 카드 중 몇 장을 골라 참여자에게 보여주고, 참여자는 이미지 카드를 활용해서 이야기를 창작합니다. 이미지를 보고 떠오른 이야기를 즉석에서 쓰기 때문에 참신하고 재미있는 글이 나올 수 있습니다.

• 진행방법

1. 강의자가 준비한 이미지 카드를 들어 화면에 보여줍니다.

"이미지 카드를 활용해서 차례대로 이야기를 만들어보도록 하겠습니다."

준비물

이미지 카드 혹은 이미지 사이트에서 찾은 사진

카드출처: 이미지 프리즘 카드

2. 이야기를 구성할 문장의 개수를 정합니다. 그 개수만큼 카드를 무작위로 뽑습니다. 예를 들어, 세 문장으로 이야기를 만들고 싶다면 카드를 세 장 뽑아야 합니다.
3. 뽑은 이미지 카드 중에서 한 장을 들어 참여자에게 공개합니다.
4. 참여자는 이미지를 보고 이야기 첫 문장을 채팅창에 입력합니다. 단, 다음 카드를 보고 이야기를 이어서 쓸 것으므로 엔터를 치지는 않습니다.

> 예 첫 번째 나온 이미지 : 알약
> 첫 문장 : 공개수업을 하는 오늘, 감기가 너무 심해서 알약 하나를 먹었다.

5. 강의자는 두 번째 이미지 카드를 공개합니다. 참여자는 카드를 보고 첫 번째 문장과 이어지게 두 번째 문장을 완성합니다. 이번에도 엔터를 치지 않고 기다립니다.

> 예 두 번째 나온 이미지: 가방
> 두 번째 문장: 집을 나가려고 하는데, 강의안을 챙겨놓았던 가방이 보이지 않는다.

6. 같은 방법으로 세 번째 이미지 카드도 보여줍니다. 마지막 카드이므로 이번 문장에서 이야기가 끝을 맺도록 안내합니다.
7. 강의자가 신호를 보내면 엔터를 쳐서 동시에 글을 올립니다.
8. 참여자들이 올린 글을 확인하며 소감을 나눕니다.

이렇게도 해 볼 수 있어요!

1. 팀별로 협력하여 이야기를 만들게 할 수도 있습니다. 팀별로 몇 개의 이미지 카드를 정해주고 스마트폰으로 화면을 사진 찍게 합니다. 소회의실에서 찍은 사진을 보며 이야기를 만들도록 합니다. 강의자는 팀별로 이야기를 입력할 수 있는 구글 문서 주소를 공유합니다.
2. 이미지 카드를 강사가 고른 후 팀별로 이야기를 만들게 할 수도 있지만, 다양한 카드를 화면으로 제시하고 참여자가 선택하게 해도 좋습니다. 이렇게 하면 개개인의 상황과 의도에 맞는 이야기를 만들 수 있습니다.

그림책 스토리텔링

그림책에 담긴 스토리를 활용하여 강의 주제를 부각시키는 방법

온라인 강의에서 그림책을 활용하면 참여자에게 인상 깊은 메시지를 전할 수 있습니다. 그림책은 소설이나 영화 같은 장르에 비해 호흡이 짧으면서도 전하고자 하는 주제가 분명하여 온라인 강의에 활용하기 좋습니다. 그림책 속 대사를 가지고 참여자의 생각을 묻거나 다음 장면을 예상해 보는 활동을 통해 참여자의 반응을 이끌어 낼 수 있습니다.

• 진행방법

준비물

강의 주제와 연관된 그림책

1. 강의자는 강의 주제와 연관된 그림책을 준비하고 참여자에게 소개합니다.

   "진정한 사과는 어떤 사과를 말하는 것일까요? 〈사자가 작아졌다〉라는 그림책을 함께 봅시다."

2. 그림책의 내용이 길지 않다면 전부를 읽어 줄 수도 있고, 전체 내용을 간략하게 소개한 후 필요한 부분을 읽어 줄 수도 있습니다.
3. 강의자가 강조하고자 하는 핵심 장면에서 강의자는 읽는 것을 멈추고 질문을 던집니다.

   "사자의 갖은 노력에도 사과를 받아주지 않던 가젤은 이 행동으로 인해 사과를 받아주게 됩니다. 사자는 어떻게 행동을 했을까요?"

4. 질문에 대한 답은 채팅창에 동시에 적거나 지목하여 발표해 보게 할 수 있습니다.
5. 참여자가 예상한 내용을 들은 후 그림책을 확인해 봅니다.

   "사자가 한 행동은 '널 슬프게 해서 미안해'라는 말과 함께 눈물을 흘리는 것이었습니다."

진행 Tip

1. 온라인 강의에서 그림책을 읽어주기 위해서는 두 개의 웹캠을 사용하는 것이 좋습니다. 하나는 강의자를 보여주고, 또 하나는 그림책을 보여주도록 합니다.
2. 그림책의 이야기를 읽어줄 때는 배경 음악을 틀면 이야기의 효과가 배가 됩니다. [화면 공유] – [고급] – [컴퓨터 소리만]을 선택해 배경음악을 틀어줄 수 있습니다.

강의에 즐거움을 더하는 온라인 놀이

온라인 마피아 게임

시민이 마피아를 찾아내는 활동

마피아 게임은 다수의 시민들이 소수의 마피아를 찾는 게임입니다. 사회자가 시민들 몰래 마피아를 지목하기 때문에 서로의 표정이나 말투를 보고 마피아를 찾아내야 합니다. 시민은 자신이 마피아가 아님을 다른 사람에게 증명하며 진짜 마피아를 찾아야 하고, 마피아는 최대한 자신이 마피아인 것을 들키지 않도록 해야 합니다.

오프라인에서 하는 마피아 게임은 경찰과 의사 등 다양한 역할을 두고 복잡하게 진행되지만, 온라인에서는 간단하게 해볼 수 있습니다.

• 진행방법

1. 사회자를 한 명 정합니다. 사회자는 참여자 중 1~2명 정도의 사람에게 "당신은 마피아입니다."라는 개인 메시지를 채팅창으로 보냅니다. 메시지를 받은 마피아는 자신이 마피아가 아닌 것처럼 행동합니다. 메시지를 받지 않은 사람은 시민이 됩니다. 그러나 사람들은 누가 마피아인지 시민인지 알 수 없습니다.
2. 시민들은 다른 사람들의 표정이나 몸짓을 보고 누가 마피아일지 추측합니다. 참여자들은 마피아라고 생각되는 사람의 이름을 말하고 그 이유도 말합니다. 마피아도 살아남기 위해서 다른 시민을 마피아인 것처럼 말할 수 있습니다.
3. 마피아라고 지목된 사람은 자신이 마피아인지 시민인지 밝힙니다. 시민이든 마피아든 신분을 밝히고 죽게 됩니다. 죽은 사람은 [비디오 중지]를 하고 [음소거]합니다. 살아남은 사람만 화면 안에 있습니다.
4. 마피아를 모두 찾으면 시민팀의 승리, 마피아의 숫자가 시민팀의 숫자와 같아지면 마피아팀의 승리로 결정합니다.

진행 Tip

1. 이 게임을 하기 전에 참여자들과 채팅창에서 개인 메시지를 주고받는 방법을 연습합니다. 충분히 연습하지 않으면 자신이 메시지를 받고 마피아가 되었다는 사실을 모르는 경우도 생깁니다.
2. 사회자가 마피아에게 처음 메시지를 보낼 때 미션을 같이 보내도 재밌습니다.

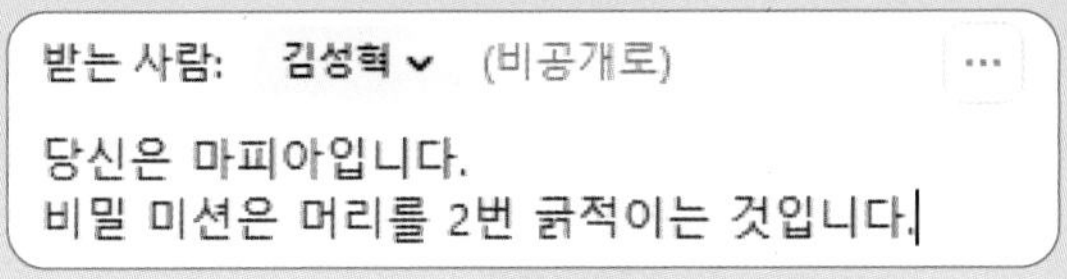

칭찬 소나기

모든 참여자가 한 명을 집중적으로 칭찬하는 활동

우리는 기분 좋을 때 더 잘하려고 합니다. 그리고 칭찬받을 때 더 잘하고 싶은 마음이 듭니다. 칭찬 소나기는 온라인 공간에서 모든 참여자가 한 참여자에게 칭찬 메시지를 채팅으로 전하는 것입니다. 이를 통해 참여자는 내가 한 행동이 다른 사람에게 어떤 영향을 미쳤는지 알 수 있게 됩니다. 온라인 강의 공간을 기분 좋은 곳으로 느끼게 해주고 참여자를 연결시키는 칭찬 소나기 활동을 소개합니다.

• 진행방법

1. 칭찬의 주인공을 선정합니다. 강의자가 선정할 수도 있고 추천을 받을 수도 있습니다.
2. 강의자는 칭찬받을 사람을 [모두에게 추천]을 통해 큰 화면에 나오도록 합니다. 칭찬받을 참여자의 비디오 위에서 마우스 오른쪽 버튼을 누르고 [모두에게 추천]을 클릭하면 됩니다.
3. 칭찬의 "기본 원칙"을 안내합니다.

> **기본 원칙**
> 1. 장난스럽지 않게 진심으로 칭찬합니다.
> 2. 상대가 가지고 있는 재력, 외적인 부분(예를 들어, 외모 등)은 칭찬하지 않습니다.
> 3. 상대의 노력, 일을 해내는 과정, 성격, 배려심 등을 칭찬합니다.
> 4. "고맙습니다.", "함께 해줘서 기쁩니다."와 같은 감사와 격려가 좋습니다.

4. 칭찬의 말을 채팅창에 입력하도록 합니다. 동시에 올라갈 수 있게 강의자가 "올리세요." 라고 신호를 주면 다같이 엔터를 칩니다.
5. 채팅창에 올라온 칭찬의 말을 강의자가 하나하나 순서대로 읽어줍니다. 지원자를 한 명 받아 대신 읽어주도록 하는 것도 좋은 방법입니다.
6. 다 읽고 나서 칭찬을 받은 사람의 소감을 들어봅니다. 칭찬의 말을 읽어준 지원자의 소감도 같이 들어봅니다. 서로 칭찬하는 따뜻한 분위기를 느낄 수 있습니다.

진행 Tip

1. 칭찬받을 사람을 [모두에게 추천] 할 수도 있지만, [갤러리 보기] 상태에서 칭찬받을 사람만 모니터에 남겨두고 다른 사람들은 모두 화면을 꺼도 됩니다.
2. 칭찬의 기본 원칙에 벗어났다고 하더라도 긍정적인 내용을 담고 있다면 그대로 읽어 주도록 합니다.
3. 칭찬의 주인공에게 가장 마음에 드는 칭찬을 꼽아 보게 해도 좋습니다.
4. 같은 활동을 패들렛과 같은 협업 도구를 사용하여 해볼 수도 있습니다. 칭찬이 가득한 창을 캡처하여 당사자에게 선물로 보내주는 것도 좋습니다.

그림 마피아

화이트보드 기능을 활용하여 마피아 게임을 변형한 그림 놀이

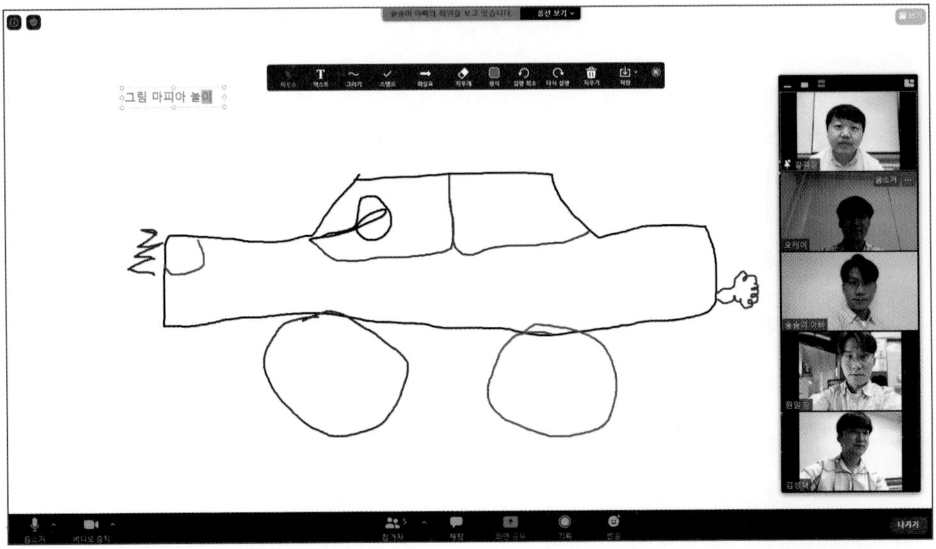

마피아 게임은 나이와 성별에 상관없이 누구나 좋아하는 놀이입니다. 시민과 마피아로 나눠어 서로의 정체를 숨기고 활동하며 상대를 추측하는 이 놀이는 엄청난 긴장감을 줍니다.

그림 마피아 놀이는 화이트보드 기능을 활용해 진행합니다. 시민과 마피아가 서로 번갈아 한 획씩 그림을 그리며 누가 마피아인지 추측합니다. 그림 그리는 과정을 보며 시민인지 마피아인지를 예상하는 재미가 쏠쏠합니다.

• 진행방법

1. 강의자는 전체 참여자 중 4~5명을 플레이어로 선정합니다. 나머지 참여자들은 직접 놀이에 참여하지는 않지만 상황을 관찰하며 누가 시민과 마피아일지 예상합니다.
2. 플레이어들에게 비공개 채팅을 통해 각자 자신이 마피아인지 시민인지 알려줍니다.

당신은 마피아입니다.

당신은 시민입니다.

3. 그림 마피아 놀이에 대한 규칙을 화면 공유를 통해 안내합니다.

시민

- 어떤 그림을 그릴지 알고 있습니다.
- 승리 조건
  ① 시민은 마피아가 누군지 맞춰야 합니다.
  ② 마피아가 시민이 그리는 그림이 무엇인지 맞추지 못해야 합니다.

마피아

- 어떤 그림을 그릴지 모르고 있습니다.
- 승리 조건
  ① 자신이 마피아로 지목되지 않아야 합니다.
  ② 만일 지목되더라도 시민이 그린 그림이 무엇인지 맞추어야 합니다.

4. 비공개 채팅으로 시민과 마피아에게 미션을 안내합니다.
   - 마피아: 시민이 그리는 그림이 무엇인지 맞추어 주세요.
   - 시민: 가방을 그려주세요.
5. 플레이어들은 강의자가 공유한 [화이트보드]에 순서대로 한 획씩 그림을 그립니다. 두 바퀴가 돌면 그림 그리는 것을 멈춥니다.
6. 시민은 가방을 그리고 있지만 마피아는 무엇을 그리는지 모른 채 따라 그려야 합니다. 이때, 마피아는 무슨 그림인지 추측해야 합니다.
7. 누가 마피아인 것 같은지 대화를 나눕니다. 이때 실제 마피아인 참여자는 마피아가 아닌 척 자신을 변론합니다.

8. 마피아라고 생각하는 사람을 최종 결정합니다. 지목된 참여자는 자신이 마피아인지 시민인지 밝힙니다.
9. 지목당한 사람이 마피아가 아니라면 무조건 마피아가 최종 승리합니다. 지목당한 사람이 마피아가 맞다고 할지라도 시민이 그린 그림이 무엇인지 맞추면 마피아가 승리합니다. 만일 맞추지 못한다면 시민이 승리합니다.
10. 승부가 결정되면 다른 플레이어를 선정해서 게임을 다시 진행합니다.

이렇게도 해 볼 수 있어요!

소회의실에서 팀별로 그림 마피아 놀이를 해볼 수 있습니다. 사회자 한 명을 포함하여 5~6명씩 소회의실로 배정하고 그림 마피아 활동을 진행할 사회자를 정합니다. 사회자는 비공개 채팅을 통해 시민과 마피아에게 메시지를 보내고 참여자들은 전체 회의실에서와 같은 방법으로 활동합니다. 사회자의 역할은 번갈아 가며 할 수 있습니다.

진행 Tip

1. 시민은 주제어를 보고 떠오르는 그림을 그리되, 마피아가 쉽게 예상할 수 없도록 애매하게 그리는 것이 좋습니다.
2. 마피아는 시민이 그리는 그림이 무엇인지 빨리 파악하고 자신이 마피아인 것이 티 나지 않도록 그림을 그립니다.

모델과 화가들

전체 참여자를 팀으로 나누고 팀 안에서 모델과 화가가 되어 보는 활동

참여자들은 서로에 대해 관심을 가지고 있지만 온라인에서는 친해지기가 어렵습니다. 이 활동은 참여자들이 서로에 대해 조금 더 알 수 있는 기회를 제공합니다. 모델이 되었을 때 나를 관심 있게 바라보는 시선을 느껴보고 화가로서 참여자를 유심히 관찰하는 경험을 해 볼 수 있습니다. 1분이라는 아주 짧은 시간 동안의 엉성한 그림이 참여자 모두를 웃음 짓게 만듭니다.

• 진행방법

1. A4 종이를 준비하고 8등분하도록 안내합니다.

준비물

A4 종이 한 장, 타이머

2. 강의자는 규칙을 설명합니다.

> 1. 팀 안에서 순서를 정합니다.
> 2. 1번 참여자가 과장된 포즈를 취하고 나머지 사람들은 그 모습을 종이 첫 번째 칸에 1분간 그립니다.
> 3. 시간이 지나면 2번 참여자가 포즈를 취하고 나머지 참여자들은 그 모습을 종이 두 번째 칸에 그립니다.
> 4. 같은 방식으로 팀 모두가 한 번씩 돌아가도록 합니다.

3. 강의자는 한 팀당 8명씩 팀원을 배정합니다.
4. 규칙에 맞게 활동을 시작합니다.
5. 강의자는 1분 간격으로 브로드캐스트 메시지를 보내서 시간을 알려줍니다.

"1분이 지났습니다. 모델을 바꿔주세요."

6. 정해진 시간이 종료되고 전체 회의실로 돌아오면 팀별로 그린 그림을 들어 화면에 보이게 하고 소감을 들어봅니다.

진행 Tip

1. 그림을 잘 그리려고 하기보다는 빨리 그려야 한다는 것을 강조합니다.
2. 강의자가 모델 역할이 되어 먼저 시범을 보여줍니다. 시범을 보일 때는 과장되고 큰 동작을 취하는 것이 좋습니다.
3. 활동을 마치고 다른 참여자들이 그린 엉성한 그림을 보면 웃음이 나옵니다. 재미있게 그린 참여자의 그림을 [모두에게 추천]으로 보여 주어도 좋습니다.

고요 속의 외침

소리 없이 입 모양을 보고 정답을 맞추는 활동

고요 속의 외침은 소리 없이 입모양을 보고 정답을 맞추는 활동입니다. 온라인 강의 동안에 가르친 내용을 핵심 키워드로 정리해두고 이 활동을 통해 복습해 보도록 합니다. 참여자들은 강의자의 입모양을 집중해 보면서 핵심 키워드를 확인하게 됩니다. 정답을 맞추면서 관련 내용을 한 번 더 체크합니다.

• 진행방법

준비물

강의 핵심 키워드, 개념 목록

1. 강의자는 문제를 출제할 사람을 [모두에게 추천]으로 설정해서 크게 볼 수 있도록 만듭니다.
2. 문제를 출제하는 사람은 음소거합니다.
3. 문제 출제자는 핵심 키워드를 입모양으로 두 번 또박또박 말합니다.
4. 정답을 아는 사람은 손을 들도록 합니다. 모르는 사람들이 많다면 다시 한 번 보여주도록 합니다.
5. 정답을 채팅창에 적도록 합니다. 메시지 입력란에만 적고 동시에 엔터키를 쳐서 한 번에 답이 채팅창에 올라오도록 합니다.

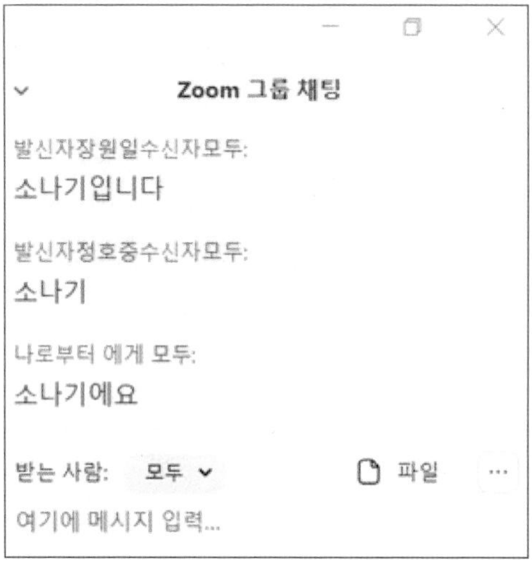

6. 핵심 개념을 간단하게 덧붙입니다.

진행 Tip

1. 강의자는 화면이 흐릿하게 보이고 딜레이가 있는 참여자가 있을 수 있기 때문에 천천히 또박또박 말해주어야 합니다.
2. 진행을 위해 말을 해야 할 때는 스페이스바를 누르고 말하도록 합니다. 스페이스바를 누르는 동안 음소거가 해제되기 때문입니다.

이구동성

3~4명이 사자성어 혹은 핵심 키워드를 동시에 말하는 활동

티비 프로그램 '가족 오락관'에서 했던 놀이입니다. 사자성어 혹은 핵심 키워드를 여러 명이 동시에 한 글자씩 소리냅니다. 한꺼번에 소리가 나기 때문에 무슨 글자인지 귀 기울여 듣게 됩니다. 참여자들은 들리는 네 글자를 순서에 맞게 배열하여 사자성어 혹은 핵심 키워드를 찾아냅니다. 간단하고 재미있는 활동으로 학습 내용을 마무리할 수 있습니다.

• 진행방법

준비물

사자성어나 핵심 키워드

1. 참여자 모두 비디오를 끄도록 합니다. 채팅 메시지를 4명에게 보낼 것임을 알리고 메시지를 받은 사람만 비디오를 켜달라고 안내합니다.
2. 선택된 4명에게 비공개 채팅으로 메시지를 보냅니다. 각자에게 한 글자씩 보내고 메시지를 받은 사람들은 비디오를 켭니다.

받는 사람: **원일** ⌄ (비공개로) 사	받는 사람: **호중** ⌄ (비공개로) 자
받는 사람: **슬이** ⌄ (비공개로) 성	받는 사람: **성혁** ⌄ (비공개로) 어

3. 강의자의 "하나, 둘, 셋" 구호에 맞추어 입모양을 크게 하여 말합니다. 다른 참여자들은 입모양과 소리로 정답을 맞추도록 합니다.

진행 Tip

1. 비디오를 끄는 대신에 4명을 차례로 [모두에게 추천]을 하여 화면에 크게 보이게 할 수 있습니다.
2. 강의 내용 중 핵심적인 키워드를 네 글자로 구성하여 문제를 내면 강의 내용을 다시 한 번 복습할 수 있습니다.

그래 결심했어!

두 가지 선택지 가운데 하나를 결정하는 놀이

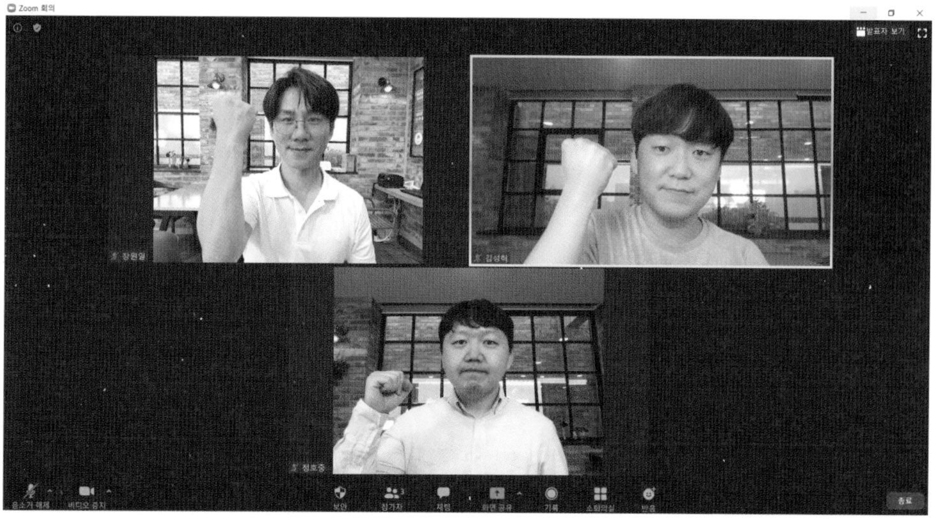

강의자는 참여자에게 두 가지 선택지를 줍니다. 이때 선택지는 우열을 가리기 어렵습니다. 참여자들은 각자 자신의 생각대로 두 선택지 중 하나를 선택합니다. 선택한 까닭을 들어보며 서로가 얼마나 다른 생각을 가지고 있는지 확인해 볼 수 있는 활동입니다.

• 진행방법

준비물

질문 목록

1. 강의자는 두 가지 선택지를 가진 질문을 할 것임을 안내합니다.

   "제가 지금부터 질문을 하겠습니다.
   1번을 선택하실 분은 손가락으로 1번을, 2번을 선택하실 분은 손가락으로 2번을 표시해주시면 됩니다."

2. 참여자들에게 질문을 하고 하나만 선택하게 합니다. 그리고 다같이 "그래 결심했어!"라고 외치면서 손가락으로 숫자를 표시하게 합니다.

   "짜장과 짬뽕 중에 짬뽕은 1번, 짜장은 2번입니다. 손가락으로 답해주세요." "그래, 결심했어!"

3. 다음 질문을 이어갑니다. 때로는 참여자들이 번호를 선택한 이유를 들어봐도 재미있습니다.

예
- 전기 합선으로 불이 났습니다. 1번 불을 끈다. 2번 대피한다.
- 이번 주말, 1번 집에서 누워 넷플릭스를 본다. 2번 놀이동산에 간다.
- 무엇을 먹겠습니까? 1번 똥 맛 카레. 2번 카레 맛 똥.
- 무엇을 먹겠습니까? 1번 토마토 맛 토. 2번 토 맛 토마토.
- 무엇을 선택하시겠습니까? 1번 불편한 진실. 2번 편안한 거짓말.

- 1번 맛있는 것을 먼저 먹는다. 2번 맛있는 것을 나중에 먹는다.
- 샤워할 때 1번 몸부터 물을 뿌린다. 2번 머리부터 감는다.
- 상의를 벗을 때 1번 팔부터 뺀다. 2번 머리부터 뺀다.
- 붕어빵 먹을 때 1번 머리부터 먹는다. 2번 꼬리부터 먹는다.
- 라면 끓일 때 1번 스프부터 넣는다. 2번 면부터 넣는다.
- 마우스 휠을 올릴 때 1번 검지로 올린다. 2번 중지로 올린다.
- 영화의 주인공이 된다면 1번 액션 영화. 2번 로맨스 영화.

이렇게도 해 볼 수 있어요!

손가락으로 1, 2를 표시하면 참여자가 많은 경우 한 눈에 들어오지 않을 수도 있습니다. 색깔을 두 가지 정하고 그 색깔의 물건으로 선택지를 표현할 수도 있습니다.

"여러분, 빨간색 물건과 파란색 물건을 각각 한 개씩 가져오세요. 짬뽕은 빨간색, 짜장은 파란색 물건을 높이 들면 됩니다."

다수결 월드컵

많은 참여자가 선택할 것이라고 예상하는 질문을 선택하는 활동

이 활동은 '그래 결심했어!'와 비슷한 놀이입니다. 두 개의 선택지 가운데 한 가지 선택을 합니다. 그런데 자신이 원하는 선택을 고르는 것이 아니라 많은 사람들이 선택할 것이라고 생각하는 선택지를 골라야 합니다. 다수에 속한 사람은 다음 문제를 풀 수 있습니다. 소수에 속한 사람은 탈락하고 비디오 화면을 끕니다.

많은 사람들이 무엇을 선택할지 생각해보면서 서로 눈치 게임을 해야 하는 과정이 무척 재미있습니다.

• 진행방법

준비물

질문 목록

1. 놀이 방법을 안내합니다.

   "제가 지금부터 두 가지 선택지가 있는 질문을 하겠습니다. 1번을 선택하실 분은 손가락으로 1번을, 2번을 선택하실 분은 손가락으로 2번을 표시해주시면 됩니다."

2. 두 가지 선택권이 있는 질문을 던지고 하나만 선택하게 합니다.

   "짬뽕과 짜장 중 어떤 것을 더 좋아하는지 짬뽕은 1번, 짜장은 2번입니다. 하나, 둘, 셋 신호에 맞춰 표시해주세요."

3. 더 많은 사람이 선택한 쪽이 살아 남습니다.

   "(짬뽕을 선택한 사람이 더 많다면) 짬뽕을 선택하신 분들은 비디오를 그대로 켜 두시고, 짜장을 선택하신 분들은 비디오 화면을 끕니다."

4. 마지막 두 명이 남을 때까지 질문을 계속합니다. 최종 두 명을 우승자로 선정합니다.

진행 Tip

1. 먼저 탈락해서 비디오를 끈 사람들을 계속 참여시킬 수 있는 방법이 있습니다. 채팅창에 질문하고 싶은 질문 목록을 올리도록 하는 것입니다. 강의자는 그 목록 중에서 질문할 수 있습니다. 채팅창에 올라온 질문을 할 때는 누가 채팅창에 올린 질문인지 반드시 밝힙니다.
2. 양측의 숫자가 동일하다면 바꿀 기회를 줍니다. "양쪽의 숫자가 똑같습니다. 하나, 둘, 셋 하면 바꿀 기회를 주겠습니다. 준비됐나요? 하나, 둘, 셋!"

바뀐 점을 찾아라

카메라를 끄고 켜는 것을 활용해서 다른 참여자의 바뀐 점을 찾는 활동

바뀌기 전

바뀐 후

카메라를 끄고 켜는 기능을 사용하면 다양한 활동을 할 수 있습니다. '바뀐 점을 찾아라'는 이 기능을 활용한 대표적인 활동입니다. 비디오를 끈 후 외모를 바꾸고 다시 비디오를 켠 후 달라진 점을 찾아봅니다. 자연스럽게 서로를 관찰하며 친근해질 것입니다.

• 진행방법

> **준비물**
>
> 포스트잇

1. 참여자들에게 '바뀐 점을 찾아라' 놀이를 할 것이라고 안내합니다.
   "다른 참여자의 바뀐 점 세 가지를 찾는 활동을 해보겠습니다."
2. 비디오를 끄고 켜는 것에 대해 안내하고 한 번씩 눌러봅니다.
   "화면 왼쪽 아래 [비디오 중지] 버튼을 누르면 내 화면을 끌 수 있습니다."
3. 강의자가 직접 참여자들에게 시범을 보입니다.
   "제가 카메라를 끄고 세 가지 변화를 주겠습니다. 어떤 점이 바뀌었는지 맞춰주세요."
4. 참여자들은 강의자가 달라진 점을 세 가지 찾아 포스트잇에 적어 카메라 앞에 보여줍니다.
5. 강의자는 정답을 발표합니다.

이렇게도 해 볼 수 있어요!

소회의실에서도 소그룹으로 모여 이 활동을 해 볼 수 있습니다.

1. 강의자는 소회의실에서 할 활동을 안내합니다.

> ① 인사를 나눕니다.
> ② 1분간 서로를 유심히 관찰합니다.
> ③ 비디오를 끄고 상대가 알 수 있는 외모 세 가지를 바꿉니다.
> ④ 1분 후 서로 바뀐 부분을 번갈아가며 한 가지씩 말합니다.
> ⑤ 세 가지 모두 찾은 사람이 승리합니다.

2. 강의자는 참여자를 두 명씩 소회의실에 배정하고 참여자는 규칙에 따라 활동합니다.
3. 전체 회의실로 돌아오면 이번에는 다른 참여자와 한 번 더 같은 방법으로 활동을 해봅니다.
4. 전체 회의실로 돌아왔을 때 참여자들과 소감을 나눕니다.

나는야 개그맨

두 명의 참여자가 서로를 먼저 웃기는 활동

대표자 두 명을 선정하여 각각 마우스 오른쪽 버튼을 눌러 [모두에게 추천]을 클릭하면 화면에 두 명의 얼굴이 크게 나오게 됩니다. 두 명의 지원자는 인중에 펜을 올려 떨어지지 않도록 코와 입으로 잡아둡니다. 서로 상대방을 웃겨 펜을 먼저 떨어뜨리도록 하는 재미있는 놀이입니다.

● 진행방법

1. [모두에게 추천]을 통해 선정된 두 명의 대표자는 윗입술에 연필을 끼우고 서로 마주 봅니다.
2. 웃긴 표정을 짓거나 이상한 표정을 지어 상대를 웃게 만듭니다.
3. 상대방이 웃음을 참지 못하고 연필을 떨어뜨리면 승리합니다.

이렇게도 해 볼 수 있어요!

• 탕수육 놀이

두 명의 대표자가 돌아가며 한 글자씩 말합니다. A가 '탕'하면 B가 '수', A가 '육', B가 '탕' 하며 탕수육을 계속 번갈아 말합니다. 자신의 차례에 정확한 글자를 말하지 못하면 지는 놀이입니다.

• 장점 말해주기

[모두에게 추천]으로 두 명을 화면에 크게 띄웁니다. 누가 화면에 나올지는 모릅니다. 화면에 나온 두 명은 서로를 마주 보고 장점을 한 가지씩 번갈아 이야기합니다. 5초 안에 답을 말하지 못하면 지게 됩니다.

진행 Tip

1. [모두에게 추천]을 통해 대표로 활동을 한 후 같은 방법으로 다음 참여자를 선정하기 위해서는 앞서 지정했던 [모두에게 추천]을 취소해야 합니다.
2. 스마트폰이나 태블릿PC에서는 한 번에 4명까지만 볼 수 있습니다. 스마트폰을 많이 사용하는 경우라면 4명까지만 [모두에게 추천]을 사용하는 것이 효과적입니다.

온라인 쉬는 시간

함께 먹어요

쉬는 시간에 각자의 공간에서 간식을 동시에 먹는 활동

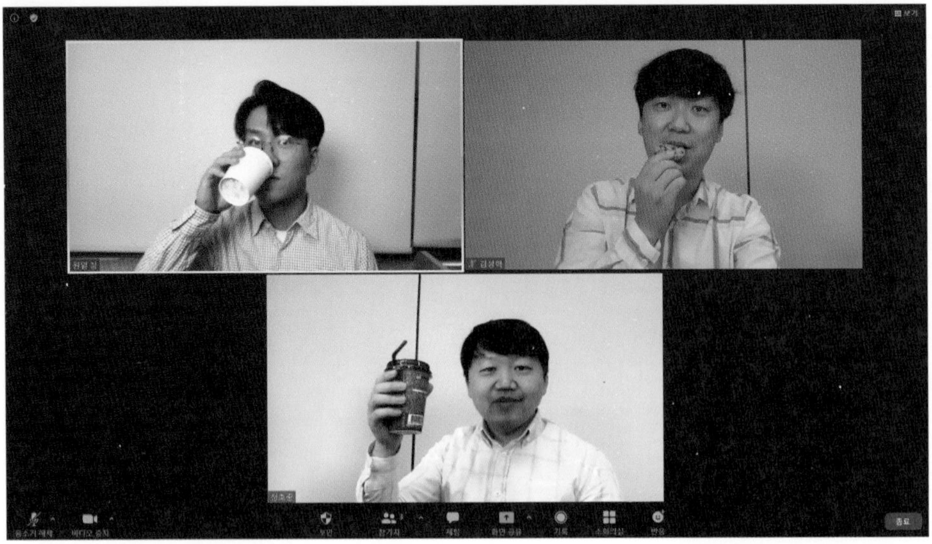

쉬는 시간에 각자 자신이 좋아하는 간식을 가져와 동시에 먹는 활동입니다. 각자 자신만의 공간에 있기 때문에 실제로 음식을 함께 먹을 수는 없지만, 화면을 통해 서로의 먹는 모습을 보며 유대감을 느낄 수 있습니다.

• 진행방법

1. 쉬는 시간이 되면 모두 각자 자신이 먹을 간식을 준비해 오도록 합니다.
2. 비디오를 켠 상태로 각자 자신의 간식을 먹습니다. 음료수를 마셔도 좋고 과자나 과일 등을 먹어도 좋습니다.
3. 즐거운 배경 음악을 틀거나 서로 편안한 대화를 나눌 수도 있습니다.

진행 Tip

1. 강의 시작 전 미리 간식을 준비해 두도록 하면 편리합니다.
2. 돌아가며 먹방을 찍어 보는 것도 재미있습니다.

줄줄이 스트레칭

릴레이로 서로의 동작을 따라하는 스트레칭

강의를 오랫동안 지속하면 피로함이 몰려옵니다. 특히 가만히 앉아 모니터를 계속 보아야 하는 온라인 수업의 경우 틈틈이 몸을 움직이는 것이 학습 효율을 높이는 데 도움이 됩니다. 수업 중이나 쉬는 시간에 스트레칭을 하며 몸에 에너지를 불어 넣을 수 있습니다. 참여자도 번갈아가며 스트레칭을 주도하는 것이 좋습니다. 강의자만 보고 따라 하는 것보다 여러 사람이 번갈아 가며 이끄는 스트레칭을 해보면 더 재미있습니다.

• 진행방법

1. 강의자는 전체가 함께 스트레칭을 할 것임을 알립니다.
2. 강의자가 먼저 하나의 스트레칭 동작을 보여주고 참여자에게 따라 하도록 안내합니다.
3. 강의자가 다음 사람을 지목하면 지목당한 사람이 새로운 동작을 보여줍니다. 다른 참여자들은 모두 그 동작을 따라 합니다.
4. 같은 방식으로 모든 참여자가 각자 생각한 동작으로 스트레칭을 이어나갑니다.

진행 Tip

1. 동작은 한 사람당 10~20초 정도가 좋습니다.
2. 꼭 앉아서만 할 필요는 없습니다. 때로는 의자에서 일어서서 해보는 것도 좋습니다.
3. 컴퓨터 소리만 공유하여 음악을 같이 들으면서 진행해도 좋습니다.

몸을 깨우고, 뇌를 깨우고

강의 중 몸을 움직이며 집중력을 높이는 활동

쉬는 시간은 흐트러진 집중력을 높이고 몸과 마음을 정돈하는 시간입니다. 지루한 느낌이 드는 강의 중반이나 쉬는 시간에 간단한 활동을 통해 분위기를 바꿔볼 수 있는 몇 가지를 소개합니다.

손과 발이 따로따로

양손을 따로 움직이게 하거나 손과 발을 따로 움직이게 하는 활동은 참여자들을 순간적으로 집중하게 만들어 줍니다. 또, 활동 중에 실수가 나오기 쉬워 웃음이 유발됩니다.

방법 ① 왼손은 삼각형을, 오른손은 숫자 1을 동시에 그립니다.
방법 ② 오른발로 땅에 이름을 쓰면서 왼손으로 숫자 2를 그립니다.

서핑 보드를 타고

• 진행방법

1. 참여자들은 의자에 올라갑니다. 올라가기 어려운 상황이라면 바닥에서 합니다.
2. UN의 '파도'와 같은 서핑 분위기가 나는 노래를 틉니다.
3. 노래를 들으며 의자 위에 선 채 마치 서핑을 하는 것처럼 자세를 취하도록 안내합니다.
4. 강의자는 "엄청 큰 파도가 다가오고 있어요, 이제 점프 준비하세요." 등과 같은 말을 하며 활동을 더욱 흥미롭게 할 수 있습니다.

내 몸으로 쓰는 이름

어깨로 이름 쓰기

팔꿈치로 이름 쓰기

• 진행방법

1. 몸이 들썩이는 신나는 노래를 틉니다.
2. 노래를 들으면서 팔꿈치, 코, 무릎, 어깨 등의 신체 부위를 활용해 이름을 쓰게 합니다.

편안한 음악 함께 듣기

마음을 편안하게 해주는 음악을 함께 듣는 방법

강의를 시작하기 전이나 쉬는 시간에 아무 말 없이 서로의 얼굴만 바라보는 일은 무척 부담스럽습니다. 이때 음악을 사용하면 마음을 편안하게 해주고 어색한 분위기를 녹이는 데 도움을 줍니다. ZOOM에서는 컴퓨터 소리를 공유해 음악을 같이 들을 수 있습니다. 개인적으로 가지고 있는 MP3 파일이나 유튜브 검색을 통해 상황에 맞는 음악을 함께 들어보세요.

• 진행방법

준비물

잔잔하면서도 편안한 음악

1. 참여자들에게 쉬는 시간을 10분간 가질 것이라고 안내합니다. 다음 강의 시작 시간도 함께 안내하는 것이 좋습니다.
2. 유튜브에서 상황에 맞는 음악을 플레이합니다.
3. 강의자는 모든 참여자가 음악을 함께 들을 수 있도록 화면을 공유합니다. 이 때 컴퓨터 소리 공유가 체크되어 있어야 참여자에게 소리가 들립니다.

진행 Tip

1. 참여자에게 신청곡을 받아 틀어줘도 좋습니다.
2. [화면 공유] 버튼을 누른 후 위쪽에 있는 고급탭을 클릭하면 [컴퓨터 소리만] 공유할 수 있는 탭이 있습니다. 이 버튼을 선택하면 컴퓨터 소리만 공유할 수 있습니다.

Dance & Freeze

즐거운 음악에 맞춰 춤을 추다가 재밌는 동작으로 멈추는 놀이 방법

쉬는 시간이나 강의 중 지루한 틈을 타 댄스 타임을 가지면 색다른 분위기를 연출할 수 있습니다. 강의자가 틀어주는 음악에 맞춰 춤을 추다가 음악이 멈추면 재밌는 동작으로 멈춥니다. 이것을 몇 차례 반복하다 보면 서로 웃음이 나오게 됩니다. 비록 서로 먼 공간에 떨어져 있지만 마음은 가까이 있는 듯한 느낌을 받을 수 있는 놀이입니다.

• 진행방법

준비물

신나는 음악

1. 강의자는 참여자에게 음악이 나오면 리듬에 맞춰 몸을 흔들 것이라고 안내합니다. 음악이 멈추면 그 순간 할 수 있는 가장 재미있는 동작을 보여달라고 이야기합니다.
2. 신나는 음악을 틀고 모두 같이 춤을 춥니다.
3. 20초 정도 후 음악을 멈추고 그 순간 할 수 있는 가장 재미있는 동작을 모두가 취합니다.
4. 여러 차례 반복합니다.

진행 Tip

1. 신나는 음악을 미리 준비해놓는 것이 좋습니다. 리듬감이 있는 댄스 음악이 좋습니다.
2. 계절이나 상황에 맞는 음악을 유튜브에서 검색하면 훨씬 즐겁게 활동할 수 있습니다.

의미있는 온라인 수업 마무리

N행시 쓰기

패들렛을 활용하여 핵심어를 N행시로 정리하는 활동

'패들렛' 같은 협업 도구를 활용하면 'N행시 쓰기' 활동을 할 수 있습니다. 핵심 단어가 두 글자라면 2행시, 세 글자라면 3행시처럼 N행시를 써보는 것은 배운 것을 한 번 더 기억하고 창의적으로 정리할 수 있게 만들어 줍니다.

• 진행방법

준비물

패들렛

1. 패들렛(www.padlet.com) 사이트에 접속한 후 참여자들이 N행시를 쓰게 할 담벼락을 만듭니다.
2. N행시로 쓰게 할 단어를 제시합니다.
3. 패들렛 주소를 공유하고 참여자는 접속해서 N행시를 작성합니다.
4. 일정 시간을 주고 활동이 끝나면 쓴 내용을 참여자들과 함께 돌아가며 읽어봅니다.
5. 패들렛에서 설정한 투표기능을 활용하여 참여자들로 하여금 가장 인상적인 글에 투표하게 합니다. 많은 표를 얻은 글을 그 날의 최고 N행시로 선정합니다.

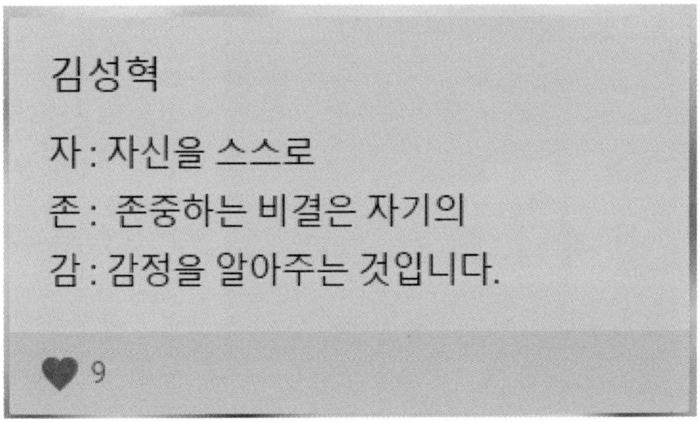

6. 최고의 N행시는 강의자가 운을 띄우고, 전체 참여자와 한 번 더 읽도록 합니다.

진행 Tip

투표할 시간이 부족하다면 강의자가 직접 강의 내용이 잘 드러난 몇 개의 N행시를 선정하여 참여자와 함께 읽어볼 수도 있습니다.

이렇게도 해 볼 수 있어요!

패들렛을 활용하지 않고 채팅창을 활용해서 간단하게 N행시 활동을 해볼 수도 있습니다. 이렇게 하면 전체 참여자의 글을 한 눈에 볼 수는 없지만 별도의 앱을 사용하지 않고 간편하게 활동을 해 볼 수 있습니다.

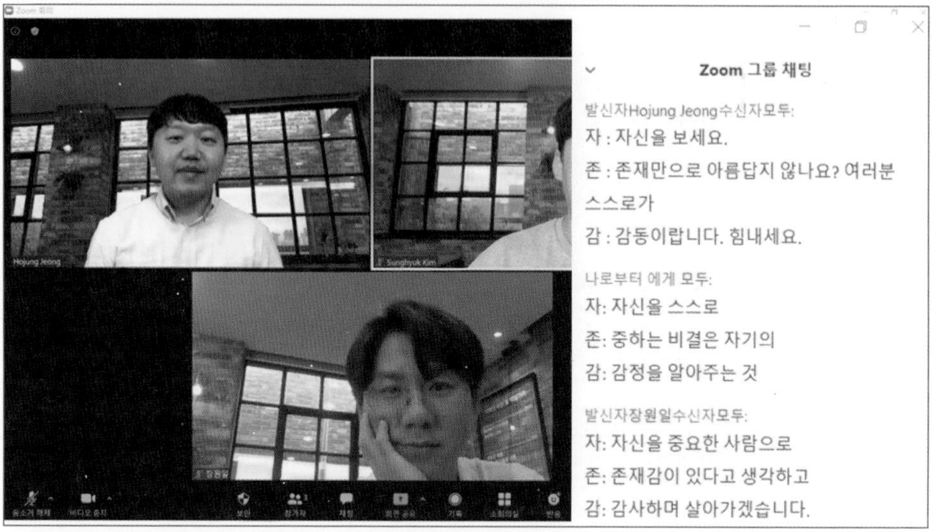

배운 것을 축하하라!

배운 것을 다양한 방법으로 함께 축하하는 활동

온라인 수업을 통해서 배운 것을 함께 축하하는 활동입니다. 서로 축하하면 배움의 기쁨은 배가 됩니다. 『퀀텀 교수법』에서 바비 드포터는 다른 사람들과 손뼉을 마주치는 하이파이브가 학생을 사기가 충만한 상태로 만들어준다고 이야기합니다. 새로운 배움을 이뤄냈을 때 하이파이브해 주는 것은 참여자에게 큰 격려가 된다는 말입니다.

온라인에서 타인의 감촉은 느낄 수 없지만, 동작을 카메라 앞에서 해보는 것만으로도 바비 드포터가 주려고 했던 따뜻한 마음은 전할 수 있을 것입니다.

박수치기

"오늘 함께 참여한 모든 사람들의 배움을 축하하며 다 같이 박수를 쳐보겠습니다." 강의를 마무리하며 응원의 말과 함께 다같이 맞추어 박수를 칩니다. 오디오는 켜고 서로의 박수 소리를 들을 수 있도록 합니다.

만세 삼창하기

신호에 따라 모두 손을 번쩍 들고 환호성을 지르며 만세를 세 번 외칩니다. 이를 통해 오늘도 온라인 수업을 열심히 들은 자신을 격려합니다.

파도타기 응원

운동경기에서 팀을 응원할 때 사용하는 파도타기를 온라인에서 쉽게 해볼 수 있습니다. 순서를 정하고 차례로 손을 들기만 해도 서로에게 힘을 전할 수 있습니다.

장풍 쏘기

강의자의 "하나, 둘, 셋" 신호에 맞추어 장풍을 쏘는 모션을 취합니다. 예전 티비 프로그램 중 '무한도전'에서 출연자들이 장풍을 쏘며 "무한도전!"이라고 외쳤던 것처럼 정해진 구호를 외쳐도 좋습니다. 예를 들어, 장풍을 쏘며 "We can do it!", "우린 최고!" 등의 구호를 외치면 결속력을 더 다질 수 있습니다.

건배하기

어떤 축하 모임에 가든 건배하는 순서가 있기 마련입니다. 건배는 다 같이 잔을 들고 축하하는 의식입니다. 각자 물컵, 음료수 등을 가지고 오라고 합니다. 미리 준비할 필요도 없습니다. 축하하고자 하는 순간에 잠시 컵을 하나씩 가져오도록 하면 됩니다. 컵이 없다면 다른 물건을 들어도 좋습니다. "우리가 오늘 배운 것을 통해 하나 더 알게 된 것을 축하하며 다 같이 건배!" 하면서 컵을 카메라 앞으로 들었다가 내려놓습니다.

칭찬 쪽지 보내기

강의 중간에 채팅창을 통해 개별적인 칭찬 쪽지를 보낼 수 있습니다. 특히 학생들의 경우 이렇게 개인적인 메시지를 통해 칭찬을 받게 되면 내가 특별한 관심을 받고 있다고 느껴 큰 힘을 얻습니다.

격려하기

강의자는 강의 중간에 지속적으로 참여자들을 향해 긍정의 말을 해야 합니다. "좋습니다.", "우린 해내고 있습니다.", "성실하게 참여해주고 있어서 고맙습니다.", "소회의실에서 충분히 논의한 결과를 멋지게 정리해 주었네요."와 같이 학습의 과정을 계속해서 알아주고 격려하면 참여 의지가 높아집니다.

Feel-Learn-Do 나누기

강의에서 배운 내용을 느낌, 배운 것, 실천할 것으로 복습하는 활동

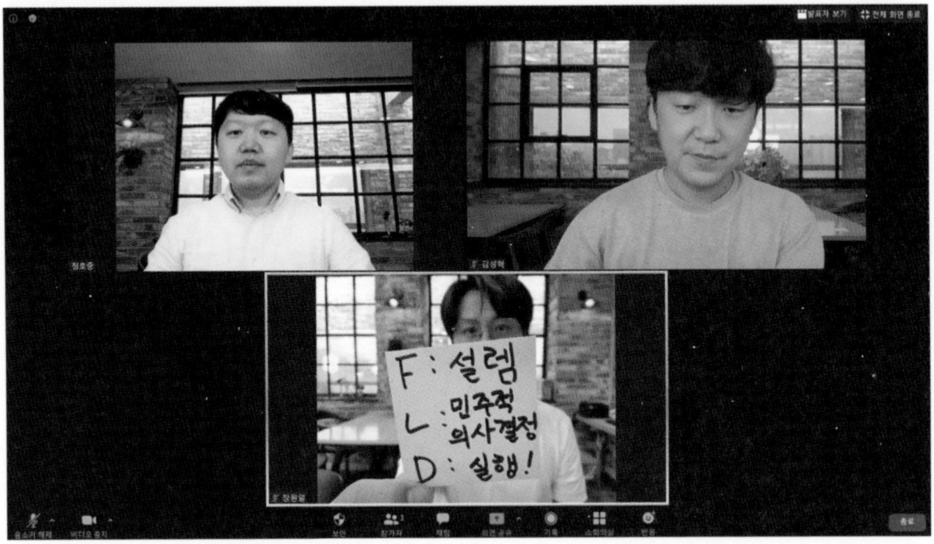

온라인 강의에서 배운 내용을 세 가지 질문에 대한 답으로 정리하는 활동입니다. 참여자는 자신에게 의미 있었던 내용을 떠올려 봄으로써 강의에서 학습한 내용을 체화시킬 수 있습니다. 또한 다른 참여자가 적은 답을 통해 자신이 적지 않았던 내용에 대해서도 한 번 더 생각하게 됩니다. 이 과정을 통해 강의에서 배운 것을 실천하고자 하는 의지를 다질 수 있습니다.

• 진행방법

1. 강의자는 화면 공유를 통해 Feel-Learn-Do 질문을 제시합니다.

   Q. 무엇을 느끼셨나요?

   Q. 무엇을 배우셨나요?

   Q. 무엇을 실천하실 것인가요?

준비물

포스트잇, 네임펜

2. 참여자는 준비한 포스트잇에 세 가지 질문에 대한 답을 작성합니다.
3. 참여자가 답을 작성하는 동안 강의자는 소회의실에 3~4명씩 배정합니다.
4. 작성이 모두 끝나면 참여자는 자신이 적은 내용을 가지고 소회의실에서 만난 사람들과 이야기를 나누도록 합니다.
5. 전체 회의실로 돌아와서 활동에 대한 소감과 감사를 나눕니다.

이렇게도 해 볼 수 있어요!

1. 'Feel-Learn-Do'를 포스트잇에 쓰지 않고 패들렛 같은 공유도구에 작성할 수도 있습니다. 패들렛을 쓰면 시간은 좀 더 걸리지만, 참여자가 작성한 결과가 남아 있어서 계속 활용할 수 있다는 장점이 있습니다.
2. 강의 주제에 맞게 다른 질문 세트를 활용할 수도 있습니다.

• 배. 느. 실

배: 강의시간에 배운 것은 무엇인가요?

느: 강의시간에 느낀 것은 무엇인가요?

실: 강의를 듣고 실천하고 싶은 것은 무엇인가요?

• 좋. 아. 바

좋: 강의에서 좋았던 점은 무엇인가요?

아: 강의에서 아쉬웠던 점은 무엇인가요?

바: 바람이 있다면 무엇인가요?

● 텔레파시 헤어지기

강의를 마치고 헤어질 때 같은 숫자를 가진 참여자부터 먼저 회의실을 나가는 방법

강의의 시작도 중요하지만 끝맺음도 중요합니다. 밝은 표정과 유쾌한 분위기로 강의를 마무리하면 참여자와 강의자 모두에게 그 시간이 즐거운 기억으로 남게 되기 때문입니다. '텔레파시 헤어지기'는 종이 한 장과 주사위 하나만으로 강의를 신나게 마무리하도록 도와줍니다.

• 진행방법

준비물

강의자: 주사위
참여자: 종이와 펜

1. 강의자는 주사위를 준비하고 참여자에게 종이와 펜을 준비하도록 안내합니다.
2. 참여자는 각자 준비한 종이에 선을 그려 6개로 나누고 1부터 6까지 숫자를 쓰게 합니다.
3. 종이를 잘라 6개의 숫자 카드를 만들도록 합니다. 꼭 가위로 예쁘게 자를 필요는 없습니다. 손으로 아무렇게나 찢어도 좋습니다.
4. 전체 참여자에게 1부터 6까지 숫자 카드 중 하나를 골라 카메라 앞에 보여달라고 말합니다.
5. 강의자는 주사위를 굴려 나온 숫자를 보여줍니다. 이 때 카메라로 주사위가 굴러가는 장면을 비추면 긴장감을 느낄 수 있습니다.
6. 주사위 숫자와 같은 숫자 카드를 들고 있는 참여자는 환호하며 먼저 회의실을 나가도록 합니다.
7. 같은 방식으로 반복하여 진행합니다.

진행 Tip

1. 꼭 모든 참여자가 텔레파시가 통할 때까지 놀이를 반복할 필요는 없습니다. 3~4번 정도 놀이를 했다면 남은 참여자는 다음을 기약하며 강의를 종료하도록 합니다.
2. 종이를 잘라 화면에 비추는 시간이 너무 길게 느껴진다면 예상되는 숫자를 손가락으로 표시하게 할 수도 있습니다.
3. 텔레파시가 통한 참여자는 환호성을 지르며 먼저 나갔지만 남은 참여자는 아쉬울 수 있습니다. 강의자가 함께 아쉬움을 표현해주고 남은 참여자에게 관심을 보여주며 마무리 합니다.

이렇게도 해 볼 수 있어요!

- 가위바위보로 헤어지기

즐겁게 마지막을 장식하고 싶다면 가위바위보를 사용해 종료 버튼을 누르게 해보세요. 모든 참여자가 강의자와 가위바위보를 하고 이긴 사람은 먼저 강의실을 나가는 것입니다. 두세 번 정도 진행하고 남은 참여자와는 신나게 두 손을 흔들며 마칩니다.

도전 팔짱

익숙함에서 벗어나 새로운 시도를 축하하는 활동

새로운 것을 시도해 보는 것은 흥분되는 일이지만 동시에 어색하고 불편한 일이기도 합니다. 그 불편함 때문에 우리는 새로운 시도를 하지 말아야 할 이유들을 찾기도 합니다. 간단하게 '팔짱 끼기' 활동을 통해 새로운 시도를 응원하고 격려해 볼 수 있습니다.

강의를 시작하며 아이스브레이킹 활동으로 해도 좋고, 강의를 마무리하며 이 활동을 해도 좋습니다.

• 진행방법

1. 모든 사람이 팔짱을 낍니다.

"다 같이 두 팔을 들고 팔짱을 끼어 볼까요?"

2. 왼팔과 오른팔 중 어떤 팔이 더 위에 있는지 확인합니다.

"그럼 시선을 아래로 내려 팔을 보세요. 어느 쪽 팔이 올라가 있나요?"

3. 손을 내린 후 반대 팔이 위로 올라오게 팔짱을 껴보도록 합니다.

"이번에는 반대쪽 팔이 위로 오도록 팔짱을 다시 한 번 껴 볼까요?"

반대쪽 팔을 위로 올라오게 하면 팔짱을 끼는 것이 무척 불편한 느낌이 듭니다. 팔짱을 끼는 것이 어색해 몇 번에 걸쳐 시도하는 사람도 있습니다.

4. 배운 내용을 돌아 보며 다음과 같은 말로 정리합니다.

"배운다는 것은 새로운 도전을 의미합니다. 편하고 익숙한 방법은 예전 그대로의 모습일 뿐입니다. 변화를 원한다면 기꺼이 불편함을 감수하려는 태도가 필요합니다."

진행 Tip

1. 팔짱을 끼고 서로 불편해 하는 상황을 서로 잠시 관찰해 보도록 해도 좋습니다.
2. "이 활동을 하며 어떤 생각과 느낌이 들었나요?", "앞으로 어떻게 하고 싶은가요?" 라고 질문합니다.

이렇게도 해 볼 수 있어요!

팔짱 대신에 두 손을 이용해 깍지를 끼어 볼 수 있습니다. 양손을 가운데로 모아 깍지를 끼도록 합니다. 오른손 엄지가 왼손 엄지 위에 올라옵니다. 아니면 왼손 엄지가 위로 올라올 수 있습니다. 깍지를 풀고 반대손 엄지가 위로 올라오도록 깍지를 끼어 봅니다. 이것도 마찬가지로 불편한 느낌이 듭니다. 불편한 깍지를 끼어보며 새로운 도전을 응원합니다.

5

Interaction을 위한 온라인 강의 도구

전문가는 자신의 분야에서 여러 상황에 대처할 수 있는
다양한 도구와, 그 도구를 자유롭게 다룰 수 있는
기술을 가지고 있습니다.

왜 ZOOM 외에 다른 도구(Tool)들이 필요한가?

'전문가'라고 불리는 사람들은 자신의 분야에서 여러 상황에 대처할 수 있는 다양한 도구와 그 도구를 자유롭게 다룰 수 있는 기술을 가지고 있습니다. 강의전문가, 수업전문가는 아무런 도구 없이 맨손으로 강의를 할 때도 있지만, 강의 상황에 따라 적재적소에 사용할 수 있는 도구를 갖추고 있습니다. 특히 참여자와 비대면으로 진행하는 온라인 강의라면 오프라인 강의보다 도구의 활용도가 더 높아집니다.

온라인 강의에서 여러 가지 프로그램 도구를 활용하면 어떤 점이 좋을까요?

첫째, 참여자들이 온라인 강의에 보다 쉽게 참여할 수 있는 환경을 만들어줍니다.

"최근에 가장 기뻤던 경험이 있나요? 자신의 경험을 이야기해주세요."

강의자의 말에 선뜻 이야기를 먼저 하겠다고 나서는 사람이 나오지 않습니다. 그러면 강의자는 당황하게 됩니다. 이 상황에 맞는 적절한 온라인 도구가 있다면 이렇게 해 볼 수 있습니다.

"최근에 가장 기뻤던 경험을 지금 제가 보내드린 [멘티미터] 링크 주소에 들어가서 한 문장으로 적어주세요."

"여러분들이 동시에 적어주신 것을 보니, 최근에 선물을 받아서 기뻤던 분이 계시네요. 이야기를 좀 더 부탁드려도 될까요?"

이렇게 생각을 모으는 온라인 도구를 활용하면 학습자가 활동에 부담 없이 참여할 수 있게 됩니다.

둘째, 참여자 간 상호작용을 촉진시켜 줍니다.

"이번에는 제가 보내드리는 [패들렛] 주소로 들어가서 최근에 가장 속상했던 경험을 적어주세요. 글을 다 적고 나서 다른 분들이 적은 문장을 보고, 공감되는 세 분의 글에 댓글을 달아주세요."

참여자 간 상호작용은 강의에 역동을 더해주고, 참여자로 하여금 강의에서 배운 내용을 더 입체적으로 기억나게 합니다. 토의와 토론, 실습과 피드백, 서로 가르치기 같은 상호작용은 온라인 도구를 통해 촉진될 수 있습니다. 온라인 강의에서도 적절한 온라인 도구를 활용하면 어떤 경우에는 오프라인보다 더 즉각적이고 효율적인 참여자 간 상호작용을 만들 수 있습니다.

셋째, 다양한 형태의 온라인 강의를 구현할 수 있습니다.

"4명씩 한 팀이 되어 소회의실에서 조사 활동을 하겠습니다. 팀에서 조사할 주제는 '국내에서 가고 싶은 관광지 소개'입니다. 제가 공유한 [구글 프레젠테이션]에 관광지를 소개하는 자료를 만들어주세요."

[구글 프레젠테이션] 같은 협업 도구를 활용하면 팀원이 동시에 글을 쓰면서 자료를 정리할 수 있습니다. 이처럼 다양한 도구를 갖추고 있으면 강의 상황에 맞는 다양한 활동을 구현할 수 있습니다.

다양한 온라인 도구 소개

온라인 강의에 참여자들을 적극적으로 참여시키고 싶으신가요? 참여자들의 상호작용을 촉진하고 참여자들이 서로 협업하며 성과물을 만들어내는 강의를 계획하고 계신가요? 온라인 강의에서 유용하게 사용할 수 있는 강의 도구와 이를 활용하는 방법을 소개합니다.

온라인강의도구	활용 상황	활동방법
 펜타블렛 & 아이캔노트	판서형	• 중요한 강의 내용에 밑줄이나 별표로 강조하기 • 핵심 내용을 판서로 정리하기 • 수학 문제 풀이 과정을 그대로 보여주기 • 그림을 그려서 설명하기
 멘티미터	실시간 의견수합형	• 동시에 참여자들의 의견을 수합하고 통계 확인하기 (예: 대한민국 하면 생각나는 것은?) • 참여자들의 선호도를 조사하고 통계를 확인하기 (예: 산과 바다 둘 중에 하나를 선택한다면?) • 간단한 퀴즈 내기
 패들렛	공유 및 피드백형	• 참여자들의 생각이나 작품을 글, 사진 등으로 받기 • 참여자들의 생각을 같은 항목으로 묶기 • 다른 참여자들의 생각에 공감 표시 혹은 댓글 달기

구글 문서

구글 프레젠테이션

협업형

- 강의자가 공유한 양식에 참여자들이 동시에 기록하기
- 온라인에서 팀 조사 학습 후 팀 발표 자료 함께 만들기

카훗

퀴즈형

- 참여자들의 사전 지식을 퀴즈로 확인하기
- 강의를 정리하며 학습 내용을 퀴즈로 확인하기

1. 판서형 도구

오프라인 강의뿐만이 아니라 온라인 강의에서도 판서는 기본적이면서도 효과적인 교수 활동입니다. 강의자가 중요한 단어에 밑줄을 긋거나 표로 정리하기, 화살표로 흐름을 제시하기, 연산문제의 풀이 과정을 보여주기 등은 강의에서 중요한 부분을 더 잘 기억할 수 있게 도와줍니다. 참여자는 강의자의 판서를 보면서 수업 과정을 이해할 수 있고, 그 과정을 따라 필기를 하면서 수업 내용을 구조화 할 수 있습니다.

온라인 강의에서 강의자의 판서를 편리하게 할 수 있도록 도와주는 도구를 소개합니다.

1) 펜타블렛

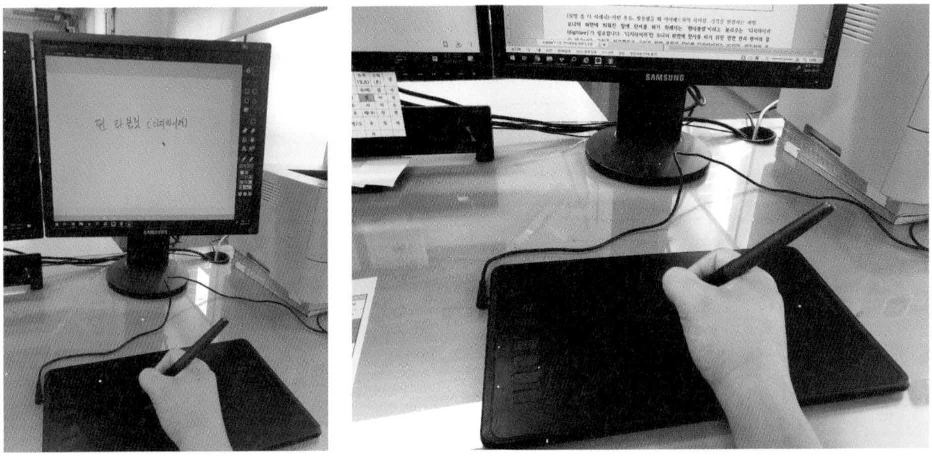

펜타블렛 사용 모습

모니터 화면에 띄워진 창에 판서를 하려면 '펜타블렛'이라고 불리는 '디지타이저(digitizer)'가 필요합니다. '디지타이저'란 모니터 화면에 판서를 할 수 있게 하는 평면 판과 펜이라 할 수 있습니다. PC에 펜타블렛을 연결해서 활용하면 넓은 화면에서 보기 쉽게 판서를 할 수 있습니다.

(1) 펜타블렛 종류

펜타블렛 중에는 유선 연결 모델과 블루투스 기능을 지원하는 무선 모델이 있습니다. 장소를 이동하며 사용할 필요가 없다면 판의 크기가 넓은 유선 연결 모델을 추천합니다. 판의 크기가 너무 작으면 입력 영역이 작아져서 판서가 불편할 수 있습니다.

또한 액정이 있는 모델과 없는 모델로 구분할 수 있습니다. 액정이 있는 모델은 값이 비싸며 컴퓨터와 연결할 수 있는 부품이 필요하기도 합니다. 그림을 전문적으로 그리기 위한 목적이 아니라 온라인 판서용이라면 10만원 내외의 모델이 좋습니다.

(2) 펜타블렛 설치 및 기본 설정

펜타블렛이 준비되었다면 PC에 연결하고 기본적인 설정을 합니다.

① 작업영역 설정하기

듀얼모니터를 쓰는 경우, 작업영역을 어떤 모니터로 할지 설정합니다.

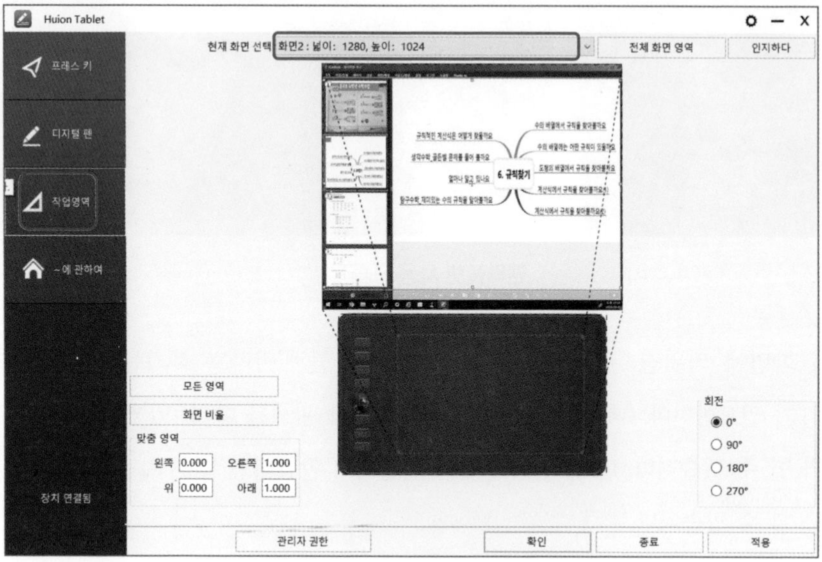

휴이온 H950P 작업영역 설정 모습

② 필기 연습해보기

타블렛에 필기를 하는 것은 칠판이나 종이에 필기하는 것과는 필기감이 다를 수 있어서, 처음 사용한다면 연습이 필요합니다.

(3) 펜타블렛 기본 프로그램에서 활용하기

펜타블렛이 있다면 ZOOM의 [화이트보드]나 파워포인트 슬라이드, 그림판 등 다양한 프로그램에서 판서를 해 볼 수 있습니다. [파워포인트]와 윈도우10 앱인 [화이트보드]에 작성하는 방법을 간단하게 소개합니다.

① 파워포인트에서 필기하기

• 파워포인트 펜 기능으로 필기

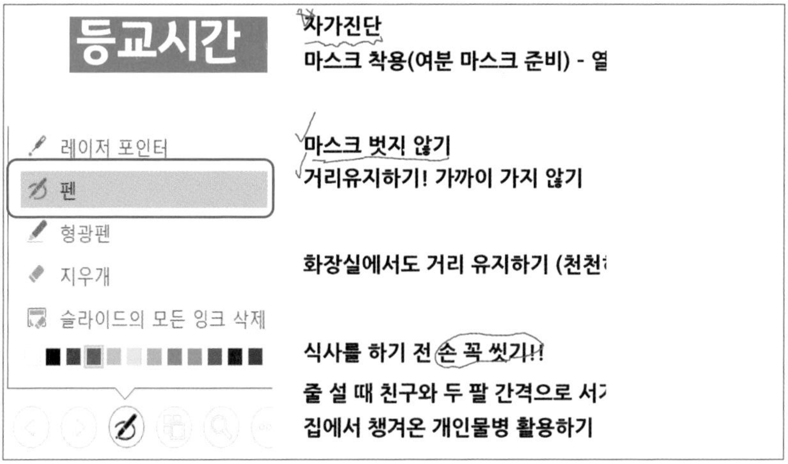

[파워포인트]에서는 [슬라이드 쇼] 실행 후, 슬라이드 좌측 하단에서 [펜 도구]를 선택해 판서할 수 있습니다.

② 윈도우 앱 '화이트보드'로 판서하기

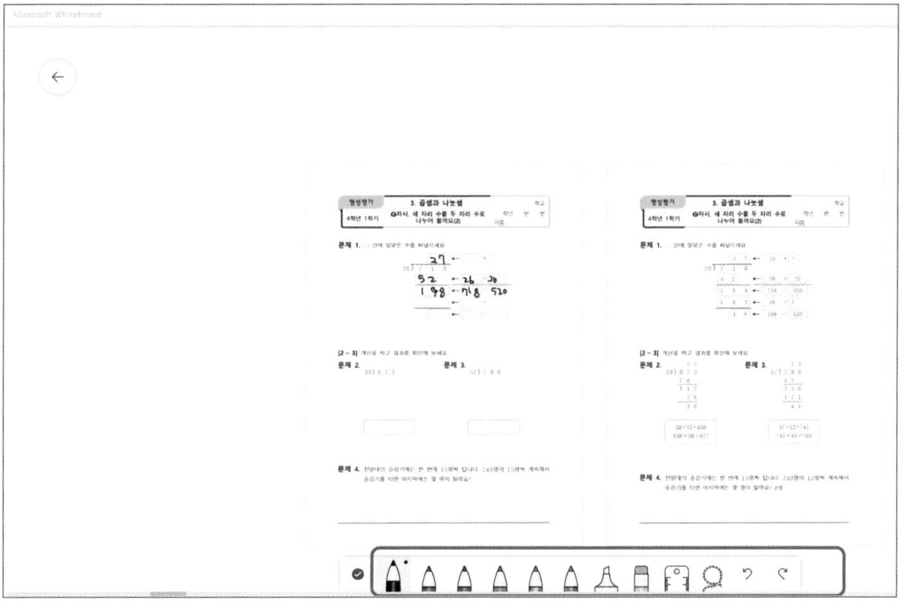

마이크로소프트에서 제공하는 [화이트보드] 앱을 활용해서 판서합니다. 윈도우10에 기본으로 제공된 앱으로, PC에 설치되어 있지 않다면 포털사이트에 '마이크로소프트 화이트보드'를 검색해서 무료로 다운 받을 수 있습니다. 화면 중앙 하단에 있는 펜 기능을 활용하여 빈 양식 혹은 pdf, ppt, 이미지 등의 양식에 판서할 수 있습니다.

이렇게 기본적인 프로그램을 통해서도 판서를 할 수 있지만, 다양한 강의 자료로 강의를 구성하거나, 조금 더 세밀한 판서를 하고 싶다면 전용 판서 프로그램을 활용할 수 있습니다. 저작권 걱정 없이 무료로 쓸 수 있는 아이캔노트(Icannote)를 추천합니다.

(4) 전용 판서 프로그램 [Icannote] 활용하기

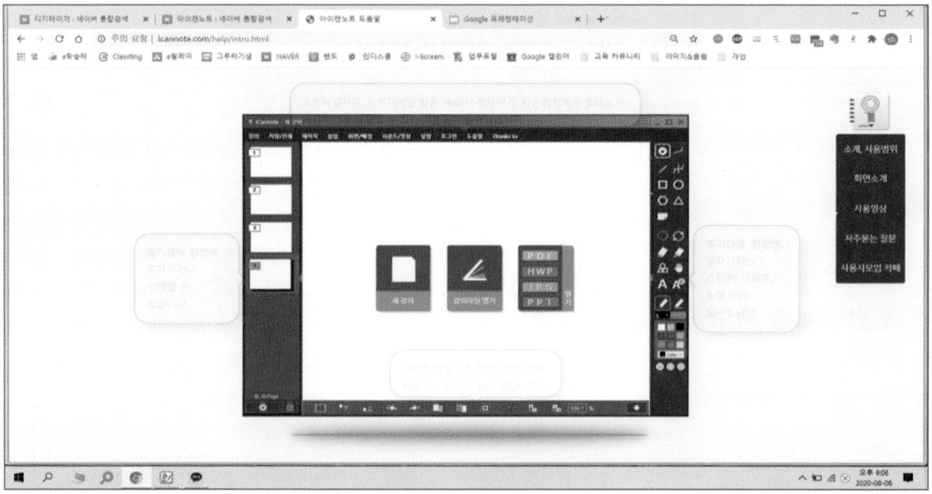

<출처: http://icannote.com>

① 장점

- 저작권 걱정 없이 무료로 쓸 수 있습니다.
- 하이라이트 기능, 직선, 곡선, 도형 등 여러 가지 효과를 쉽게 활용할 수 있습니다.
- 다양한 형식의 문서들인 파워포인트, pdf, 한글자료, 이미지 등을 불러와 강의 자료를 쉽게 구성할 수 있습니다.

② Icannote 아이캔노트 사용하기

가. 프로그램 다운로드

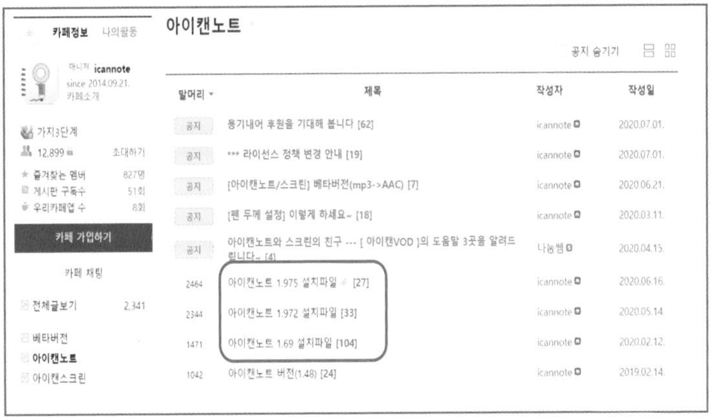

<출처: https://cafe.naver.com/icannote >

'아이캔노트'라고 포털사이트에서 검색하고, 네이버 사용자 카페에서 무료로 다운 받을 수 있습니다.

나. 프로그램 실행하기

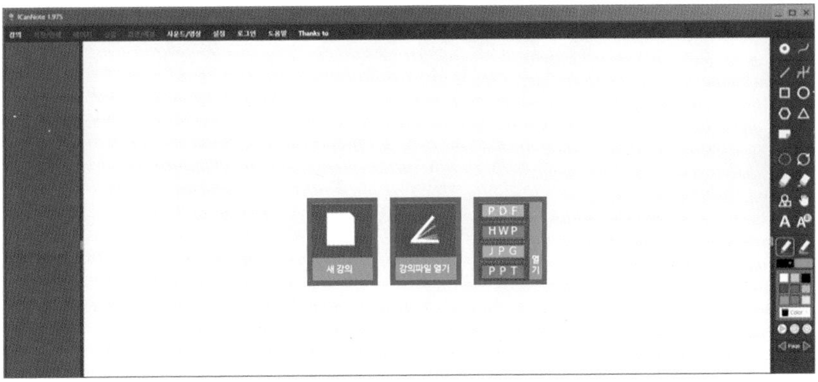

프로그램을 실행하고 [새 강의], [강의파일 열기], [pdf/hwp/jpg/ppt열기] 중에 하나를 선택합니다.

- 새 강의: 빈 양식을 불러옵니다.
- 강의 파일 열기: 기존에 작업했던 아이캔노트 파일을 불러옵니다.
- pdf/hwp/jpg/ppt 열기: 특정 형식의 파일을 불러옵니다.

[교재파일 추가]를 누르면 형식에 상관없이 다양한 종류의 자료를 추가로 불러올 수 있습니다.

다. 화면구성 및 기능 소개

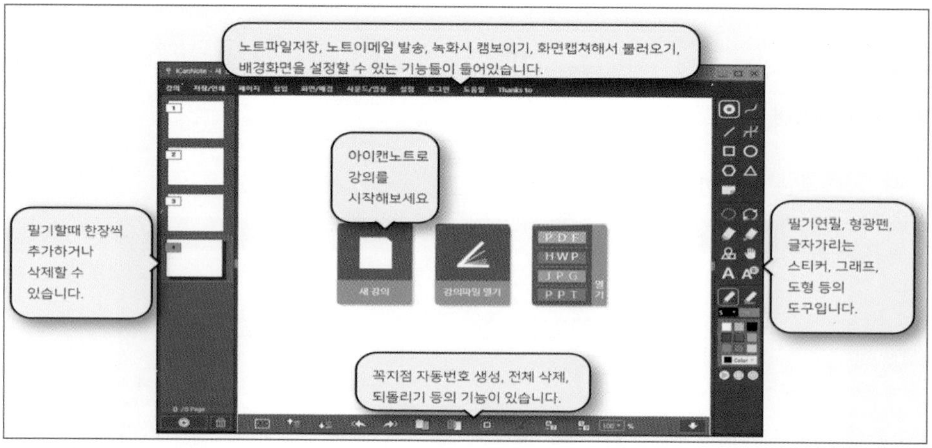

<출처: http://icannote.com>

라. 강의 자료에 판서하기

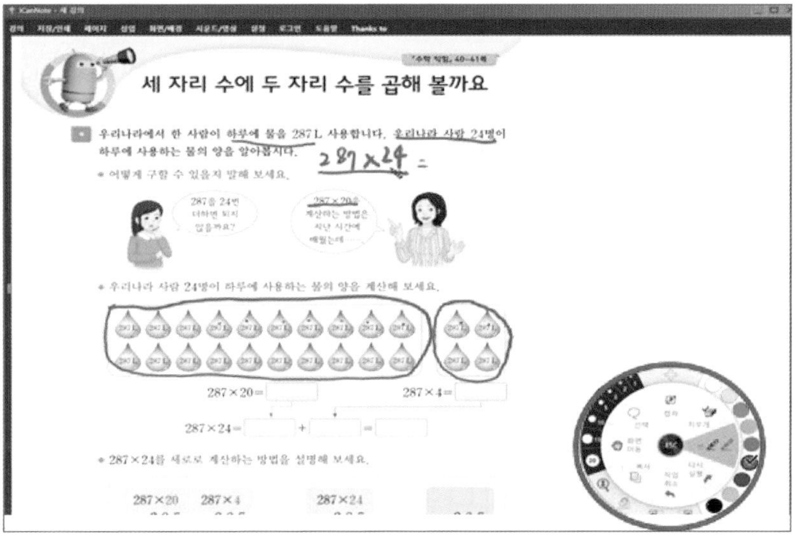

필수 기능들이 모여져 있는 '원형 팝업메뉴'를 활용하면 강의 중 쉽게 판서를 할 수 있습니다. 원형 팝업메뉴는 마우스 오른쪽 버튼을 클릭하면 나타납니다.

강의를 할 때 마우스로 클릭해서 기능을 실행하는 것보다, 단축키를 활용하면 한결 매끄럽게 강의를 진행할 수 있습니다. 필수 단축키는 다음과 같습니다.

필수 단축키

L(선 그리기) / D(지우기) / Ctrl+PageUp: 화면확대 / Ctrl+PageDown: 화면축소

더 알아보기

아이캔노트에서는 파워포인트의 애니메이션 효과를 사용할 수 없습니다. 애니메이션 효과를 사용하려고 한다면 파워포인트 자체의 펜 기능을 사용하거나, 아이캔스크린(icanscreen) 화면 캡처 프로그램을 사용해야 합니다.

2. 실시간 의견수합 도구 '멘티미터'

참여자들이 강의 시작을 기다리는 순간은 언제나 긴장됩니다. 낯선 참여자들과 함께 서로의 얼굴을 바라보며 수업을 듣는 것은 어색하기 때문입니다. 어떻게 하면 긴장을 풀고 참여하고자 하는 마음을 이끌어 낼 수 있을까요? 멘티미터는 참여자의 경험, 생각, 의견을 나누며 서로의 마음을 부드럽게 하고 학습 동기를 유발합니다. 또한 강의에서 유용한 보조 자료로 활용할 수도 있습니다.

짧은 시간 내에 참여자의 의견을 수합하고, 통계까지 낼 수 있는 온라인 도구 '멘티미터'에 대해 알아봅시다

멘티미터는 참여자의 답변을 즉각적으로 받고 통계도 낼 수 있는 온라인 도구입니다. 장점은 다음과 같습니다.

장점

- 참여자가 별도의 앱을 설치하지 않고 브라우저를 통해서 접속이 가능합니다.
- 무료 버전에서도 참여자 수에 제한이 없습니다.
- '다지선다', '평점척도', '주관식 입력' 등 다양한 설문 유형을 제공합니다.
- 응답수가 많은 답변을 더 크게 보여주는 '워드클라우드' 템플릿이 있어 한눈에 보기 좋습니다.

1. 멘티미터가 필요한 상황

- 몇 가지의 보기 중에서 어떤 것이 제일 좋은지 선호도를 묻고 그 결과를 그래프로 보여줄 때
- 참여자의 다양한 답을 묻고, 전체 참여자의 응답 결과를 바로 확인할 때

2. 이렇게 사용해요

1) mentimeter.com에서 회원가입 및 로그인

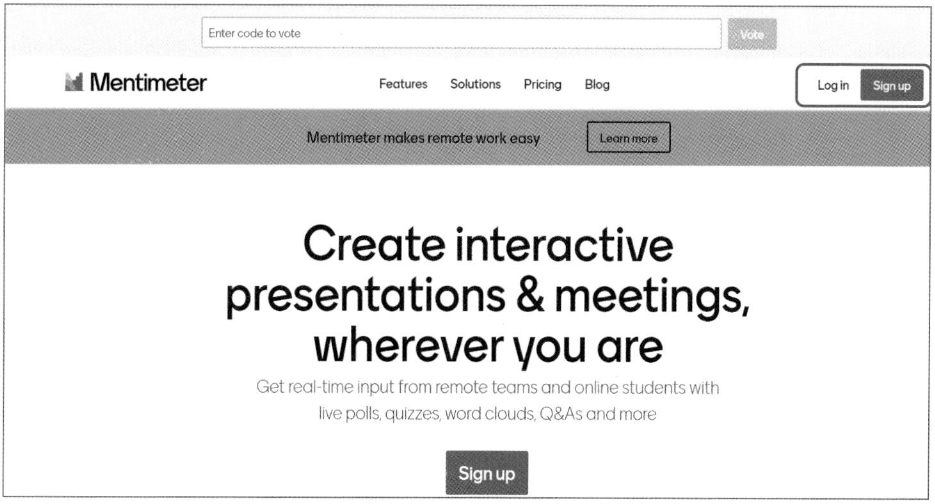

2) 새 프레젠테이션 만들기

(1) 로그인 후 보이는 화면에서 [+New presentation] 버튼을 클릭하여 새 프레젠테이션을 만듭니다. 무료 버전에서도 프레젠테이션은 무제한 만들 수 있습니다.

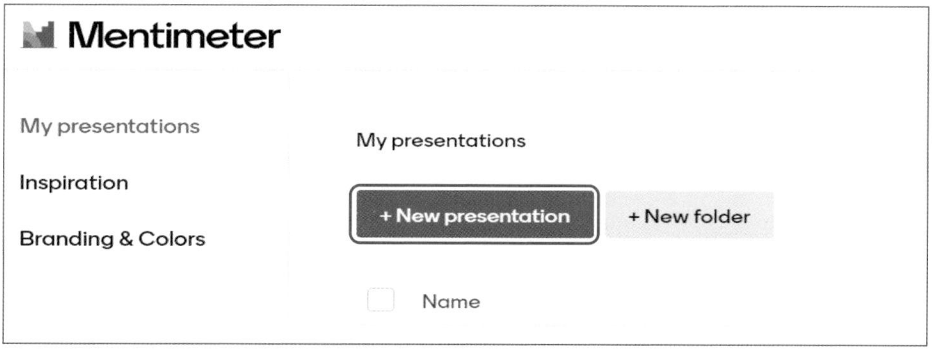

(2) 생성할 프레젠테이션 제목을 입력하고 [create presentation]을 클릭합니다.

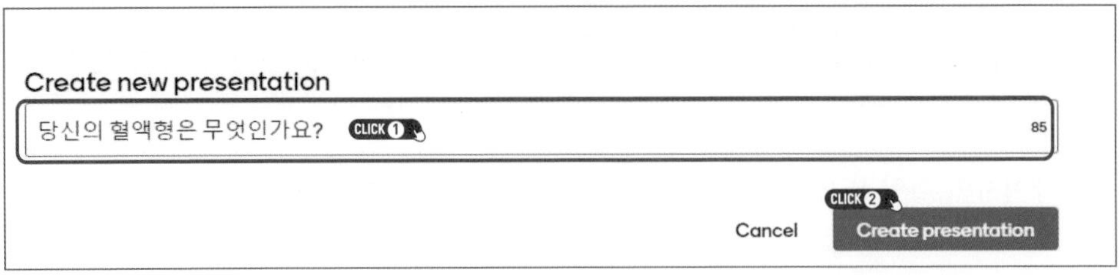

3) 생성한 프레젠테이션 내용 설정하기

(1) 어떤 타입으로 할 것인지 선택합니다. 무료 버전이라면 질문 타입은 한 프레젠테이션에서 2개까지, 퀴즈 타입은 5개까지, 콘텐츠 슬라이드는 무제한으로 만들 수 있습니다.

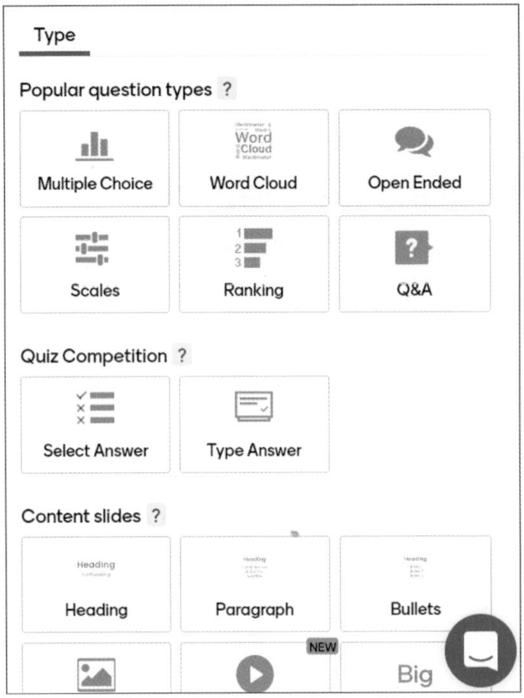

(2) 만든 타입에 맞춰서 제목, 내용을 입력하고 슬라이드를 설정합니다.

예 Multiple Choice(다지선다)

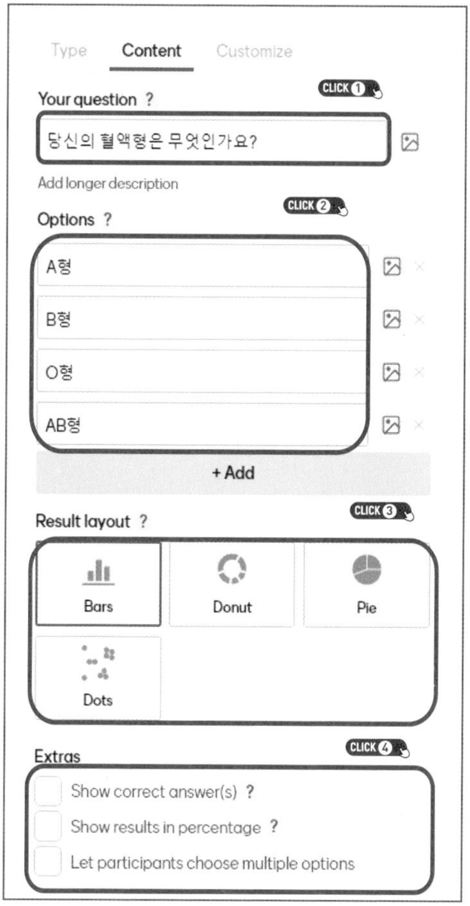

❶ Your question: 질문 제목을 적습니다.

❷ Options: 참여자들이 선택할 보기를 적습니다.

❸ Result layout: 참여자들의 응답 결과를 보여줄 틀을 선택합니다.

❹ Extras: 추가로 선택할 수 있는 설정입니다.

- Show correct answer(s): 정답을 참여자들에게 보여줍니다.
- Show results in percentage: 결과를 확인할 때 선택지마다 응답 비율을 보여줍니다.
- Let participants choose multiple options: 참여자가 여러 개의 선택지를 체크할 수 있게 합니다.

4) 공유하기

(1) 화면 오른쪽 상단에 있는 [Share] 버튼을 누릅니다.

(2) ①링크 주소나 ②QR코드를 참여자에게 공유합니다. 설문조사에 입장할 때 별도의 인증번호는 필요하지 않습니다.

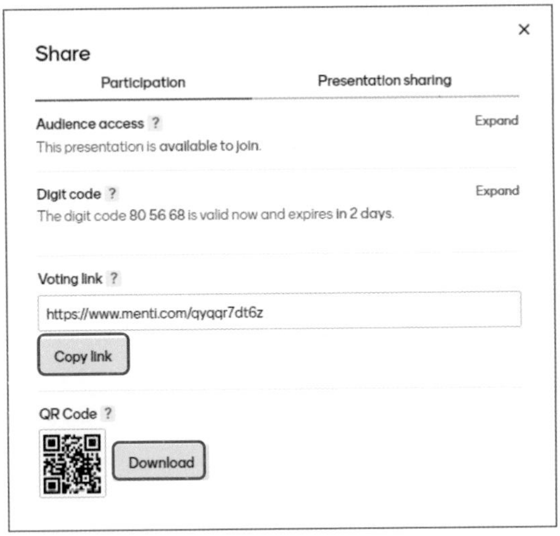

5) 참여자 응답 및 결과 확인

멘티미터에서는 한 번에 한 슬라이드씩 설문에 참여할 수 있습니다. 한 슬라이드에 대한 응답을 마치면 결과를 확인하고 강의자가 다음 슬라이드로 넘기면 다음 질문에 참여할 수 있습니다.

3. 이렇게 적용해요

1) 참여자 앙케이트 조사하기(질문 타입에서 Multiple Choice 활용)

〈응답자 참여 화면〉

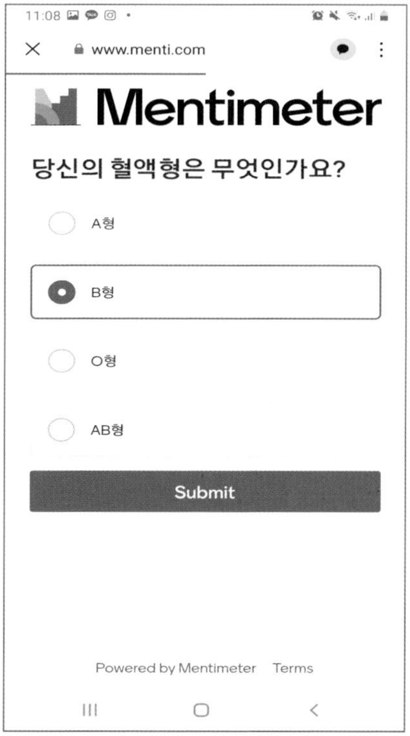

〈강의자 멘티미터 프레젠테이션 화면〉

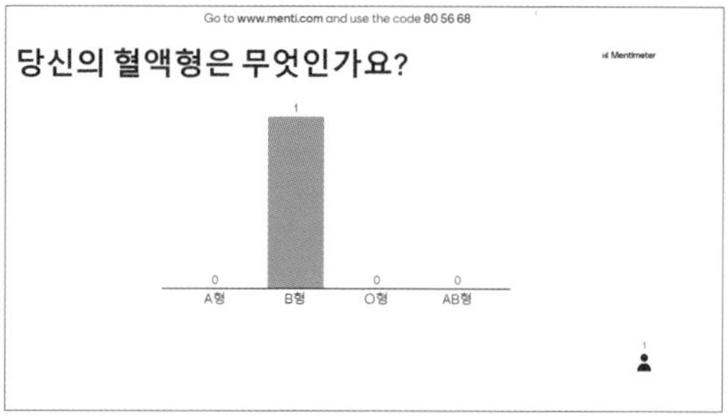

- 참여자는 무기명으로 참여합니다.
- 참여자의 응답결과는 강의자의 프레젠테이션 화면을 통해 확인할 수 있습니다.
- 참여한 사람의 숫자가 오른쪽 하단에 표시됩니다.

강의를 시작하기 전에 간단한 혈액형 조사를 해보도록 하겠습니다. 오늘 우리는 '성격'에 대해 알아볼 텐데요. 그 전에 오늘 참여하신 분들의 혈액형을 한 번 조사해보겠습니다.
채팅창에 전송한 멘티미터 주소를 클릭하고, 질문에 응답해 주세요.
자신의 혈액형을 체크해서 제출해주세요. 여러분들의 응답을 보니, 오늘 오신 분들 중에는 B형이 많으시군요.

2) 참여자의 경험이나 생각을 짧은 답변으로 받아 한눈에 보이게 나타낼 때

(질문 타입에서 Word Cloud 활용)

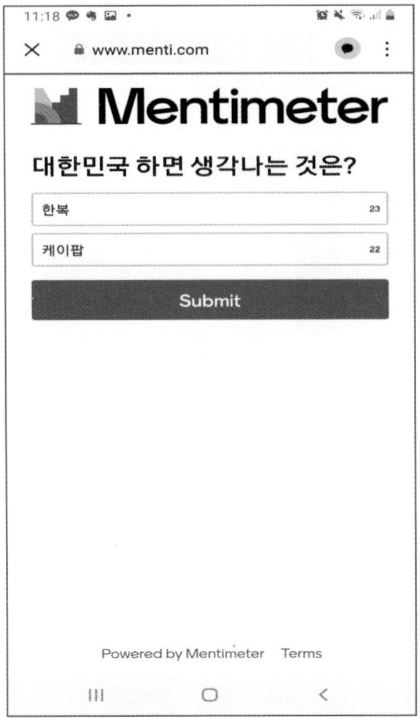

- 똑같은 응답이 나올 경우 글자의 크기가 더 커집니다.
- 멘티미터에서 가장 많이 활용되는 양식입니다.

우리나라에 대한 강의를 시작하며 '대한민국' 하면 떠오르는 것을 확인해 보겠습니다.
채팅창에 전송된 멘티미터 주소를 클릭하고, 질문에 응답해주세요.
(첫 번째 질문이 프레젠테이션에 나오고) '대한민국'하면 생각나는 단어를 두 가지 적어주세요. (오른쪽 하단에 있는 숫자를 보고 참여자가 모두 참여했음을 확인한 후) 어떤 단어가 가장 많이 나왔나요? 많이 나온 답은 크기가 큽니다. 가장 많이 나온 단어는 '케이팝'이네요. 케이팝을 쓰신 분들, 손 들어 보실까요? 한 분께 여쭤보겠습니다. 그렇게 생각한 이유를 말씀해주실 수 있을까요?

3. 공유 및 피드백형 도구 '패들렛'

참여자들의 아이디어를 모은 결과물을 가지고, 공유하며 피드백을 주고 받는 것은 참여자 간 상호작용을 활발하게 해줍니다. 이 과정을 통해 참여자는 자신의 생각을 다른 사람과 비교해보고 더 크게 확장시킬 수 있습니다.

모든 참여자가 작성한 결과물을 한눈에 볼 수 있고 강의가 끝나고 나서도 게시물을 확인하고 활용할 수 있는 공유 및 피드백형 온라인 도구 '패들렛'을 소개합니다.

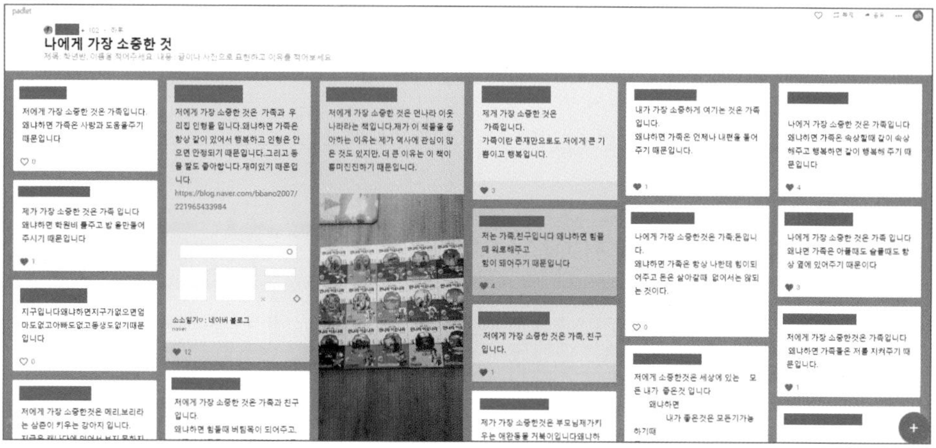

패들렛은 포스트잇을 붙이는 온라인 담벼락이라고 할 수 있습니다. 온라인 담벼락에는 글을 쓸 수 있을 뿐만 아니라 사진, 영상, 링크 주소도 포스트잇처럼 붙이고 게시할 수 있습니다.

장점

- 참여자는 별도의 앱을 설치하지 않고 회원가입 없이 브라우저를 통해서 접속할 수 있습니다.
- 무료 버전에서도 8개의 템플릿을 사용할 수 있습니다.
- 글쓰기, 이미지 및 동영상 첨부, 링크 연결 등 다양한 게시가 가능합니다.
- 게시물에 '좋아요, 댓글'을 달 수 있어 참여자 간 반응을 유도하고 의견을 교류할 수 있습니다.

1. 패들렛이 필요한 상황

- 강의 중이나 쉬는 시간, 혹은 강의 후에 참여자 질문 받기
- 참여자의 생각과 활동 결과물을 글이나 사진 자료로 받아 공유하기
- 팀별 과제 중 필요한 여러 유형의 자료(문서 파일, 웹사이트, 동영상 등) 모으기
- 강의 마무리에서 경험한 것, 알게 된 것, 느낀 것 쓰기

2. 이렇게 사용해요

1) padlet.com 회원가입 및 로그인

2) 패들렛 만들기 및 템플릿 선택

(1) [+PADLET 만들기]를 선택합니다

패들렛 무료 버전은 총 3개까지 담벼락을 만드는 것이 가능합니다. 의견을 모두 모은 후에는 내보내기 기능을 활용해서 자료를 PDF파일로 저장할 수 있습니다. 만약 담벼락

이 부족하다면 기존 담벼락 자료를 PDF파일로 저장한 뒤 기존 담벼락을 삭제하고 새로운 담벼락을 만들어 사용할 수 있습니다.

(2) 템플릿을 선택합니다

① 패들렛 템플릿별 사용 예시

담벼락은 벽돌형식의 레이아웃으로 게시물이 자동정렬됩니다. 참여자들의 게시물을 한눈에 보기에 편합니다.

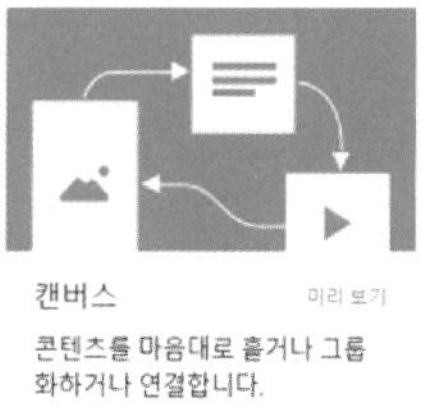

캔버스는 내가 원하는 위치에 게시물을 올릴 수 있습니다. 게시물을 드래그하여 이동시키면 내가 원하는 곳에 그대로 자리하게 되므로 강의자가 게시물을 분류하는 것을 참여자에게 보여줄 수 있습니다. 또한 서로 관련 있는 게시물끼리 화살표로 연결할 수 있는 점도 특징입니다.

스트림은 마치 신문처럼 새 게시물을 이전 게시물 위로 정렬시켜 줍니다. 참여자들이 올린 게시물을 차례로 보고싶을 때 사용하기 좋습니다.

그리드는 길이가 긴 게시물의 폭에 맞추어 게시물이 자동정렬됩니다. 담벼락 템플릿에 비해 한 화면에 많은 게시물을 볼 수는 없지만 깔끔하게 볼 수 있다는 장점이 있습니다.

셸프를 사용하면 주제별로 게시물을 분류하여 게시할 수 있습니다. 같은 주제는 같은 열에 배치할 수 있어 게시물을 효과적으로 관리할 수 있습니다.

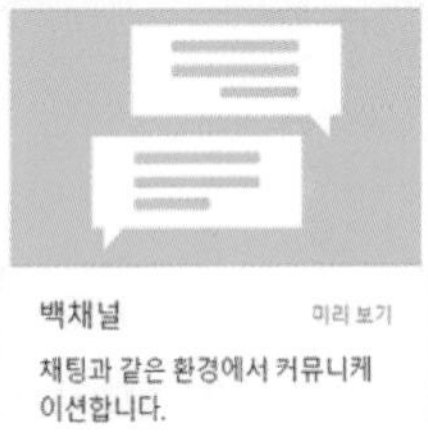

백채널은 마치 상대방과 채팅을 하듯 게시물을 배치합니다.

지도를 클릭하면 세계지도가 보입니다. 인터넷 지도와 같이 확대하면 우리동네 지도까지 자세하게 볼 수 있습니다. 이 틀을 사용하면 자신이 선택한 지역에 게시물을 올려 다른 참여자와 공유할 수 있으므로 다양한 장소를 활용해야 하는 강의에서 사용하기 좋습니다.

타임라인은 가로선을 따라 좌우로 내용을 배치할 수 있습니다. 이 틀은 역사적 사실과 같이 시간 순서가 분명한 게시물을 배치할 때 유용합니다.

(3) 생성한 패들렛 설정하고 게시하기

① 제목, 설명을 작성합니다.

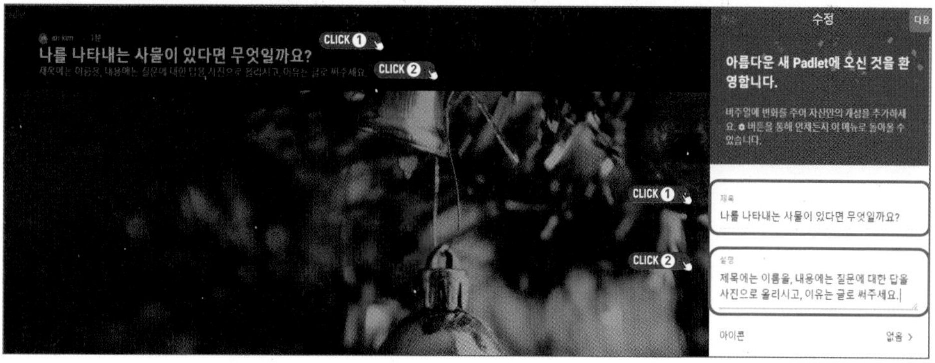

❶ **제목:** 패들렛 제목을 적습니다.

❷ **설명:** 참여자가 게시물을 올릴 때 필요한 내용을 적습니다.

② [게시 관련]에서 댓글 및 반응을 설정합니다.

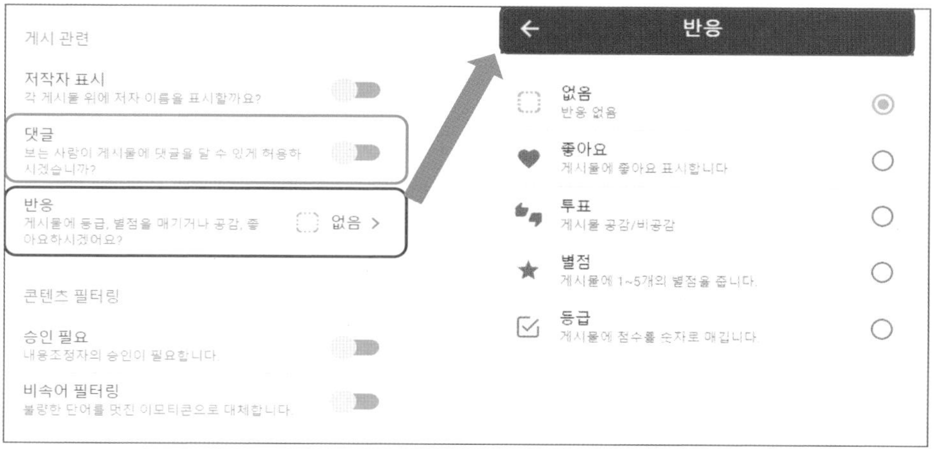

참여자가 다른 사람의 게시글에 댓글을 달 수 있게 하고자 한다면 댓글 기능을 활성화 합니다. 다른 사람의 게시글에 '좋아요'를 누르거나 별점을 주고자 한다면 [반응]을 활성화하고 어떤 반응을 하게 할 것인지 선택합니다.

③ 게시하기

[게시 시작하기]를 눌러 패들렛을 게시합니다.

④ 프라이버시 변경해서 공유하기

화면 우측 상단에 있는 [공유]를 누릅니다.

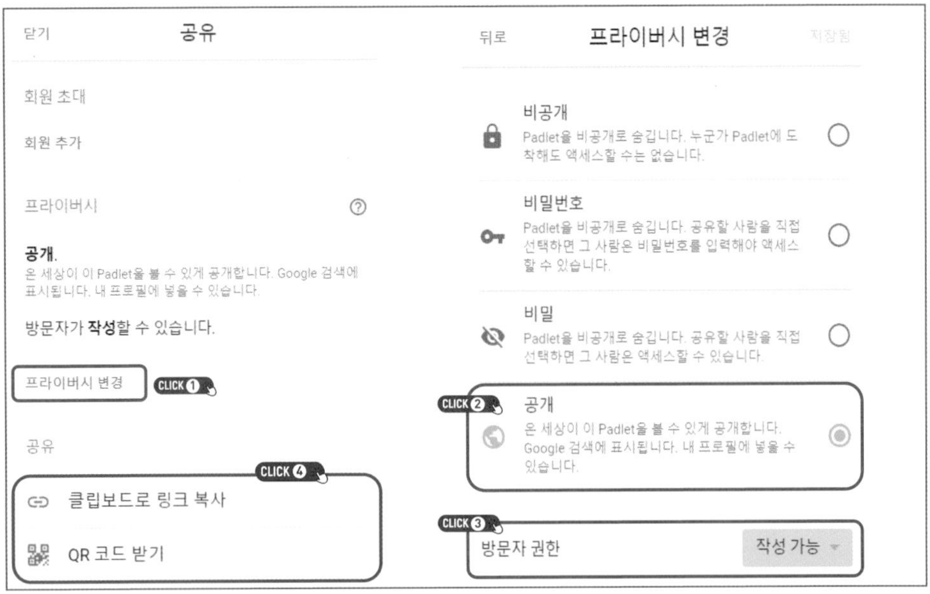

빨간 글씨로 되어 있는 ① [프라이버시 변경]을 클릭하고 ② [공개]를 선택한 후 저장합니다. 방문자 권한이 ③ '작성 가능'이 되어 있는지 확인합니다. [공개], [작성 가능]으로 선택되어 있어야 참여자가 패들렛을 확인하고, 게시물을 올릴 수 있습니다. 참여자들에게 패들렛을 공유하기 위해서는 ④ 링크 주소를 복사하거나 QR코드를 다운로드하여 전달합니다.

⑤ 참여자 응답하기

〈응답자 스마트폰 참여 화면〉

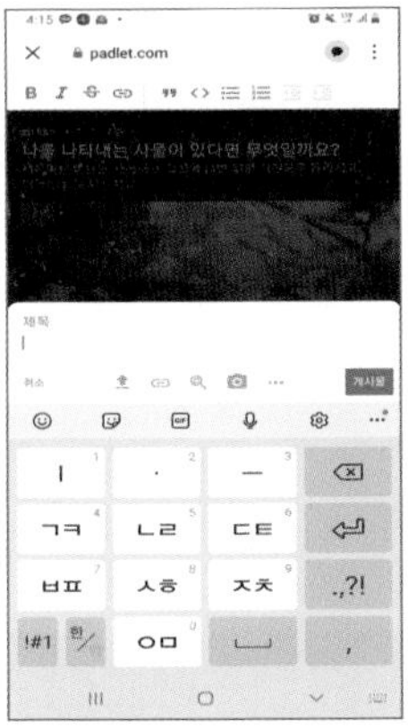

〈패들렛 화면〉

생성한 패들렛에서 참여자의 게시물을 확인합니다. 참여자 또한 다른 참여자의 게시물을 볼 수 있습니다.

⑥ [게시물 내보내기]로 저장하기

참여자의 응답 결과를 이미지 혹은 PDF 등의 형식으로 저장하고 인쇄도 할 수 있습니다.

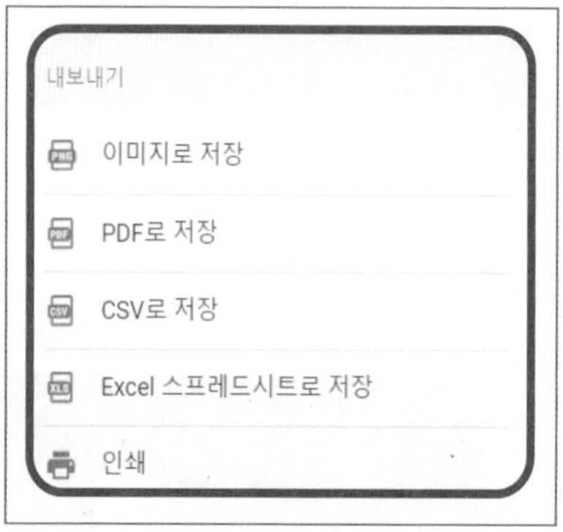

3. 이렇게 적용해요

1) 참여자들의 생각, 의견 혹은 사례를 공유

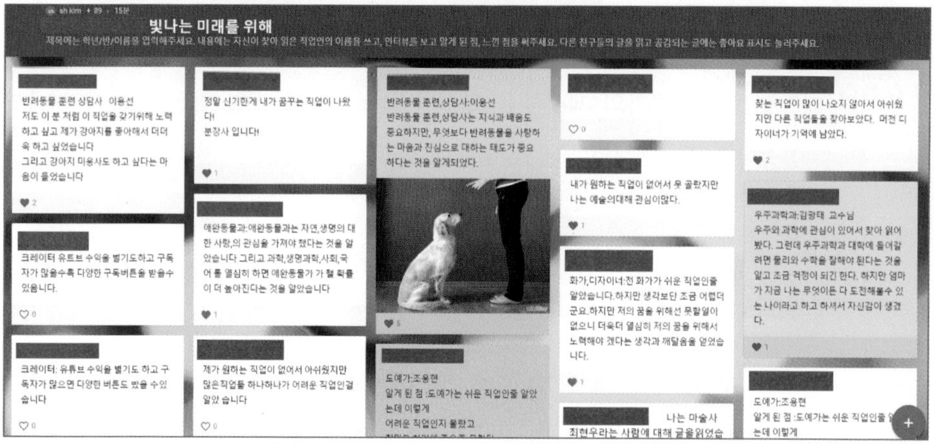

내가 관심을 가지고 있는 직업 분야의 전문인 인터뷰를 찾아보았습니다. 인터뷰를 읽고 알게 된 점, 느낀 점을 패들렛에 올려주세요. 제목 칸에는 자기의 이름을 쓰고 내용 칸에는 찾은 직업인의 이름과 알게 된 점, 느낀 점을 적어주시면 됩니다.

2) 기준에 따라 게시물 분류(패들렛 캔버스 템플릿 활용)

우리가 작성한 패들렛을 함께 봐주세요. 제가 게시물을 움직이며 같은 감정끼리 묶어보도록 하겠습니다. 짜증은 짜증끼리, 분노는 화와 같이, 그리고 무기력은 체념과 같이 묶어볼 수 있겠네요. 비슷한 감정은 같은 색깔로 표시해보겠습니다. 위의 감정들은 모두 양육자가 느끼는 감정인데요. 이것으로 아이의 문제행동을 분류해 보았습니다.

3) 활동한 결과물 제출하고 동료평가하기

오늘 만든 작품을 패들렛에 올리고, 소감을 간단하게 작성해주세요. 다른 학생들의 작품 중 표현이 잘 되었다고 생각되는 사람의 게시물에 '좋아요' 표시를 눌러주세요. '좋아요' 표시는 세 개의 작품에만 하겠습니다.

4. 협업형 도구 '구글 문서'와 '구글 프레젠테이션'

협업형 도구를 사용하면 하나의 문서에 다수의 참여자들이 동시에 기록을 남길 수 있습니다. 이를 통해서 참여자들이 서로 협력하여 자료를 만들어 보는 활동을 할 수 있고 강의자가 제시한 자료에 서로의 생각을 적고 토론해볼 수도 있습니다.

장점

- 모든 참여자가 동시에 기록하고, 쉽게 편집할 수 있습니다.
- 편집할 때마다 자동저장되기 때문에 저장에 대해 신경을 쓰지 않아도 됩니다.
- 자체 웹 검색 기능을 통해 구글 이미지나 유튜브 동영상을 검색하여 간편하게 삽입할 수 있습니다.

1. 구글 문서와 구글 프레젠테이션이 필요한 상황

- 온라인 강의에서 팀 활동지를 공유하고 팀 활동 과정을 기록으로 남기게 할 때
- 사진, 동영상이 들어가는 팀별 발표 과제를 팀원이 협업하여 동시에 작성할 때
- 여러 명이 동시에 참여형 놀이를 할 때

2. 이렇게 사용해요

1) 들어가기

① 구글 계정에 로그인하고 우측 상단의 ② 아이콘을 클릭합니다. 여러 가지 구글앱 중에서 '문서' 혹은 '프레젠테이션'을 선택합니다.

2) 협업을 위한 설정하기

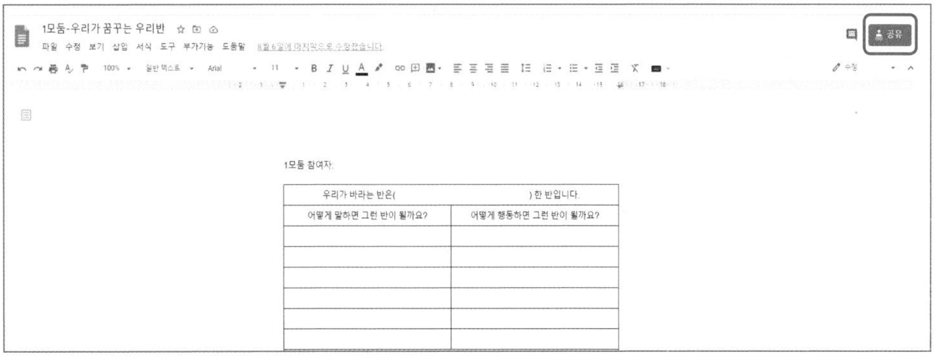

참여자에게 공유할 양식을 작성한 뒤에 우측 상단의 [공유]를 누릅니다.

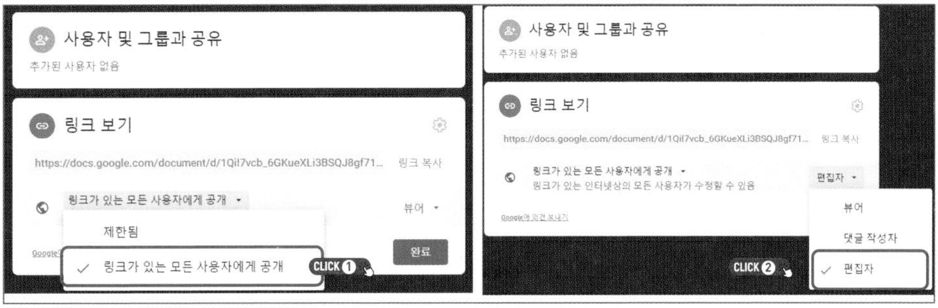

① [링크가 있는 모든 사용자에게 공개] – ② [편집자]를 체크해서 링크 주소가 있는 모든 참여자가 내용을 입력할 수 있게 합니다.

이렇게 설정을 마치면 ① [링크 복사]를 하고 ② [완료]합니다. 복사한 링크는 참여자들에게 공유합니다. 이 과정은 구글 문서, 프레젠테이션 모두 동일합니다.

이런 점은 주의해요!

참여자에게 편집 권한을 부여했을 때 강의자가 만든 양식이나 다른 참여자가 작성한 글을 실수로 지워버릴 수가 있습니다. 실수로 지웠을 때는 화면 상단의 '실행취소'(Ctrl+Z)를 눌러 되돌릴 수 있도록 미리 안내합니다.

3. 구글 문서 사용 예시

구글 문서를 기록할 때는 기록자를 정해 한 명의 기록자가 정리할 수도 있고, 팀원 전체가 모두 동시에 구글 문서를 작성할 수도 있습니다. 다음 예시를 한 번 보겠습니다.

1) 팀에서 상의하고 한 명의 기록자가 정리하기

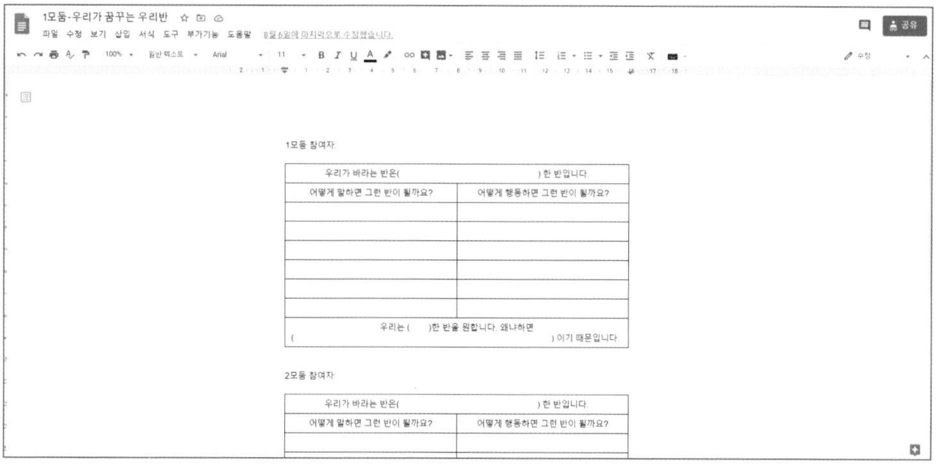
1모둠-우리가 꿈꾸는 우리반

파일 수정 보기 삽입 서식 도구 부가기능 도움말

1모둠 참여자:

우리가 바라는 반은( ) 한 반입니다.	
어떻게 말하면 그런 반이 될까요?	어떻게 행동하면 그런 반이 될까요?
우리는 ( )한 반을 원합니다. 왜냐하면 ( ) 이기 때문입니다.	

2모둠 참여자:

우리가 바라는 반은( ) 한 반입니다.	
어떻게 말하면 그런 반이 될까요?	어떻게 행동하면 그런 반이 될까요?

활동: 우리가 바라는 반 만들기

우리가 바라는 반을 위해 어떤 말과 행동을 하면 좋을지 팀별로 나누어 적어보겠습니다. 팀별로 소회의실에서 활동할 것입니다. 우리가 만들기 원하는 반은 어떤 반인지 먼저 적어봅니다. 우리가 바라는 반을 만들기 위해서 해야 할 말과 행동을 팀에서 상의하고 팀 문서에 적어보도록 하겠습니다. 기록자는 팀에서 상의한 내용을 작성해주세요.

2) 모든 팀원이 동시에 기록하기

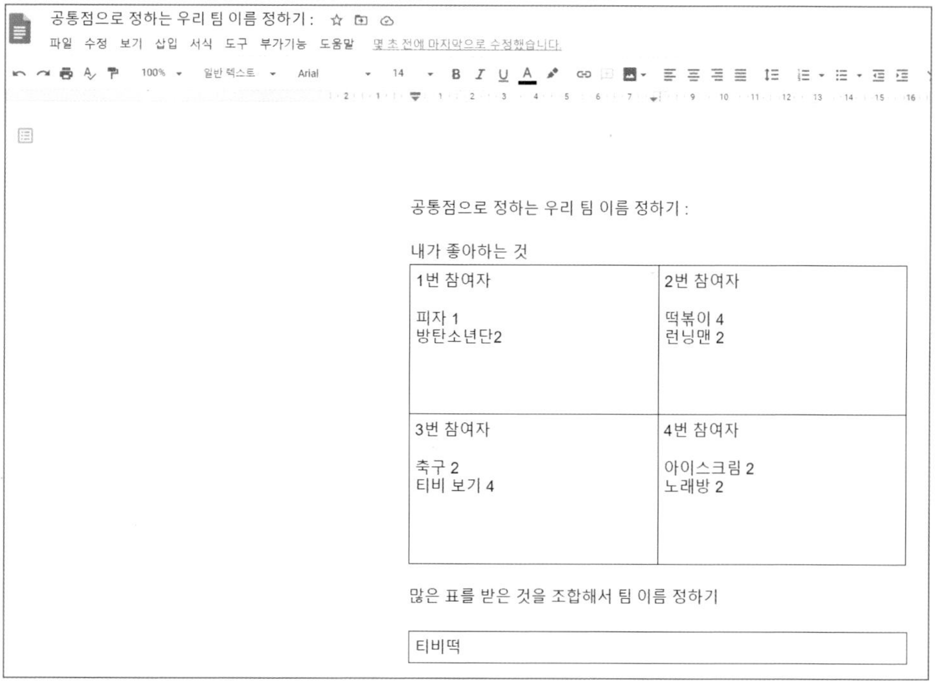
공통점으로 정하는 우리 팀 이름 정하기 :

파일 수정 보기 삽입 서식 도구 부가기능 도움말 몇 초 전에 마지막으로 수정했습니다.

공통점으로 정하는 우리 팀 이름 정하기 :

내가 좋아하는 것

1번 참여자 피자 1 방탄소년단2	2번 참여자 떡볶이 4 런닝맨 2
3번 참여자 축구 2 티비 보기 4	4번 참여자 아이스크림 2 노래방 2

많은 표를 받은 것을 조합해서 팀 이름 정하기

티비떡

활동: 우리 팀 팀명 정하기
팀명을 정하는 활동을 해보겠습니다. 구글 문서에 팀원 숫자만큼 4칸으로 나누어두었습니다. '내가 좋아하는 것'을 자기 칸에 작성해주세요.
한 명씩 돌아가며 자기 칸에 작성한 '내가 좋아하는 것'을 말합니다. 이때 다른 팀원들은 그것을 자기도 좋아하면 손을 들고, 좋아하지 않으면 손을 들지 않는 것으로 투표를 합니다. 이렇게 해서 가장 많은 표를 얻은 것을 아래 칸에 적습니다. 이렇게 아래 칸에 적힌 단어들을 조합해서 팀의 팀명으로 정합니다.

4. 구글 프레젠테이션 사용 예시

1) 참여형 놀이 진행하기(N행시)

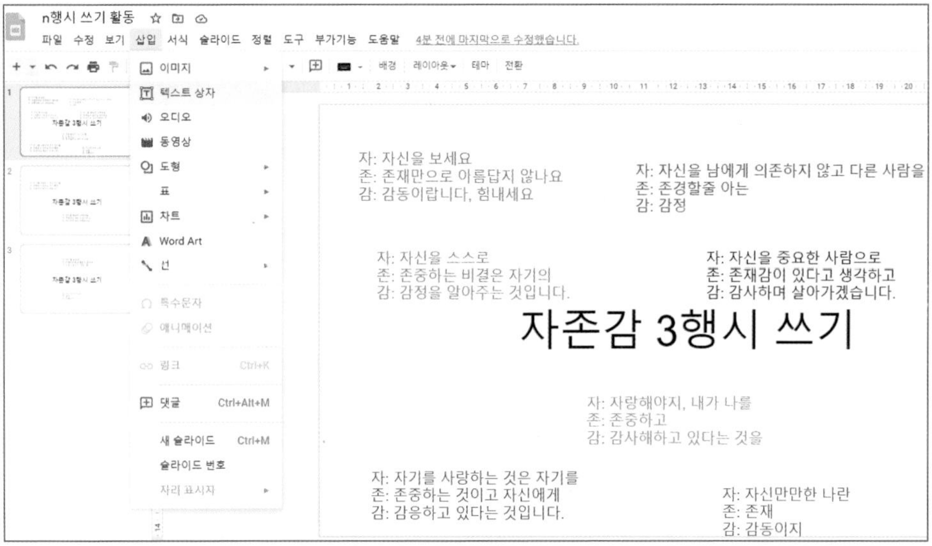

오늘 배운 내용 중 핵심 단어를 가지고 3행시를 지어보도록 하겠습니다. (구글 프레젠테이션에 '자존감'을 적은 슬라이드를 여러 개 띄우고) 생각이 난 사람은 구글 프레젠테이션에 있는 표에 3행시를 지어주세요. 3행시는 오늘 강의에서 배운 내용과 관련있는 내용으로 하겠습니다. 구글 프레젠테이션에서 [삽입]-[텍스트 상자]를 눌러 글을 입력해 주세요. 다른 사람이 쓰고 있지 않은 빈 부분에 글자를 입력합니다.
최고의 3행시를 우리가 함께 뽑아보도록 할게요.

2) 팀 발표 자료 만들기

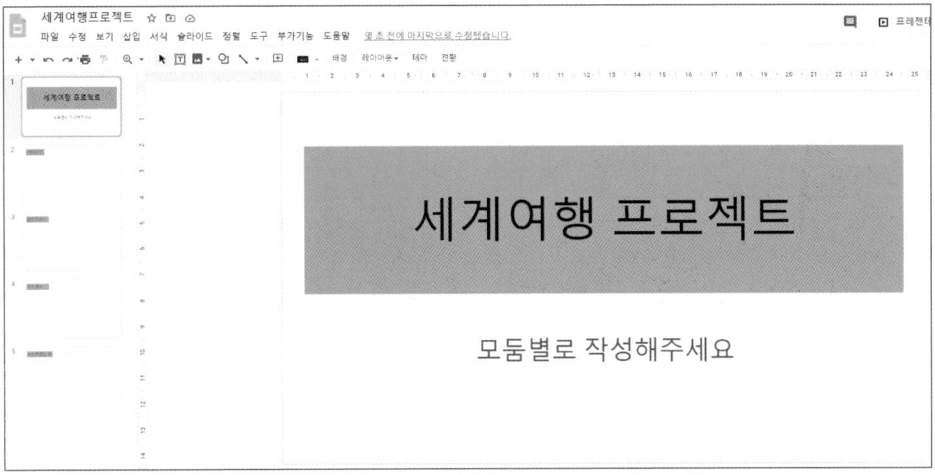

이번 시간에는 '세계의 다양한 나라'에 대해서 조사하고 발표 자료를 만들어 보도록 하겠습니다. 내가 선택한 나라의 언어, 관광지, 음식, 특별한 점을 4장의 슬라이드로 만듭니다. 팀에서 각 주제를 나누어 맡고 구글 슬라이드에 발표 자료를 만들어주세요. 자료를 만드는 데는 총 20분, 발표는 한 명당 1분씩 시간을 드리겠습니다. 시간을 잘 확인하며 활동해주세요. 팀마다 발표 자료를 만들 구글 슬라이드 주소를 채팅창으로 공유하겠습니다. 지금 소회의실로 이동해서 시작해 주세요.

더 알아보기

〈구글 프레젠테이션의 세 가지 동영상 옵션 활용하기〉

구글 프레젠테이션에서는 동영상을 사용해 발표 자료를 만들 수 있습니다. 동영상 옵션에 대해 자세히 알아봅시다.

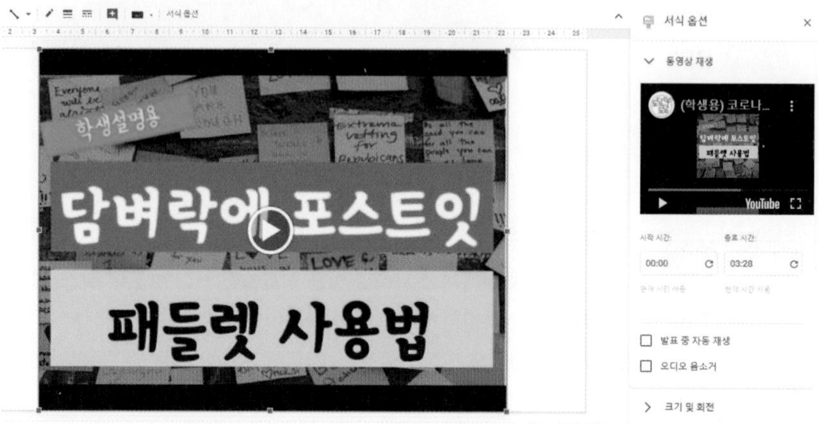

1. 비디오 시작 및 종료 시점 선택

   자신의 기기 속에 있는 영상이나 유튜브에서 찾은 동영상을 삽입합니다. 동영상을 시작하고 싶은 시간과 종료할 시간을 정확하게 선택할 수 있습니다. 불필요한 부분은 제외하고 필요한 부분만 선택적으로 재생할 수 있습니다.

2. 구글 프레젠테이션에서 동영상 자동 재생

   해당 슬라이드를 발표하는 즉시 비디오를 시작하고 싶다면 비디오 옵션에서 [발표 중 자동재생]을 선택합니다. 이렇게 하면 동영상을 재생하기 위해 클릭하지 않고 영상을 재생할 수 있습니다.

3. 비디오 음소거

   발표 자료를 준비할 때 영상 속의 소리는 나오지 않게 하고, 발표자의 말로 발표를 할 때가 있습니다. 그런 상황에서 사용할 수 있는 옵션이 바로 [비디오 음소거]입니다. 발표자들이 비디오에 표시되는 화면을 보며 설명하고자 할 때, 비디오 옵션에서 비디오 음소거를 선택할 수 있습니다.

5. 퀴즈형 도구 '카훗(kahoot)'

퀴즈는 강의에서 참여자들이 즐겁게 참여하는 활동입니다. 어떤 문제가 나올지 기다리고, 이 답이 맞았는지 틀렸는지를 확인하기 위한 과정이 짜릿합니다. 강의에서 배웠던 것을 퀴즈로 점검하며 복습할 수 있습니다. 경쟁 요소가 가미되어 퀴즈를 더 재미있게 즐길 수 있는 도구 '카훗'을 소개합니다.

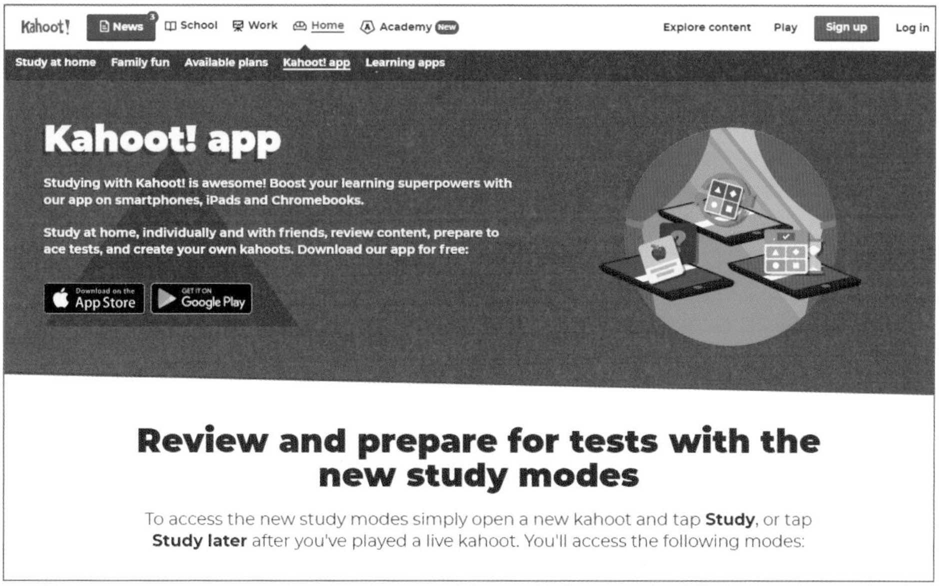

장점

- 참여자의 인원에 상관없이 실시간 퀴즈를 할 수 있습니다.
- 정답과 점수를 바로 확인할 수 있고, 연속으로 퀴즈를 맞추면 추가 점수를 부여하는 등 게임 요소가 접목되어 있어서 참여자들의 몰입도를 높여줍니다.
- 별도의 앱이나 회원가입 없이 링크 주소로 쉽게 참여할 수 있습니다.

1. 카훗이 필요한 상황

- 온라인 강의에서 참여자들과 실시간 퀴즈 활동을 하고자 할 때

2. 이렇게 사용해요

- 회원가입 및 퀴즈 만들기

1. 카훗(https://kahoot.com/) 사이트에 회원가입 및 로그인하기

2. [Create] 클릭

3. 옵션에서 [New kahoot Create] 클릭하거나 다른 템플릿 선택

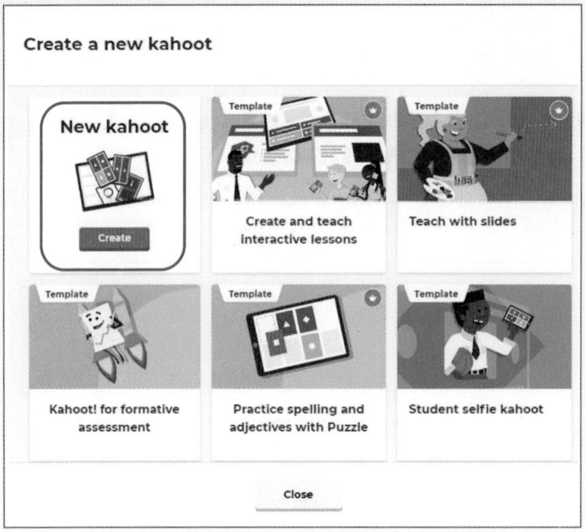

왕관 표시가 있는 옵션은 프리미엄 회원에게만 제공되는 유료 템플릿입니다.

4. 제목/ 질문/ 선택지 입력 후 [Done] 클릭

1) 직접 만들기

예 4지 선다형 퀴즈일 경우

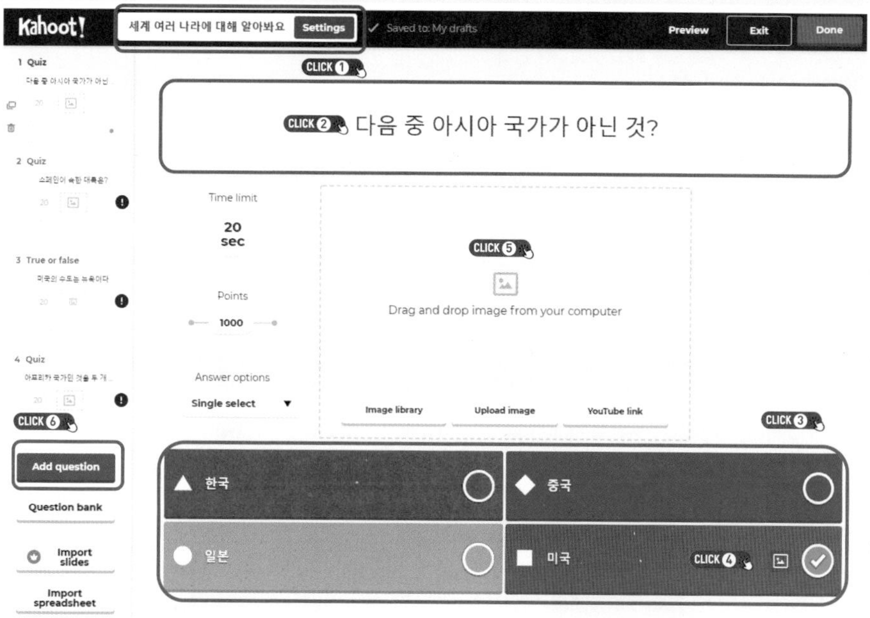

❶ 제목: 퀴즈의 제목을 적습니다.

❷ 질문: 퀴즈로 제시할 질문을 적습니다.

❸ 보기: '보기'를 순서대로 입력합니다.

❹ 선택지에 정답을 체크합니다.

❺ 관련된 이미지가 있다면 함께 삽입할 수 있습니다.

❻ 질문을 추가하려면 [Add question]을 클릭하고 다음 문제를 출제합니다. 무료 버전에서 사용할 수 있는 템플릿은 '퀴즈'와 'OX퀴즈'로 제한되어 있습니다.

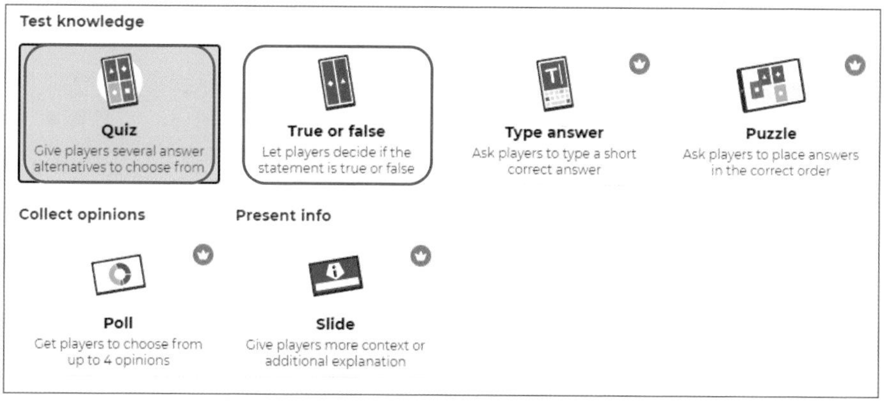

2) 다른 참여자가 공유한 퀴즈를 편집해서 만들기

[Discover] 메뉴를 활용하면 다른 참여자가 이미 만들어 놓은 퀴즈를 검색해서 찾을 수 있습니다.

다른 참여자가 공유한 퀴즈를 그대로 사용(Play)하거나 편집(Edit)해서 쉽게 퀴즈를 만들 수 있습니다.

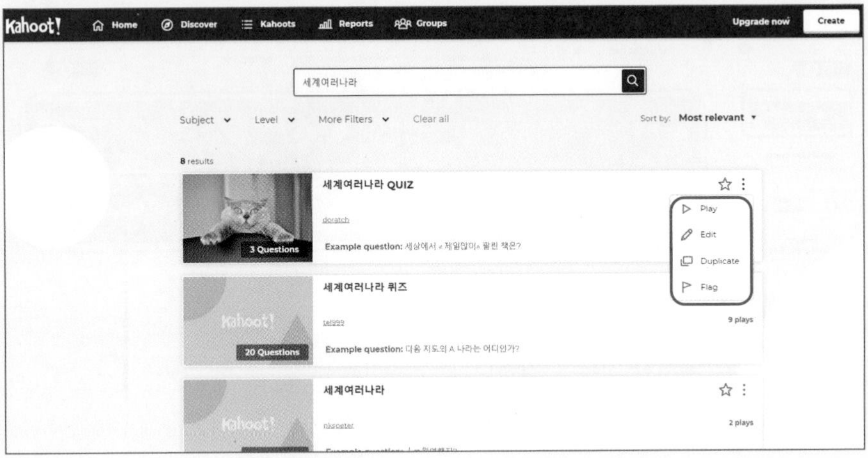

5. 퀴즈 실행하기

1) 강의자는 [My Kahoots]을 클릭하고 참여자에게 낼 퀴즈를 [Play]합니다.

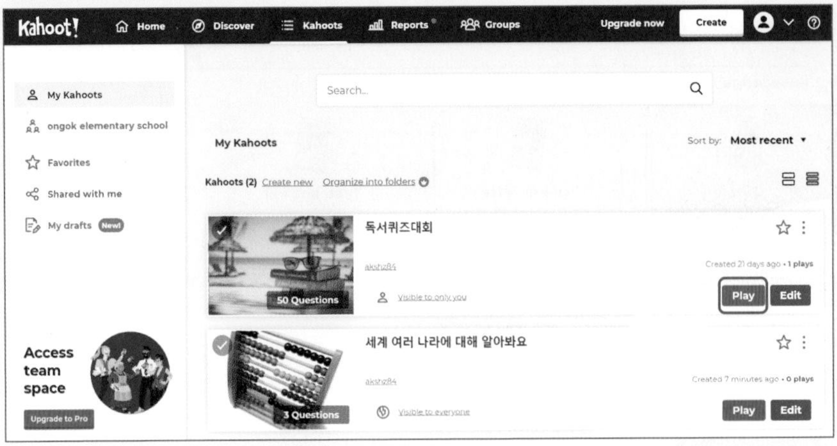

2) 실시간으로 참여자들이 함께 퀴즈를 풀지[Teach], 개별적으로 퀴즈를 풀지 [Assign]를 정합니다. 온라인 강의에서는 실시간 참여자 퀴즈를 추천합니다.

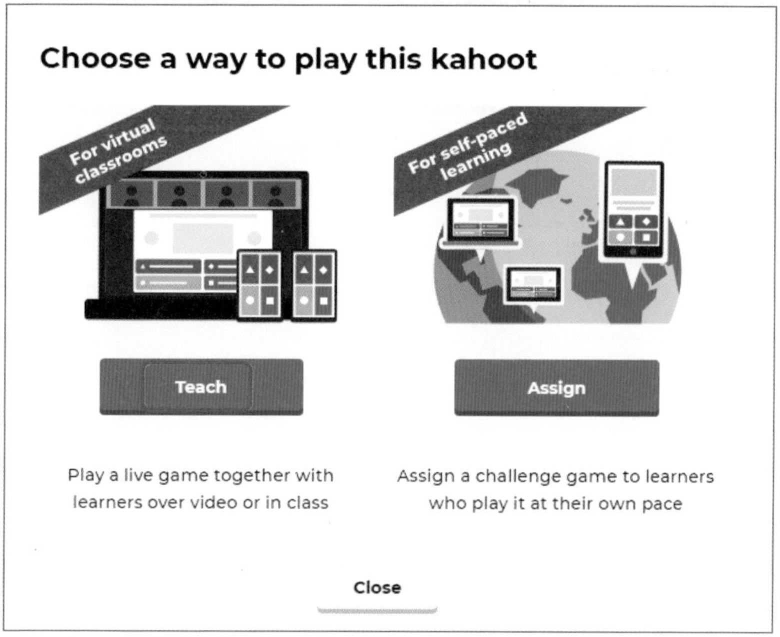

3) 개인(Classic) 모드와 팀(Team) 모드 중 하나를 선택할 수 있습니다. 온라인 강의에서는 개인(Classic) 모드를 추천합니다.

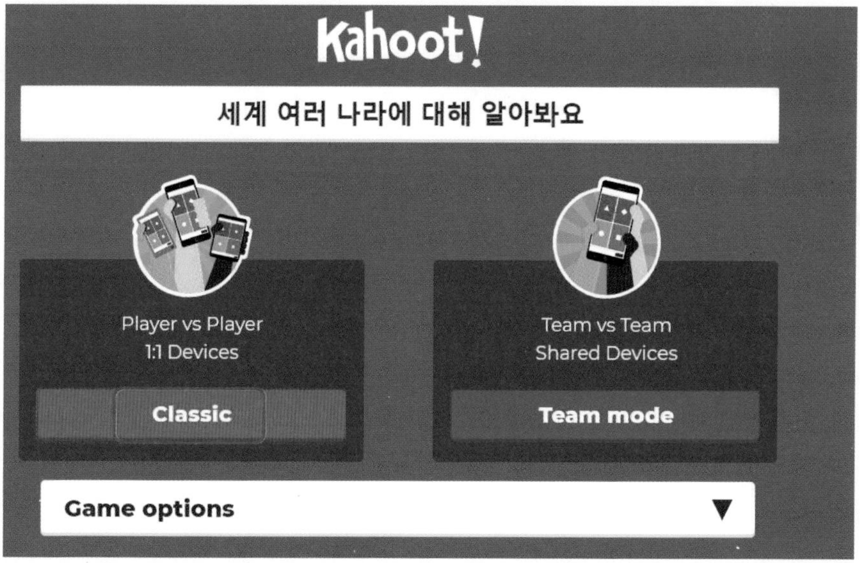

4) 강의자는 카훗 주소와 Game PIN 번호를 ZOOM 채팅창을 통해 안내합니다.

① 카훗 링크 주소(www.kahoot.it)로 접속해서 ② 핀번호를 입력해 참여하게 합니다. 카훗앱으로도 참여할 수 있습니다.

5) 참여자는 강의자가 보낸 카훗 주소로 들어가서 Game PIN과 닉네임을 입력한 후 퀴즈에 참여합니다.

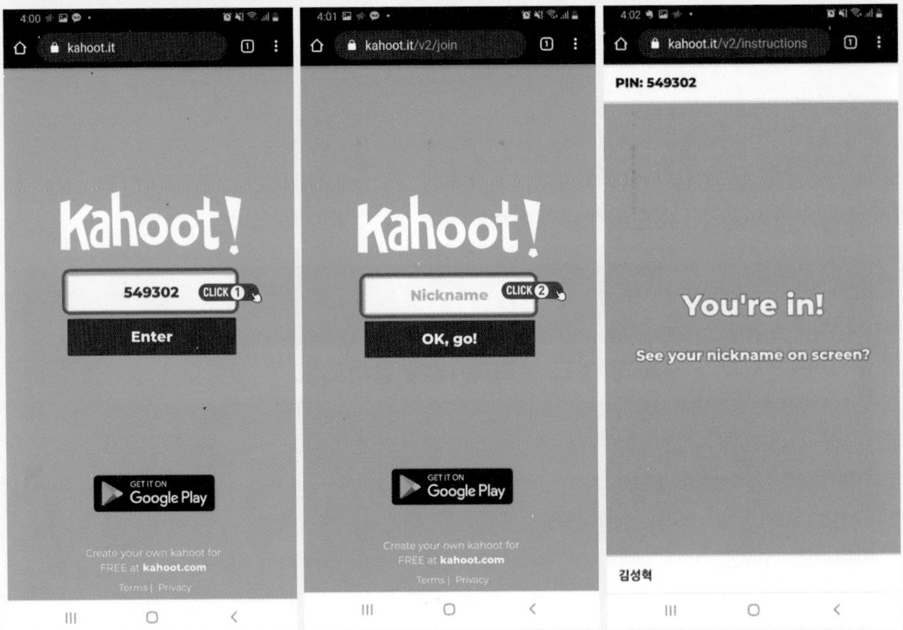

강의자는 화면에서 회의에 들어온 참여자를 확인할 수 있습니다.

• 퀴즈 결과 확인

퀴즈를 다 풀고 난 후 ① [Reports] 메뉴에서 ② [Open Report]를 선택, 결과를 확인하고 파일로 받을 수도 있습니다.

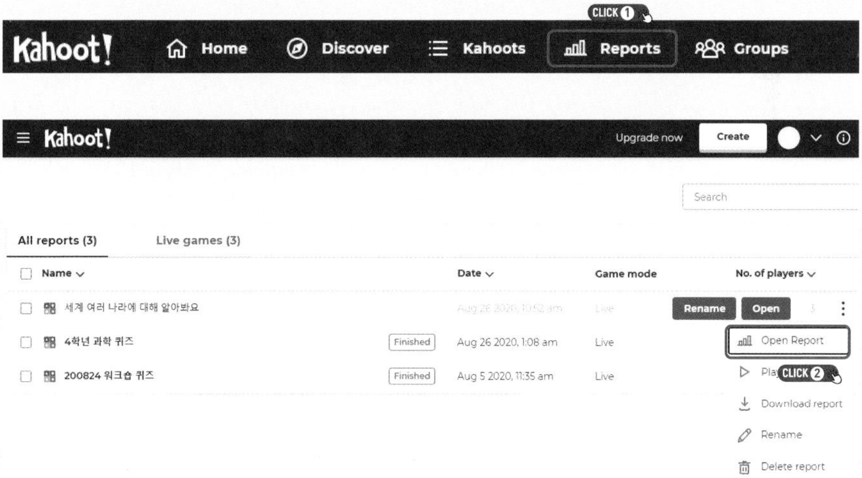

3. 이렇게 적용해요

1) 강의의 시작, 참여자 사전지식 확인

오늘 우리가 배울 주제는 지층과 화석입니다. 여러분은 지층과 화석에 대해서 얼마나 알고 있나요? 퀴즈를 통해서 우리가 얼마나 알고 있는지 확인해 봅시다. 채팅으로 카훗 주소와 핀 번호를 보냈습니다. 핀 번호를 입력하고 자신의 이름으로 닉네임을 만들어 참여해주세요.

2) 실시간 퀴즈대회

세계 여러 나라의 문화에 대해 함께 공부해 보았습니다. 우리가 배운 내용을 실시간 퀴즈로 확인해 보도록 할게요. 가장 점수가 높은 사람을 오늘의 퀴즈 마스터로 임명하겠습니다. 지금 공유된 카훗 주소와 핀 번호로 들어와 주세요. 지금부터 퀴즈대회를 시작합니다.

더 알아보기

〈퀴즈형 사이트〉

1. Quizn(퀴즈앤)

한글로 메뉴가 소개되어 있어 이해하기 쉽고 무료 버전에서도 다양한 질문 타입을 활용할 수 있는 '퀴즈앤'(http://www.quizn.show)입니다. 2020년 8월 1일에 유료화가 되어 실시간 퀴즈 참여는 무료 버전에서 10명 이내로 제한되어 있습니다. 참여 인원이 10명이 넘는다면 유료 버전으로 실시간 퀴즈 활동을 할 수 있습니다.

선택형, OX형, 단답형, 순서완성형, 초성퀴즈, 토론, 설문, 영상, 워드클라우드, 설명까지 총 9가지의 다양한 템플릿을 제공합니다.

2. Wordwall(워드월)

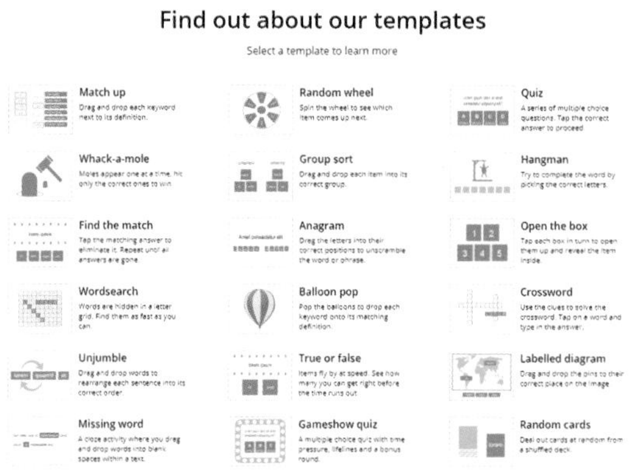

게임의 요소가 가미된 다양한 퀴즈 템플릿을 보유하고 있는 '워드월'(https://wordwall.net) 입니다. 짝 맞추기, 두더지 잡기, 돌림판, 행맨 등 재미있는 템플릿으로 퀴즈 활동을 즐길 수 있습니다.

퀴즈 활용 예시

〈두더지 잡기〉

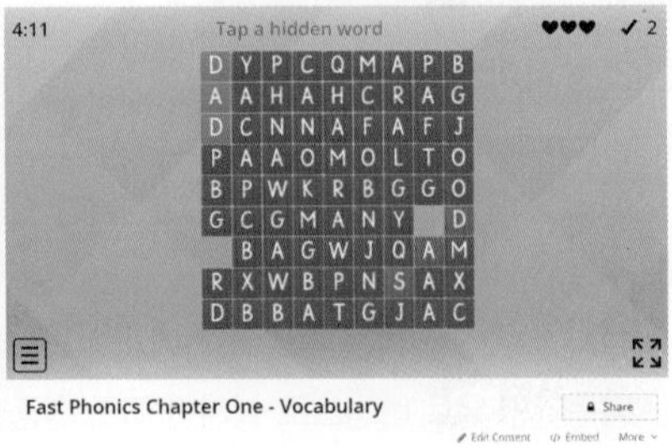

〈단어 찾기〉

부록

구글사이트로 온라인 수업 홈페이지 만들기

초중고 학교에서 뿐만 아니라, 대학, 기업, 강연, 다양한 콘퍼런스 등
이제는 온라인에서 실시간으로 만나는 것이
일상이 되어가고 있습니다.

온라인 수업은 지속적으로 이루어지고 있습니다

초중고 학교에서 뿐만 아니라, 대학, 기업 강연, 다양한 콘퍼런스 등 이제는 온라인에서 실시간으로 만나는 것이 일상이 되어가고 있습니다. 더불어 온라인으로 수업하고 강의하고 회의할 수 있는 다양한 도구들도 익숙해지고 있습니다. 기업에서 특별한 경우에만 사용되었던 ZOOM, 구글 미트, 웹엑스 등의 화상회의 시스템을 이제는 어린 아이들도 사용하게 되었습니다. 교육을 담당하거나 강의를 하는 사람이라면 어떤 방식으로든 접해보았을 것입니다.

ZOOM으로 강의를 여는 사람은 보통 다음과 같은 절차로 참여자를 강의에 초대합니다. 이 과정은 간단해서 쉽게 할 수 있습니다.

회의 예약하기 → 초대 주소(URL) 보내기 → 회의 개설하기

하지만 강의를 기획하는 사람이라면 단순히 강의주소를 참여자에게 전송하는 것만으로는 부족함이 있습니다. 강의 홍보, 강의 후기 입력 등 강의 전, 후의 이벤트를 생각해야 합니다. 여러 개의 선택 세션이 동시에 진행되는 콘퍼런스라면 참여자들이 헷갈리지 않게 세션에 대한 정보를 더 세심히 제공해야 합니다. 구글사이트 도구는 바로 이러한 상황에서 매우 유용하게 활용할 수 있습니다.

구글사이트 도구를 이용하면 블로그에 글을 쓰는 정도의 노력으로 홈페이지를 개설할 수 있습니다. 온라인 수업을 위해 만든 홈페이지에 강의에 필요한 홍보 자료를 게시하고, 온라인 강의 초대 주소를 링크해 둡니다. 참여를 원하는 사람들은 이 홈페이지를 방문하고 초대 링크를 클릭해 온라인 강의에 참여할 수 있습니다.

콘퍼런스와 같은 대규모의 행사를 ZOOM으로 진행할 때에도 구글사이트 도구를 사용하면 좋습니다. 콘퍼런스 안에 다양한 세션이 있다면 이 세션 수만큼 홈페이지에 링크를 걸어둡니다. 홈페이지의 링크는 모두 각각 다른 ZOOM회의실로 연결하고 각각의 회의실에서 별개의 세션을 진행합니다. 참여자들은 원하는 세션에 홈페이지 링크를 클릭해 참여할 수 있습니다. 이렇게 많은 세션을 진행할 때에도 구글 사이트 도구를 활용하면 참여자들에게 편리하게 안내할 수 있으며 참여자들도 세션에 쉽게 참여할 수 있습니다.

구글사이트 도구를 활용하면 아주 쉽게 홈페이지를 만들 수 있습니다

구글 사이트 도구는 홈페이지를 만들어 주는 구글의 도구입니다. 예전의 홈페이지를 만드는 도구들을 보면 사실상 전문적인 지식이 없으면 만들기가 어려웠습니다. 그리고 한 페이지를 만드는 데 드는 시간이 꽤나 오래 걸려 홈페이지를 만드는 것 자체가 고된 일이었습니다.

이렇게 어렵게 홈페이지를 만들었다고 하더라도 이 홈페이지를 사람들에게 공개하기 위해서는 웹 호스팅을 받아야 했습니다. 매월 일정한 금액을 내고 호스팅을 받아야만 사람들에게 공개할 수 있는 홈페이지 주소를 받을 수 있었습니다. 당연히 이 홈페이지에 대한 보안은 전혀 고려되지 않았고, 이 모든 관리와 운영은 홈페이지를 제작하는 본인이 해야 할 일이었습니다. 물론 외주를 줄 수도 있지만 그러한 경우에는 비용이 많이 들게 됩니다.

구글 사이트 도구는 이 모든 일들을 매우 쉽게 만들어 줍니다. 일단 홈페이지를 만드는 과정이 쉽습니다. 블로그에 그림을 넣어가며 글을 써 본 사람이라면 누구나 쉽게 홈페이지를 만들 수 있습니다. 제공하는 템플릿을 활용하면 꽤나 근사하게 만들 수 있습니다.

구글에서 만들고 운용하는 사이트이기에 웹호스팅 비용이 전혀 들지 않고, 블로그 주소처럼 홈페이지 주소를 쓸 수 있습니다. 무엇보다도 보안에 대한 걱정을 덜고 안전하게 홈페이지를 운영할 수 있습니다.

게다가 구글 사이트 도구에서는 구글 Analytics라는 강력한 웹 분석 서비스도 제공합니다. 내 홈페이지를 방문하는 사람들에 대한 다양한 통계 자료를 만들어 볼 수 있습니다. 이에 대한 비용은 전혀 들지 않습니다.

구글 사이트 도구는 온라인 수업의 강력한 마케팅 도구가 될 수 있습니다

구글 사이트 도구를 이용해 온라인 강의 홍보 사이트를 만들 수 있습니다. 강의 홍보를 위해서 그동안 해왔던 전단지와 카드뉴스를 만드는 것 대신 구글 사이트로 들어가 강의를 홍보할 홈페이지를 제작합니다. 이 홈페이지에 온라인 강의 주제, 강의 대상, 일시, 강의 내용 등 참여하고자 하는 사람들에게 제공할 정보들을 올려둡니다. 마케팅을 위한 브로슈어를 올려둘 수도 있습니다.

이렇게 강의에 대한 정보를 미리 안내하는 것은 사람들의 관심과 강의에 참여하고자 하는 욕구를 불러일으킵니다. 이미 강의를 들을 사람들이 정해져 있다면 참여자들에게 이 홈페이지를 사전에 안내합니다. 그리고 이 홈페이지에 강의에 대한 개요를 올려두고 미리 읽어볼 수 있게 합니다. 강의 교재를 올려두면 참여자들은 교재를 통해 강의 내용을 사전에 충분히 숙지하고 올 수도 있습니다.

강의 참여자들에게 ZOOM 회의 주소를 보내는 것 대신 이 홈페이지 주소를 보내고 ZOOM 회의도 이 곳을 통해서 들어오도록 합니다. 홈페이지에 버튼을 만들고 ZOOM 회의 주소(URL)를 연결합니다. 버튼을 클릭하는 것만으로 ZOOM 회의에 참여할 수 있습니다.

이 작은 차이는 강력합니다. 홈페이지를 통해 온라인 강의가 준비되고 체계적이라는 느낌을 줄 수 있으며 강의에 대한 첫 인상을 좋게 만들 수 있습니다. 그리고 강의에 들어가기 전에 이미 홈페이지를 둘러보며 각자 강의에 대한 준비를 하게 됩니다. 그래서 안정적으로 실시간 온라인 강의를 시작할 수 있게 됩니다.

다음은 필자가 만든 서울PDC교육연구소 홈페이지입니다. 오른쪽에는 9월 정기모임을 ZOOM으로 진행하기 위한 연결 페이지가 있습니다. 글자를 클릭하면 미리 예약해둔 ZOOM 강의실로 이동하게 되는 것입니다. 그냥 ZOOM 회의실 주소를 보내지 않고 이 페이지의 링크를 이용해 ZOOM 회의에 들어오게 합니다.

필요에 따라 전체 강의를 하나의 ZOOM 회의로 만들지 않고 몇 개의 ZOOM 회의방으로 나누어 만들 수도 있습니다. 첫 번째 방에서는 세션 소개, 두 번째 방에서는 전체 강의, 세 번째 방에서는 참여자들의 사교를 위한 즐거운 모임을 진행합니다. 물론 이 때에는 여러 계정을 사용하거나 한 계정 안에서 다양한 방을 동시에 만들 수 있는 유료 상품을 구매해야 합니다.

이 방식은 전체 강의와 선택 강의가 혼합될 때 무척 유용합니다. 첫 번째 방에서 전체 강좌를 듣고 두 번째 방에서 선택 강좌를 들을 수 있습니다. 그리고 세 번째 방으로 이

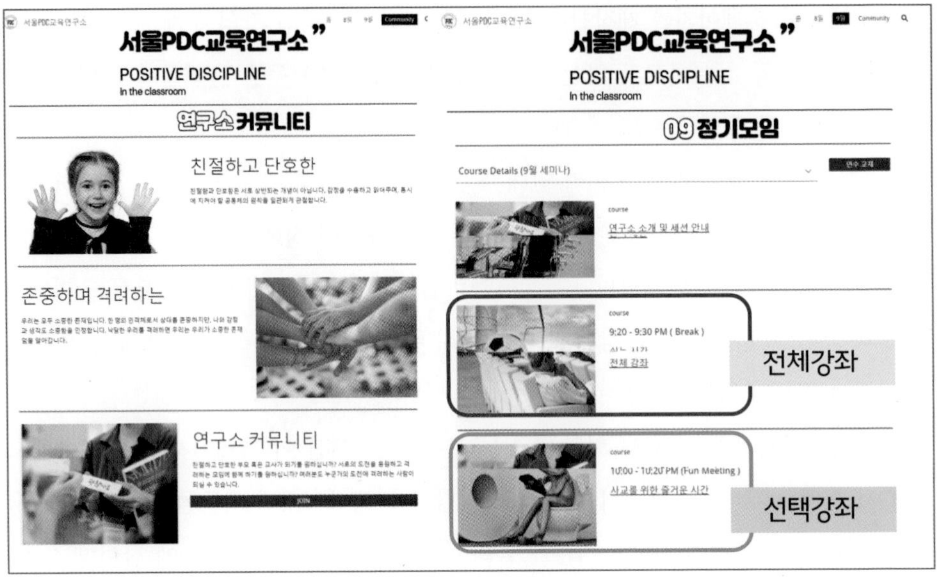

동해 다른 선택 강좌를 들을 수 있습니다.

이렇게 세션을 여러 개로 나누어 ZOOM 회의방을 만드는 것은 참여자들에게 선택권을 부여하여 그들이 능동적인 행동을 할 수 있게 합니다. 참여자들은 각각의 방을 미리 선택하고 들어갔다 나왔다 할 수 있습니다. 이것은 자칫 지루하고 따분할 수 있는 온라인 콘퍼런스를 활기차게 만들어 주는 역할을 합니다.

구글사이트 기능 살펴보기

1. 구글사이트 도구 실행하기

구글사이트 도구를 활용하여 홈페이지를 만들어 보도록 하겠습니다. 크롬 브라우저를 사용해 실행합니다. 먼저 구글(www.google.com)에서 로그인을 합니다. 프로필 옆에 있는 도구 모음을 선택하면 구글에서 제공하는 다양한 도구들을 볼 수 있습니다.

1) “구글사이트 도구”라고 검색어를 입력합니다.

2) Google 사이트로 이동을 클릭합니다.

3) 구글사이트 도구에서 이전에 만든 홈페이지가 없다면 빈 화면 아래쪽에 + 버튼만 있습니다. + 버튼을 눌러 새로운 사이트를 만듭니다.

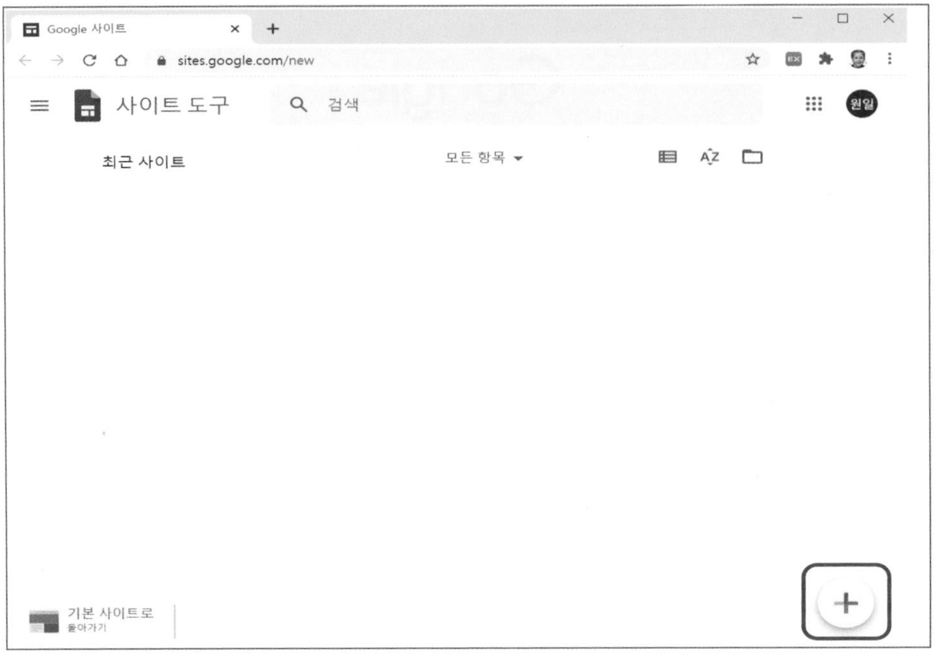

4) 새로운 홈페이지가 만들어졌습니다. 물론 아직 제목도 없고, 내용도 없는 빈 사이트이지만, 새로운 내용을 게시하고 다른 사람들에게 공유할 수 있습니다.

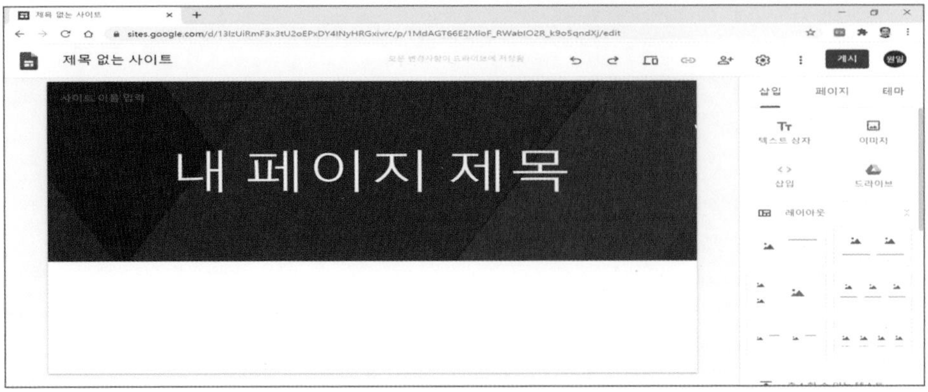

2. 홈페이지 만들어 게시하기

1) 내가 만든 홈페이지의 제목과 사이트 이름을 입력합니다.

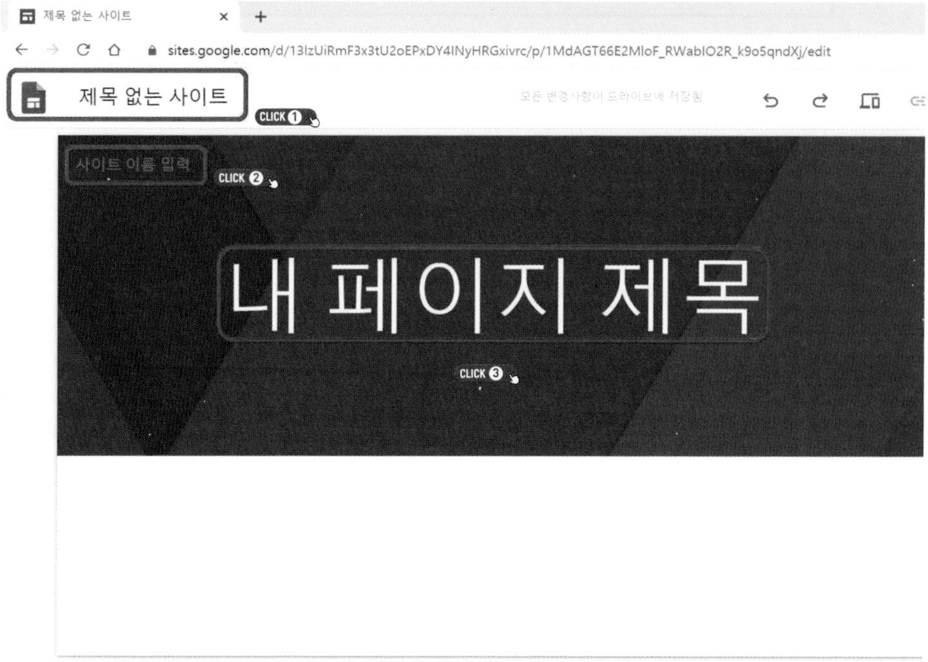

❶ **프로젝트 명:** 구글 사이트 도구에 내가 만든 홈페이지의 프로젝트 명을 적습니다. 추후에 수정하고 싶을 때 구글 사이트 도구에서 이 프로젝트 명으로 찾습니다.

❷ **사이트 이름 입력:** 홈페이지 이름입니다. 클릭하면 홈페이지 메인 화면으로 이동하게 됩니다.

❸ **내 페이지 제목:** 홈페이지에 들어갔을 때 가장 먼저 눈에 띄는 홈페이지의 제목입니다.

- 로고 추가: 사이트 이름 입력 칸을 누르면 로고 추가 버튼이 나타납니다. 내가 만든 홈페이지에 어울리는 로고를 만들어 입력할 수 있습니다.
- 이미지 변경: 이미지 변경 버튼을 누르면 홈페이지 상단의 머리글 부분에 들어갈 이미지를 넣을 수 있습니다. 내 홈페이지에 어울리는 그림을 찾아 넣으면 미적으로 뛰어난 홈페이지가 됩니다.

• 머리글 유형은 총 네 종류가 있습니다.

표지가 머리글이 가장 크게 나타나며 대형배너, 배너 순으로 머리글이 작아집니다. 제목만의 경우에는 머리글에 이미지 없이 제목만 들어가게 됩니다.

2) [미리보기] 버튼을 누릅니다. [미리보기] 버튼을 누르면 세 가지 모드에서 미리보기 할 수 있는 화면이 뜹니다.

[미리보기]

전화번호 모드, 태블릿 모드, 대형화면 모드 각각의 화면에 따라 어떻게 보이는지 미리 확인할 수 있습니다.

3) 게시 버튼을 누릅니다. 게시는 홈페이지 주소를 만드는 과정입니다.

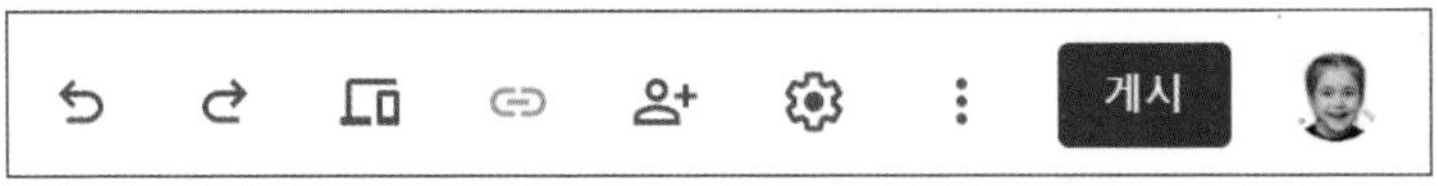

4) 웹 주소를 입력합니다. 내가 입력한 주소가 test라면, 앞으로 홈페이지의 주소는 https://sites.google.com/view/test가 됩니다. 다른 사람이 이미 사용중인 도메인 주소는 입력할 수 없습니다. 다른 주소로 입력해야 합니다. 만약 다른 도메인 주소를 가지고 있다면 아래쪽의 [관리] 버튼을 눌러 입력할 수 있습니다. 웹 주소를 입력했다면 [게시] 버튼을 클릭합니다. 사이트가 성공적으로 게시되었다는 메시지가 뜨면 드디어 홈페이지를 방문할 수 있습니다.

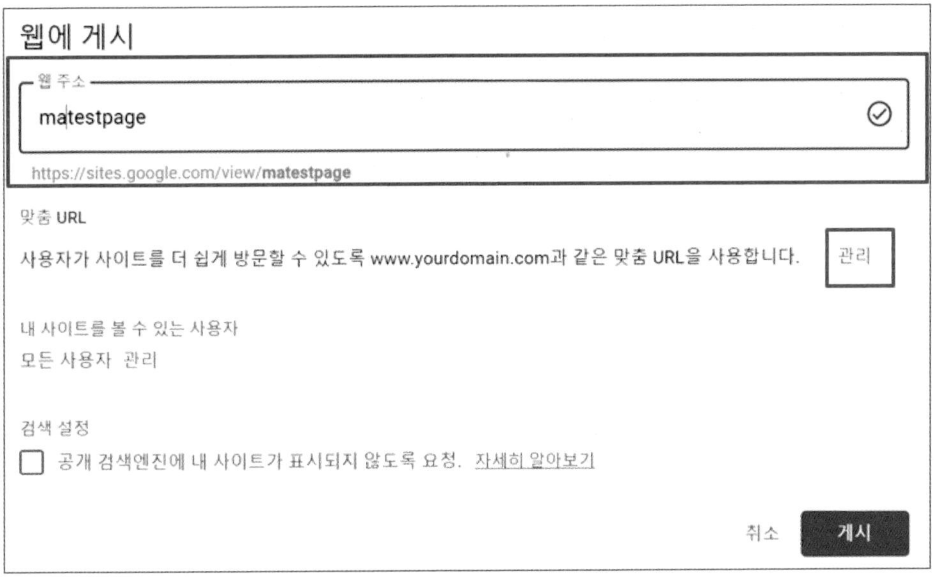

5) 홈페이지를 방문해 보기

로그아웃을 하고 크롬 브라우저에서 홈페이지 주소(https://sites.google.com/view/matestpage)를 입력하거나 아래의 링크 버튼을 눌러 홈페이지 링크를 복사하고 붙여넣기합니다. 그러면 지금 만든 홈페이지를 방문할 수 있습니다.

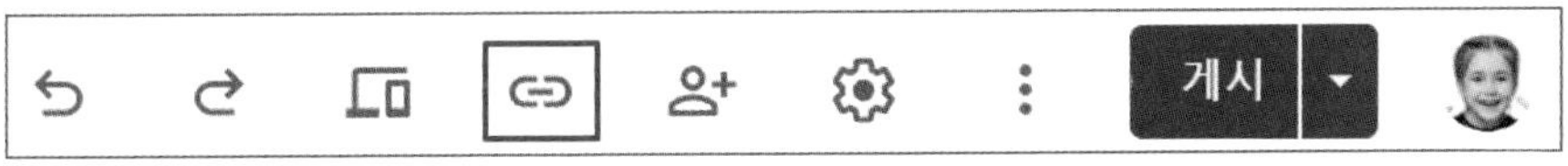

지금 만들어 방문한 홈페이지는 아래와 같습니다.

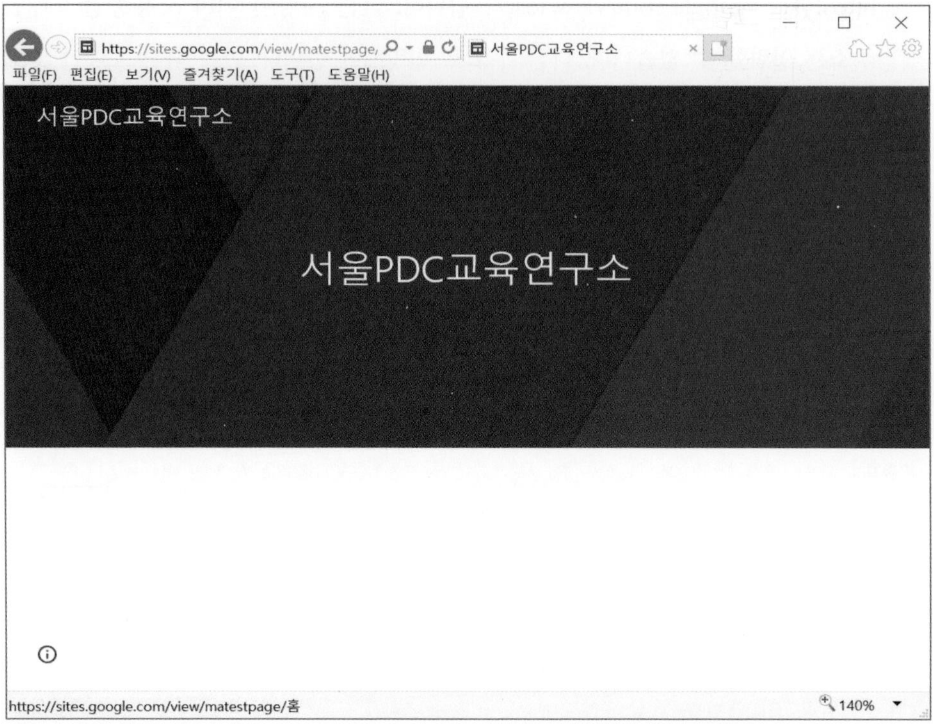

3. 구글 사이트 도구 인터페이스 알아보기

1) 삽입 메뉴

삽입 메뉴에서는 다음과 같은 메뉴들이 나타납니다.

(1) 텍스트 상자

[텍스트 상자] 버튼을 누르면 텍스트를 쓸 수 있는 위젯이 하나 나타납니다. 텍스트의 폰트는 일반텍스트, 큰 제목, 작은 제목, 부제목, 작게 다섯 가지가 있으며 굵게, 이탤릭체, 코드글꼴, 취소선 등을 사용할 수 있습니다. 링크를 삽입하는 것도 가능합니다.

(2) 이미지

이미지는 그림파일을 올릴 수 있습니다. 구글 드라이브나 웹사이트 URL에 있는 이미지를 가져올 수도 있으며 구글이미지 검색도 바로 가능합니다.

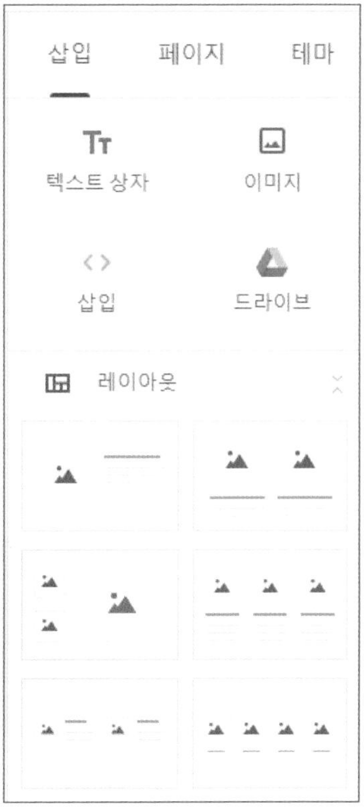

(3) 삽입

웹에서 URL 주소를 가져오면 바로 삽입이 가능합니다. 유튜브 영상이나 이미지도 삽입이 가능하며 HTML 소스코드로도 입력이 가능합니다.

(4) 드라이브

Google 드라이브에 있는 각종 파일을 삽입하는 것이 가능합니다. 구글 스프레드시트, 구글 프레젠테이션, 구글 설문 파일과 pdf 파일, 동영상 파일, ms office 파일 등 다양한 파일들을 바로 삽입할 수 있습니다.

구글 드라이브에 있는 파일이 모든 사용자가 볼 수 있는 권한이라면 바로 파일의 내용을 보여주며 특히, 구글 설문지 같은 경우에는 설문 문항이 눈에 보이기 때문에 설문 제출이 바로 가능합니다.

(5) 레이아웃

레이아웃이란 화면 전체 틀을 의미합니다. 아래쪽 레이아웃에서 내가 원하는 구조를 선택하면 이 레이아웃에 따라 이미지를 삽입하고 텍스트를 넣을 수 있습니다. 제공하는 레이아웃을 활용하면 손쉽게 멋진 화면을 구성할 수 있습니다.

(6) 삽입할 수 있는 콘텐츠들

축소할 수 있는 텍스트	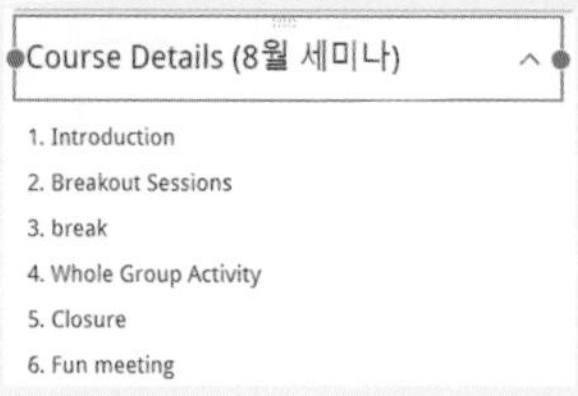	목록의 제목을 적습니다. 1~6번 목록을 아래쪽에 적습니다. 처음에는 목록의 제목만 보입니다. 목록 제목을 클릭하면 1~6번의 목록이 아래로 주르륵 펼쳐집니다.
목차	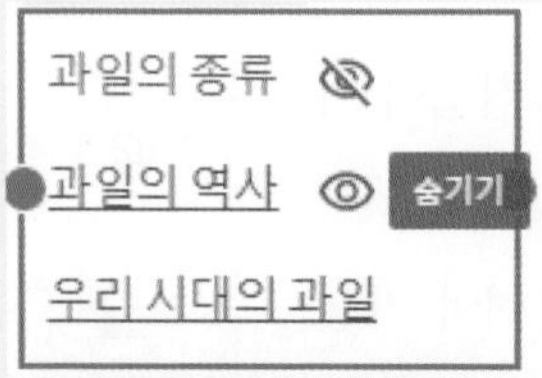	홈페이지를 만들 때 목차를 넣게 되면 아래쪽에 있는 제목들이 자동으로 목차 안에 입력됩니다. 숨기기 버튼을 누르면 목차에서 보이지 않습니다.
이미지 캐러셀		이미지를 2개 이상 넣으면 슬라이드 형태로 이미지가 순환되어 볼 수 있도록 하는 콘텐츠입니다. 설정에서 '자동시작'을 체크하면 자동으로 이미지가 좌측으로 넘어가며 보입니다.
버튼		버튼 이름('새로운 버튼')과 링크를 작성하고 삽입을 누르면 왼쪽과 같은 버튼이 생성됩니다. 클릭하면 작성한 링크로 연결됩니다.
구분선		위 아래를 구분하는 선입니다.
자리표시자		레이아웃을 만들 때 사용할 수 있습니다. 자리표시자로 미리 레이아웃을 만들어두고 해당 자리에 필요한 이미지 혹은 동영상 등을 추가하면 됩니다.
YouTube		유튜브 영상을 삽입할 수 있습니다.
캘린더	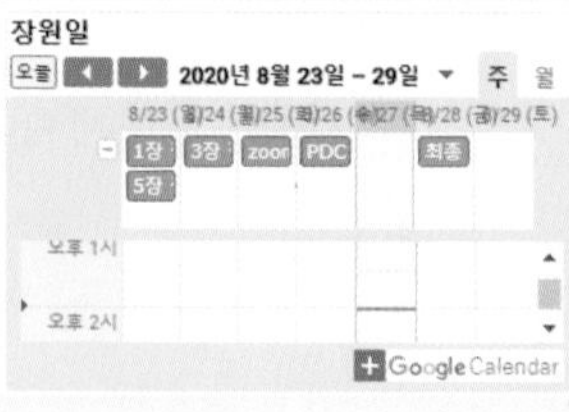	구글 캘린더를 삽입할 수 있습니다. 그러나 캘린더가 모두에게 공개되어 있지 않다면 홈페이지에 게시해도 보이지 않습니다.

지도		구글 지도를 삽입할 수 있습니다.
문서		Google 문서를 삽입합니다.
프레젠테이션		Google 프레젠테이션을 삽입합니다.
스프레드시트		Google 스프레드시트를 삽입합니다.
설문지		Google 설문지를 삽입합니다.
차트		Google 차트를 삽입합니다.

2) 페이지 메뉴

아래쪽의 + 버튼을 누르면 새로운 페이지를 만들 수 있습니다. [모임 안내] 오른쪽에 있는 ⋮ 버튼을 누르면 하위 페이지를 추가할 수 있습니다. 이렇게 페이지를 구성하면 홈페이지의 머리글에 아래와 같이 메뉴가 나타납니다.

3) 테마 메뉴

홈페이지의 전체적인 테마를 결정하는 메뉴입니다. 이 메뉴를 선택하면 홈페이지의 전체적인 분위기, 색상, 글꼴 스타일이 한 번에 변경됩니다. 다음과 같은 테마가 있습니다. 홈페이지 분위기에 알맞은 테마를 선택하면 됩니다.

온라인 수업 홈페이지 만들기

앞에서 만들었던 서울PDC교육연구소 홈페이지를 이용해 온라인 수업 홈페이지를 작성해보도록 하겠습니다. 앞에서 만들었던 머리글을 적용한 홈페이지의 모습은 다음과 같습니다.

1. 머리글 만들기

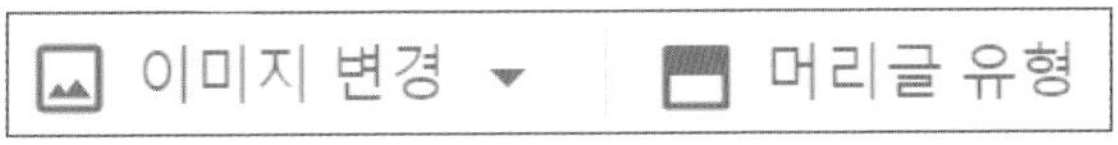

먼저 머리글이 검정색으로 보기가 좋지 않으므로 이미지를 넣어 산뜻한 분위기를 만들어 보도록 합니다. 머리글에 마우스를 올려놓으면 이미지를 변경할 수 있는 메뉴가 나타납니다. 이미지 변경 버튼을 눌러 원하는 이미지를 고릅니다.

이미지가 변경되었으면 머리글 위치를 적절하게 조정합니다. 머리글에 B(굵은 글씨)를 적용합니다. 가독성을 위해서 자동으로 이미지의 밝기가 조정됩니다.

2. 온라인 수업 홍보 내용 만들기

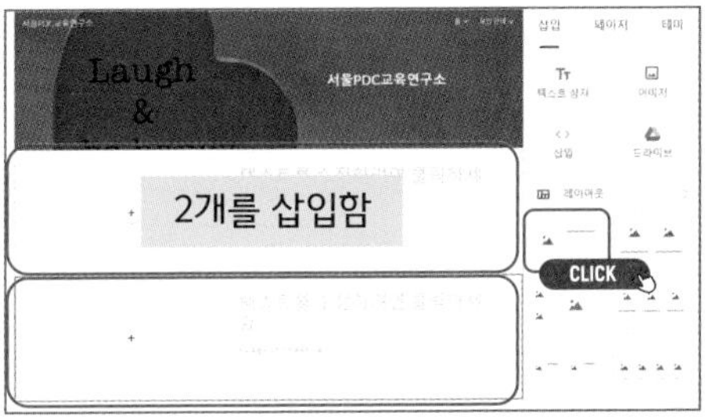

이제 머리글이 완성되었으니 본문 내용을 만들 차례입니다. 본문 내용을 넣기 위해서 먼저 레이아웃 콘텐츠 중 첫 번째로 나와 있는 항목을 선택해서 두 번 삽입합니다. 이 레이아웃은 왼쪽에는 자리표시자가, 오른쪽에는 2개의 텍스트 상자가 위아래로 배치되어 있습니다.

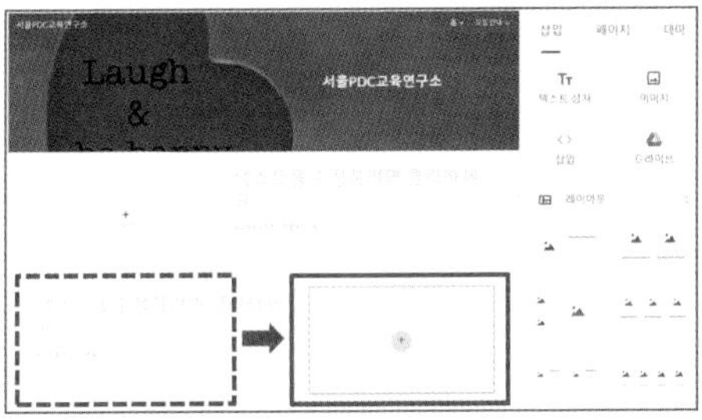

이 중 아래쪽에 있는 레이아웃의 자리표시자를 오른쪽으로 이동시킵니다. 자리표시자를 드래그앤드롭으로 오른쪽으로 움직이면 자연스럽게 이동합니다.

자리표시자의 + 버튼을 눌러 원하는 이미지를 선택합니다. [업로드]를 선택하면 내 컴퓨터에 있는 파일을 넣을 수 있습니다. [이미지 선택]을 클릭하면 인터넷에 있는 이미지나 구글 드라이브에 있는 이미지 혹은 동영상 등을 삽입할 수 있습니다.

텍스트 상자에 원하는 텍스트를 넣습니다. 위쪽에는 폰트가 [제목]으로 큰 글씨체가 적용되어 있고, 아래쪽에는 [일반텍스트]로 작은 글씨가 적용되어 있습니다. 몇 번의 클릭과 이미지 삽입, 텍스트만으로도 벌써 꽤 근사한 페이지가 만들어졌습니다.

3. ZOOM 링크 주소 연결하기

우리는 보통 참여자를 온라인 강의에 초대할 때 ZOOM 주소를 카카오톡과 같은 SNS를 이용하거나 이메일을 통해 보냅니다. 그러나 지금 이 홈페이지를 만들어 버튼에 링크를 연결해 두면 클릭만으로도 해당 온라인 수업에 접속할 수 있습니다.

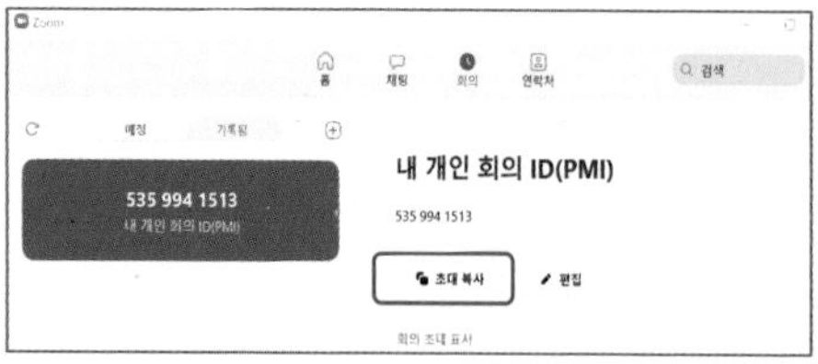

먼저 ZOOM 프로그램을 실행합니다. [회의] 메뉴를 누르고 회의 주소를 복사합니다. [초대 복사] 버튼을 누르면 ZOOM 회의의 초대 주소가 복사됩니다.

버튼을 삽입합니다. 버튼에 이름과 링크를 넣습니다. 이름에는 '소속감과 자존감을 기르는 온라인 강의! ZOOM 온라인 강의 여기를 클릭하세요.'라고 적습니다.

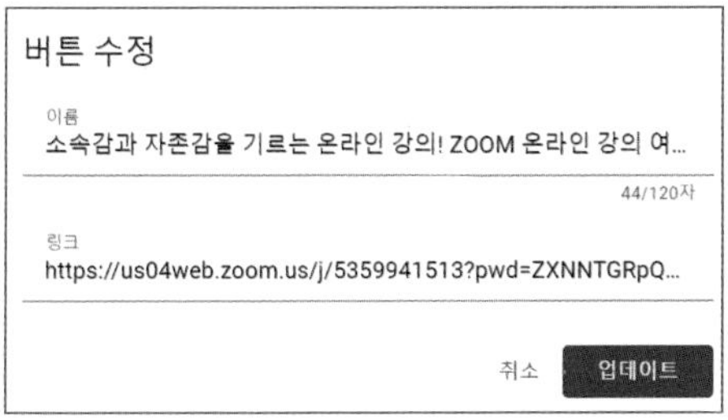

링크에는 ZOOM에서 복사해 온 초대 주소를 붙여넣기 합니다. [업데이트] 버튼을 클릭합니다.

아래쪽에 ZOOM 주소가 링크되어 있는 버튼이 만들어졌습니다. 이 버튼을 누르면 ZOOM 회의에 참여할 수 있습니다. 참여자들에게 이 홈페이지 주소를 알려주기만 하면 됩니다.

이렇게 구글사이트 도구를 사용해 온라인 수업 홈페이지를 만들어 보았습니다. 구글사이트 도구는 매우 쉽고 편리하게 홈페이지를 구성할 수 있습니다. 이 홈페이지를 활용해 강의를 홍보하거나 강의 내용을 미리 안내할 수 있습니다. 비용이 전혀 발생하지 않으며 블로그를 작성할 정도의 노력이라면 홈페이지를 만들 수 있습니다.

온라인 수업 홈페이지를 통해 여러분의 멋진 강의를 만들어 가시기 바랍니다.

저자약력

장원일

어떻게 하면 학생들과 행복하게 학급살이를 할 수 있을까 공부하고 실천하고 나누는 교사입니다.

- 서울신목초등학교 교사
- 서울PDC연구회 대표
- Positive Discipline Educator
- 도담도담 학급운영 필진

정호중

선생님이 언제나 아이들과 웃으며 눈을 마주칠 수 있도록, 자신감을 가지고 수업을 할 수 있게 돕고 싶은 교사입니다.
민주적인 학급운영과 의미 있는 수업을 고민하고 있습니다.

- 서울화곡초등학교 교사
- 교육모임 도담도담 대표
- 전국 교육청 연수원 강사
- Positive Discipline Educator
- 사람과교육연구소 행복교실 강사

블로그 '멍멍샘의 교실' blog.naver.com/haohao777
유튜브 '멍멍샘의 교실', '긍정쌤즈' 운영
『미리보고 개념잡는 초등글씨쓰기』, 『초등교육실습운영시스템』

김성혁

학교 교실에서 학생들과 또 교실 밖 선생님들과 의미있게 연결되고 싶은 교사입니다.
배우고 실천한 것을 가지고 작더라도 꼭 필요한 도움을 나누고 싶습니다.

- 서울온곡초등학교 교사
- 사람과교육연구소 행복교실 강사
- Positive Discipline Educator
- 도담도담 학급운영 필진

그루터기샘의 사랑나무숲 블로그 blog.naver.com/akshz

인터랙티브한 쌍방향 온라인 수업·강의

초판발행 2020년 11월 1일
초판6쇄발행 2021년 11월 30일

지은이 장원일 · 정호중 · 김성혁
펴낸이 노 현

편 집 배근하
기획/마케팅 이선경
표지디자인 조아라
제 작 고철민 · 조영환

펴낸곳 (주) 피와이메이트
서울특별시 금천구 가산디지털2로 53, 210호(가산동, 한라시그마밸리)
등록 2014. 2. 12. 제2018-000080호
전 화 02)733-6771
f a x 02)736-4818
e-mail pys@pybook.co.kr
homepage www.pybook.co.kr
ISBN 979-11-6519-091-0 93370

정 가 15,000원